U0558042

本书的研究和出版受云南民族大学引进人才科研项目“来华留学生汉语语音资源库建设及发音状况调查研究”和云南省青年人才项目的资助。

语言研究
学术论文写作

李梅秀◎编著

图书在版编目（CIP）数据

语言研究学术论文写作 / 李梅秀编著. —北京：中国书籍出版社，2021.9
ISBN 978-7-5068-7678-0

Ⅰ.①语… Ⅱ.①李… Ⅲ.①语言学—论文—写作 Ⅳ.①H0

中国版本图书馆CIP数据核字（2021）第183661号

语言研究学术论文写作

李梅秀　编著

责任编辑　杨铠瑞
责任印制　孙马飞　马　芝
封面设计　中尚图
出版发行　中国书籍出版社
地　　址　北京市丰台区三路居路 97 号（邮编：100073）
电　　话　（010）52257143（总编室）（010）52257140（发行部）
电子邮箱　eo@chinabp.com.cn
经　　销　全国新华书店
印　　刷　河北盛世彩捷印刷有限公司
开　　本　710 毫米 × 1000 毫米　1/16
字　　数　281千字
印　　张　18.5
版　　次　2021 年 9 月第 1 版　2021 年 9 月第 1 次印刷
书　　号　ISBN 978-7-5068-7678-0
定　　价　62.00 元

版权所有　翻印必究

前言

从上大学时撰写第一篇期末论文起，我接触学术写作也有十余年了。

当时，总盼着能够拥有一本指导学术论文的写作手册，这样便能让我在最基本的写作规范和技巧问题上不必因广泛查询、多方请教而浪费过多的时间。经过无数篇期末论文和学位论文的实战演练、无数次的摸爬滚打之后，我终于摸索出了一条易学易用的学术规范写作之路。这下，我也终于可以把大部分的时间和精力集中在核心内容创作上了，却也早已忘记了有关“写作手册”的愿望。

然而，在经常发现学生们期末论文和毕业论文中的基本规范问题，以及反复被学生问到有关学术论文写作的操作规范之后，我开始希望学生们能够拥有一本基础的指导手册，以便帮助他们快速有效地解决这些基本的规范和操作问题，使他们能够多些时间来关注自己的成长，能够学习和培养更重要的知识和能力。

基于这样的愿望，从站上讲台的那天开始，我就有意识地关注学生学术论文写作中经常遇到的问题和困惑，并有针对性地进行相关资料的搜集。又因机缘巧合，在我开始工作的第一学期，学院就给我安排了文献检索与论文写作的相关课程。在教授这门课程的过程中，我搜集查阅了大量的资料，并结合学生们的实际情况，编写出了系统、严谨的授课讲义。

经过三年的积累，授课讲义内容也在不断地充实、更新，因其内容详实，体例严谨，案例实用得到了同学们的认可，同时也为学生们解决学术论文写作中基础的规范和操作问题提供了有力指导。于是，也就有了本书的编写雏形。

随着编写的不断深入，我也逐渐感受到要把学术论文写作讲清楚，不是一件容易的事情。需要尽可能多地提供一些实用性的信息和操作性的指导。因此，本书每一个部分都主要针对论文写作中常出现的、具有普遍性的问题来编写，例如，我们强调“引言”部分是用来论证自己的研究，这并非指明“引言=论证自己的研究”，而是针对学生在写引言时常常出现引言的论述与自己的研究问题相分离这一现象，通过强调引言的论证作用，有针对性地纠正学生论文写作中的一些错误。

全书共十一章，主要包含四方面的内容：

第一方面，对学术论文写作的认知。主要介绍什么是学术论文、学术论文写作能力的重要性、如何培养学术论文写作能力以及学术研究和学术论文写作应该遵循的基本规范。

第二方面，学术论文写作的相关工作。主要包括文献工作、文献阅读、论文选题、写作准备等章节。“文献工作”一章主要介绍文献的搜集、分析、选择和管理方法，以及选择文献的标准和搜集文献的常用工具；“文献阅读”一章重点介绍了阅读学术文献的基本原则和方法，以及巩固阅读内容的方法和必要性；“论文选题”一章介绍了论文选题的重要性、选题的原则、方法和选题的评价；“写作准备”一章介绍了在确定写作目标之后，如何准备相关资料、如何拟定论文提纲。

第三方面，学术论文的撰写过程。分为五章进行介绍。按论文的结构展开叙述，分为篇头、引言、主体部分、篇尾四章，分别介绍了论文每个组成部分的特点与撰写技巧，最后单独列一章集中介绍论文正文的形式规范。篇头部分包括论文题目的设计、摘要的写作、关键词的选取。引言部分重点介绍引言的作用和文献综述写作原则和技巧。主体部分的设置，主要考虑到经验型研究论文的结构规范相对统一，而将知识条理化并进行结构化的输出，是学术研究和论文写作的基本功，也是最容易通过训练而达到的初级能力，以学生现有的理论素养和论文写作水平，应该从经验型研究论文开始训练，因此，主体部分主要按经验型研究论文的结构进行介绍，包括研究方法的介绍、研究结果的报告、讨论和结论等部分。篇尾部分主要介绍参考文献著录和附录，一并介绍了常与参考文献混淆的注释，以及与之相对应的文内参考文献引用规范。正文的形式规范一章主要介绍全文涉及的标题、序号、例句、图表和公式等内容的形式规范。

第四方面，学位论文的排版与修改。这部分内容在最后单列一章，为学生提供学位论文排版与修改方面的一些基本操作技巧。

在本书的编写过程中，我们参考并引用了国内外学者的多种文献资料，在此谨致以诚挚的谢意！尤其要感谢同意我将他们的研究成果作为范例的学者和师友，以及选修我的论文写作课、为本书的写作提供了素材和灵感的学生们。感谢我的导师邢红兵教授多年来在学习和研究上的指导，以及对我编写此书的支持和鼓励。还要特别感谢我的研究生段凤竹、崔曦、黄悦宏、刘峒邑、鲁旭宏、罗珍珍、王秀丽、杨莉莎，他们分别对本书的部分章节进行了校对，并在内容的编写过程中提供了意见、建议和帮助。衷心感谢安玉霞女士在本书的出版过程中提供了多方支持和帮助，真诚地感谢为本书的编排、设计和校对付出心血的各位编辑。感谢云南民族大学引进人才科研项目、云南省青年人才项目和云南民族大学国家级一流专业“汉语言文学”建设项目的资助。最后深深地感谢我的家人一如既往的支持与理解！

希望这本书能为语言类专业学生们的论文写作提供一些帮助，对他们的学习有所启发。同时，也热忱欢迎读者朋友们不吝批评、指正！

李梅秀

2021年10月1日

目 录

第一章
学术论文写作概述

第一节　什么是学术论文

一、学术论文的界定

学术论文也称研究论文、科研论文或科学论文，是用来表述科学研究成果的一种书面记录。《科学技术报告、学位论文和学术论文的编写格式》（GB/T7713–1987）的定义为："学术论文是某一学术课题在实验性、理论性或观测性上具有新的科学研究成果或创新见解和知识的科学记录；或是某种已知原理应用于实际中取得新进展的科学总结，用以提供学术会议上宣读、交流或讨论；或在学术刊物上发表；或其他用途的书面文件。"强调学术论文的内容"应有所发现、有所发明、有所创造、有所前进，而不是重复、模仿、抄袭前人的工作"（谭丙煜，1990）。

二、学术论文的特点

学术论文应具备科学性、创新性、专业性、规范性、应用性等特征①，这些特征是学术论文区别于其他应用文体的主要方面，也是衡量学术论文的水准和价值的重要依据。

（一）科学性

科学性是学术论文的根本特征，是衡量一篇学术论文是否合格的首要标准，也是学术论文区别于其他文体的本质属性。学术论文的科学性主要表现在两方面：

（1）内容的科学性。学术论文是对科学研究成果的客观表述，内容上表

① 本部分论文五大特征的归纳主要参考了https://www.unjs.com/fanwenwang/ziliao/660656.html。内容上结合教学科研经验进行了重新解读和整合。

现为对主客观世界及其发展变化规律的科学论证。因此，学术论文呈现的研究问题必须是客观存在的事实，而不是虚构的；所选的研究方法是必要而恰当的，即只有选用该方法，才能够观察到真实存在的客观规律，最大限度地接近客观事实；相关论据、例证、实验数据等真实无误；研究结果可重复，即研究结果要经得起重复和实践检验，其他科学工作者在相同条件下可以得出相同的结果；结论忠于事实，真实地揭露客观事物的本质和发展规律；全文总体上能够真实地反映科学研究的新发现、新理论、新技术、新方法等。

（2）表述的科学性。学术论文表述的科学性主要表现在两方面：一是结构的逻辑性。学术论文的结构要严整，论证合乎逻辑，论据可靠，推理严密。二是文字的准确性。学术论文的文字表述，除了要符合一般文章的流畅、规范等基本要求之外，还要求表意准确、用词专业、措辞严谨、言简意赅、清晰明了。

（二）创新性

学术研究本身就是不断开拓新领域、发现新问题、探索新方法、发现未知规律、提出新思想的过程。因此，作为学术研究成果的真实记录，学术论文必须具备创新性。

学术论文的创新性体现在很多方面，内容方面的创新包括新问题、新视角、新方法、新对象、新材料、新发现等。新问题，可以是一个全新的问题，或者某个课题下新的小问题；新视角包括依托新理论、从新的角度探索、从新的角度解读研究结果等；新方法，包括创造新的研究范式、采用本课题没人用过的方法（新创的方法或从其他学科、其他课题领域借用的方法）；新对象指已有研究未考查的被试群体、内容或地域范围等；新材料指新的实验材料、例证、论据等；新发现主要指与已有研究不同的结果。一篇学术论文至少要具备其中一方面的创新，而不是对基础知识的推导或对他人研究成果的重复或解释。

另外，学术论文的创新还包括论证思路、逻辑推理、理论解释等方面的创新。例如采用不同于已有研究的思路论证自己的观点，采用不同的逻辑进行推理，采用新的理论解释研究结果等。这些不是学术论文必不可少的特征，但也是一种创新，是高质量学术论文应该具备的特征。

（三）专业性

学术本身是系统专门的学问，具有非常鲜明的专业性，这种专业性是以一定深度和系统性的专业知识和理论素养为基础的。因此，专业性也是学术论文区别于其他应用文体的一个重要特征。与科学性类似，学术论文的专业性主要体现在两个方面：一是内容的专业性；二是表述的专业性。

在内容上，学术论文所呈现的知识是专门化、系统化、严密化的，真实地揭示事物的客观特征和科学规律，而不是零零散散的知识或现象的简单描写。学术论文的研究问题、研究视角、研究方法、结果的推论和解释等，都要与一定的学科专业及其理论、方法紧密联系在一起，是与相关学科知识相互关联的，是整个学科知识体系的组成部分。脱离学科知识体系的文章，就失去了其“学术”的内涵，也就算不上真正的学术论文了。

在表述方面，学术论文在语言文字的运用、术语的选择、公式和图表的呈现等方面，都要体现学科的专业性，符合学科的规范。语言风格符合学术惯例和学界共识，整体表达学理化、规范化。

（四）规范性

作为记录研究过程、发布研究成果、与同行进行学术交流的一种重要信息和传播载体，为了便于读者快速准确地获取关键信息，使信息的传播和交流准确无误，更好地实现科学信息传播和交流的目的，学术论文无论内容还是形式，都应遵循学界公认的一些规范。

首先，论文的框架结构要符合“提出问题—分析论证—解决问题—得出结论”的完整逻辑顺序关系。形式上，学术论文的组成部分和排列顺序依次是：题目、摘要、关键词、正文（引言、主体部分）、参考文献、附录。《科学技术报告、学位论文和学术论文编写格式》（GB/T7713–1987）、《中国学术期刊（光盘版）检索与评价数据规范的规定》（CAJ–CDB/T1–1998）等都对科技论文的结构和编排有详细规定，这些都是编写中文学术论文的主要参考标准。另外，国际上还有《美国心理学会出版手册》（*Publication Manual of the*

American Psychological Association）、美国现代语言协会制定的《MLA论文写作手册》（*MLA Handbook for Writers of Research Papers*）等也对论文的结构和编排规范有具体规定。

其次，学术论文的表述，包括语言文字、标点符号的使用等，也要规范。语言文字的表述要科学、专业、准确、清楚，风格上要书面化、术语化、规范化。标点符号的使用必须符合相关规范，不能随意使用。另外，学术论文中文献的引用、图表的呈现、参考文献著录的格式等，都要符合相应的规范。

（五）应用性

学术论文不是用来交流情感或陶冶情操的，其价值在于对某一领域理论或实践的贡献。理论方面的贡献表现为构建了新的理论、解决了某一理论问题、修正或深化了某个理论等；实践方面的贡献表现为在教学、科研、生产、管理等方面解决了某个技术问题、发明了某种工具、指导某类实践等。一篇学术论文至少具备其中一方面，才有交流和传播的价值。

三、学术论文的分类

（一）按学科划分

按研究的学科，可将学术论文分为自然科学论文和社会科学论文两大类。自然科学是以定量作为手段，研究无机自然界和包括人的生物属性在内的有机自然界的各门科学的总称。包括天文学、物理学、化学、地球科学、生物学等。因此，这些领域的学术论文一般都属于自然科学论文。社会科学是指以社会现象为研究对象的科学，其任务是研究并阐述各种社会现象及其发展规律。包括经济学、政治学、法学、伦理学、历史学、社会学、语言学、心理学、教育学、管理学、人类学、民俗学、新闻学、传播学等，这些领域的学术论文都属于社会科学论文。自然科学论文和社会科学论文还可按各自的门类再细分为不同的类型。

（二）按研究对象划分

按研究的对象，可将学术论文分为理论型研究论文和应用型研究论文。理论型研究重在对各学科的基本概念和基本原理的研究；应用型研究则侧重于如何将各学科的知识转化为专业技术和生产技术，直接服务于社会。

（三）按写作目的划分

按写作目的，可将学术论文分为交流性论文和考核性论文。交流性论文，目的主要在于专业工作者进行学术探讨，发表各家之言，以显示各门学科发展的新态势，会议论文、期刊论文等一般属于这一类；考核性论文，目的在于检验学术水平，如学位论文是衡量大学生和研究生是否达到获得相应学位的水平的重要依据，有些专业人员升迁晋级也需要以一定的考核性论文作为依据。

（四）按研究内容和方法划分

按研究内容和方法可以将论文细分为理论类论文、方法类论文、经验研究类论文、个案研究论文、文献综述等①。

1. 理论类论文

理论类论文一般通过借鉴已有的研究文献提出新的理论，与文献综述有类似之处，但理论类论文只引用那些对其理论建构有作用的文献资料，即文献的借鉴和引用主要为理论的构建和论证服务，且理论性比文献综述更强。作者常常通过对相关理论文献的追溯、拓展提出新的理论，或对现有理论进行分析，指出现有理论的优缺点，从而证明一种理论优于另一种理论，或者提出新的理论。在这类论文中，作者主要关注理论的内部一致性和外部有效性，包括理论本身是否自相矛盾，以及理论与实验观察结果之间是否矛盾等。

2. 方法类论文

方法类论文要么提出新的方法论，要么修改现有的方法，或对定量分析

① 该分类及以下各类型的介绍主要参考美国心理协会出版手册第六版（publication manual of the american psychological association）。

方法和数据分析方法进行讨论。这类论文侧重于方法论或数据分析方法的讨论，为研究人员提供详细的信息，方便他们根据这些信息来评估所选方法是否适用于解决他们的研究问题。

3. 经验研究类论文

经验研究类论文是原始经验研究的研究报告。这类研究通过分析已有研究存在的分歧或空白，通过实验、调查、测试等检验事先提出的假设或得出新的结论。经验研究的研究方法主要包括实验法、测验法、观察法、访谈法、调查法、个案法等。经验研究类论文的正文一般包括引言、方法、结果和讨论几个部分，依次对应研究过程的各个阶段。

4. 文献研究类论文

文献研究类论文主要包括一般的文献综述以及元分析两类。

文献综述是在对文献进行阅读、选择、比较、分类、分析和综合的基础上，研究者用自己的语言对某一问题的研究状况进行综合叙述的成果（详见第七章的介绍）。主要向读者呈现研究现状、新的动态、作者的观点以及对解决问题或研究方向的建议等，通过对已有研究的分类整理、分析和评述，为读者呈现出一个清晰的框架，方便读者快速掌握相关研究情况，以高屋建瓴的大视角来理解相关问题。

元分析，主要使用定量程序对众多现有实证文献进行统计合并，一般为利用统计分析方法对相关文献中的统计指标进行再次统计分析，从而获得变量间的真实关系，并对相关研究进行总结和评价。

第二节　学术论文写作能力的重要性

一、大学生必备的基本功

（一）综合专业知识水平的评价标准

论文写作能力是大学生专业知识水平和知识综合运用能力的重要评估标准。论文写作是在很好地掌握专业知识的基础上，对知识的升华和创新。大学生只有很好地掌握本学科的相关知识，并能够深入理解这些知识的本质及知识内容之间的关系，能够进行创造性的探索，发现新问题、新方法、新现象等，才能写出较好的专业学术论文。因此，学术论文的水平，实际上是学生专业知识水平和综合素质的体现。这也是为什么大部分专业将学位论文作为某一专业学生是否符合相应学位要求的重要依据。

（二）培养批判性思维能力的需要

学术论文写作是高等教育的基本内容，是实现高等教育培养目标的重要教学环节。这是因为：一方面，学术论文写作能力是大学生必须掌握的基本能力，是测试其综合素质的重要标准。另一方面，学术论文写作是培养学生批判性思维能力的重要途径。

批判性思维是指按照明确的思维标准而进行的严谨思维活动。这些思维标准中最重要的是：清晰、精确、准确、切题、前后一致、逻辑正确、完整、公正等（巴沙姆等，2013）。其中，清晰包括语言清晰、思路清晰等；精确包括对现象的精确理解和思考、作出精确的回答等；准确主要指尊重事实，将决定或结论建立在正确、及时的信息之上；切题主要指所言贴切、不跑题；前后一致要求逻辑上做到前后一致，对某一问题的看法前后一致；逻辑正确指正确地推理，即从相关观点中得出扎实的结论；完整强调深入、全面的思考和讨论，而非泛泛而谈；公正，即保持开放中立的态度，客观地看待问题，不为偏见和成见所束缚。

这些也是学术研究和学术论文写作必须具备的能力，因此，学术论文写作能力的培养过程，实际上也是批判性思维能力的培养过程。

（三）完成学业的需要

学位论文是学生综合素质培养全过程的概括与总结，是判定学生是否达到培养目标并能够获得相应学位的重要标准，是检测学位申请者的专业知识掌握程度，以及分析、解释和综合运用所学知识和相关信息的能力等的一种有效手段。对于本科生和研究生来说，能够通过论文写作的考查，才算完成了所有学业，才能获得学位。

二、衡量高校教学质量的重要指标

本科生和研究生的学位论文水平往往能够反映学校的教学水平，因而也是检验教学质量和水平的有效手段。而学校教学科研工作者的学术论文写作水平，在很大程度上也体现了学校的总体教学和科研水平。

三、教学和科研工作的基本能力

学术论文是连接理论、科学研究成果与教学实践的桥梁，善于将理论和科学研究成果运用到教学实践中，来提升教学效果，提高教学质量，是教师应该具备的基本能力。而教师有无运用科研成果指导教学的意识，能否准确分辨和恰当运用相关科研成果，革新教学内容和教学方法，有意识地培养学生的创新能力和思辨能力，则在很大程度上取决于其论文阅读和写作能力。

另外，高校教师和科研工作者都需要完成相应的科研工作，而学术论文写作能力是顺利完成科研工作任务的底层能力。进行课题研究、进行跨平台的学术资源交换等，都需要建立在较高的学术论文写作能力之上。

四、科学发展的推动力

学术论文是科学发展的重要载体和标志，也是科学发展的重要推动力。首先，学术论文能够帮助科研工作者实现跨平台、跨区域，甚至跨领域的学术交流，从而帮助科研工作者快速把握相关领域科学研究的前沿，站在研究的制高点，不断往更高的水平发展，同时避免研究的重复，提高了科研的时效性，从而整体上提高科学的发展水平。另外，学术成果的有效传播和交流，能够促进知识的快速集成和广泛运用。在这个过程中又会发现新的问题，出现更新的需求，从而反过来推动了科学研究的发展。

第三节　学术论文写作能力的培养

一、专业知识的积累和理论素养的提升

学术论文写作是在掌握相关专业知识的基础上，去探索新问题和新方法、发现新规律的过程。没有一定深度和广度的知识作为支撑，就很难找到有价值的研究问题，也不能找到合适的方法解决问题，更不能合理地解释研究的结果。因此，培养学术论文写作能力的第一步，就是加强专业知识的积累。与中小学期间对很多知识的机械积累不同，为提升学术研究和写作能力而进行的知识积累，需要不断地分析、归纳和总结，建立知识点之间的逻辑关联，不断深化自己对相关知识的认识，以批判性的眼光重新认识现有的知识，才能够发现问题，并科学地、创造性地解决问题。

除了基础专业知识的积累，还需有良好的理论素养。理论素养需从两方面着手：一是充分了解相关理论，并能够对不同的理论进行客观的分析。二是能够从理论层面去思考观察到的现象、相关问题、研究方法，并能够对研究结果作出理论解释，将自己的观点升华到理论层面。

二、阅读文献

教材、专著和课堂大多只能给我们提供静态的基础知识，对论文写作能力的培养作用有限。另外，从学术研究的角度看，这些知识在时效性方面有一定局限。学术研究强调创新，而创新的前提是掌握相关领域的最新知识、把握最新的研究动态。因此，要提升论文写作能力，首先要大量阅读文献，实时追踪相关研究成果，始终站在相关研究领域的前沿。

在阅读文献的过程中，也会在语言表达、论证思路等方面受到潜移默化的影响，无形当中起到了提升学术论文写作水平的作用。

三、模仿式训练

在学习学术论文写作之初，模仿是一个很有效的办法。在介绍学术论文的特点时我们已经强调，学术论文不同于其他文体，在内容、形式、语言表述等方面都有学界公认的规范和特点，不是想怎么写就怎么写。一般论文写作课上都会系统地进行介绍，但不可能面面俱到。在实际的写作过程中，会遇到很多具体的小问题。比如，学过引言部分的写作之后，在开始写作的时候仍然不知道如何下笔。这时候可以找几篇核心期刊的优秀论文，分析其引言部分的结构和论证逻辑，可以将其论证框架梳理出来，然后选择最适合论证自己研究课题的框架进行模仿。再如，写到研究方法部分，不清楚具体需要介绍哪些内容，先介绍什么，后介绍什么。可以在核心期刊中找几篇使用同类方法的文章，假如你将使用的是行为实验方法，那就找行为实验的研究论文，看这些研究的方法部分都会介绍哪几方面内容，顺序如何，一般每部分的必备信息和重点是什么。然后结合自己的研究问题进行模仿。这样写出来的研究方法，至少从形式上符合学术论文的规范。

具体来讲，在学术论文的写作中，可以模仿的内容有：（1）结构形式。包括整体的内在逻辑关系、全文的整体框架结构、每部分的内容安排、每个观点的论证思路和角度等。（2）语言表达。学术论文的语言表述要求科学、专业、规范。这不是一朝一夕就能达到的，也不是文采好的人就自然具备的。要先从模仿优秀论文的一些非常精炼的表达开始，这会对学术语言表达能力的提升有帮助。尤其是英文的论文写作，更需要从模仿开始，慢慢掌握规范的学术表达方式。

四、过程性练习

练习是提升论文写作能力必经的过程，也是最有效的办法。丹尼尔·科伊尔在其《一万小时天才理论》中提出了“一万小时定律”，他认为一个人只要在选定的领域方向坚持一万个小时，就会成为世界级专家。而且一万小时法则，没有例外之人，但一定要一万小时，十年每天三小时投入练习同样的东西。虽然在论文写作方面，并不是每个人都能够或者必须坚持一万小时的练习，但写作过程的反复练习会在很大程度上有助于论文写作能力的提升，这是毫无疑问的。

论文写作的过程性练习，重点在两个方面：一是多写，二是多修改。每一次论文写作都是一次很好的练习机会，比如写期末论文、毕业论文等。但不是动笔写了就一定有很好的效果，认真地、用心地去写，不断发现自己的不足并有所改进，才能得到提升。首先给所写论文的质量定一个较高标准，然后在写作过程中朝着这个质量标准努力，通过模仿、查阅资料等多种方式，切实解决写作过程中遇到的各种大、小问题，最后针对遇到的问题进行总结。这样，在“遇到问题—解决问题—总结”的过程中，自然就提升了自己的写作水平。但这还不够，通常不是在第一遍写作过程中我们就能发现所有问题并予以解决。论文写完以后，通过反复阅读和修改，才能发现更多问题，并在解决这些问题的过程中得到质的提升。

很多学生都有过这样的体会：写过一篇毕业论文之后，才真正了解了学术论文的特点，论文写作能力也有明显提升。这是因为，大多数同学平时很少会自己认真地写几篇论文，并反复修改。只有在写毕业论文的时候，首先必须自己动笔写，其次必须达到毕业论文要求的水平。在写作的过程中要解决各种各样的问题，写好以后还要在导师的指导下被迫反复修改。无形当中进行了一次很好的论文写作训练。如果我们能够反复进行这样的练习，论文写作水平自然会不断提升。

第四节　科研诚信与学术规范

在学术论文的特点部分我们已经强调，学术论文具有规范性的特点，任何一篇学术论文，都要符合一般的学术规范以及所属领域学界公认的规范和共识。学术论文的规范，包括形式层面的规范和内容层面的规范，前者主要指论文形式结构、语言表述、图表格式、参考文献格式等方面的规范；后者主要指学术论文在内容上要符合学术道德规范。

关于科研诚信和学术规范，目前相关的文件有：教育部2004年印发的《高等学校哲学社会科学研究学术规范》（试行）、《学术出版规范——期刊学术不端行为界定》（CY/T174—2019）、《高等学校科学技术学术规范指南》、《高校人文社会科学学术规范指南》、《学术期刊论文不端行为的界定标准》等。另外，为预防学术不端行为的发生，加强科研诚信教育，中国知网依据教育部《高等学校科学技术学术规范指南》和《高校人文社会科学学术规范指南》，并参考以上相关文件资料，开发了“科研诚信与学术规范”在线学习平台，嵌入了大学生毕业设计（论文）管理系统，于2019年5月在中国知网正式上线发布。该平台包含十个学习模块，分为基本概念、论文选题规范、综述规范、引用规范、注释规范、试验伦理规范、摘要与关键词规范、署名与致谢规范、参考文献规范、论文发表规范等①，内容贯穿了论文写作全过程。目前，很多高校都已开通该系统，师生均可在该系统中进行自主在线学习和测试。

① 关于该平台的介绍信息参考自新华网的报道：https://baijiahao.baidu.com/s?id=1632681331039964477&wfr=spider&for=pc]

本章主要参考上述资源，首先简单介绍几个相关的概念及学术规范的目的意义，然后梳理和介绍社科学术研究和论文写作方面常见的一些规范，最后整理并列出典型的学术失范、学术不端和学术腐败行为。以方便广大师生参考，预防学术不规范行为的发生。论文选题、摘要与关键词、综述、引用、注释等方面的形式规范，将在介绍每一部分内容的时候再分别介绍。更多详细内容则请参考上述资源及平台。

一、概念

学术伦理是指学术共同体成员应该遵守的基本学术道德规范和在从事学术活动中必须承担的社会责任和义务，以及对这些道德规范进行理论探讨后得出的理性认识。

学术规范是从事学术活动的行为规范，是学术共同体成员必须遵循的准则，是保证学术共同体科学、高效、公正运行的条件，它从学术活动中约定俗成地产生，成为相对独立的规范系统[①]。

二、学术规范的目的和意义

学术规范是为了防范学术研究中可能出现的失误与偏差，为学术研究创造一个公平、公正、有序的环境，保障和推动学术研究持续、文明、健康地发展，增强学术共同体的凝聚力，保障学术共同体的和谐。另外，学术规范化可保证知识分子知识生产活动的严肃性，提高学术共同体的社会公信力。

三、形式规范

学术论文的形式规范主要包括形式结构、语言表述、图标格式、参考文献引用和著录格式等方面。前面已经有相关论述，此处不再赘述。后面的章节中还会分别详细地介绍具体规范。

---

① 相关概念的界定及相关规定参考自《大学生毕业设计（论文）管理系统》的“诚信与学术规范”。

四、内容规范

学术论文在内容上要求符合相应的学术道德。总体上要求严格遵守国家相关法律，恪守学术界公认的基本学术道德规范，不侵犯他人的知识产权。根据教育部2004年印发的《高等学校哲学社会科学研究学术规范（试行）》（以下简称“《规范》”）对学术引文规范、学术成果规范、学术评价规范等作出了具体的规定：

（一）学术引文规范

（1）引文应以原始文献和第一手资料为原则。凡引用他人观点、方案、资料、数据等，无论是否发表，无论是纸质或电子版，均应详加注释。凡转引文献资料，应如实说明。

（2）学术论著应合理使用引文。对已有学术成果的介绍、评论、引用和注释，应力求客观、公允、准确。伪注、伪造、篡改文献和数据等，均属学术不端行为。

（二）学术成果规范

（1）不得以任何方式抄袭、剽窃或侵吞他人学术成果。

（2）应注重学术质量，反对粗制滥造和低水平重复，避免片面追求数量的倾向。

（3）应充分尊重和借鉴已有的学术成果，注重调查研究，在全面掌握相关研究资料和学术信息的基础上，精心设计研究方案，讲究科学方法。力求论证缜密，表达准确。

（4）学术成果文本应规范使用中国语言文字、标点符号、数字及外国语言文字。

（5）学术成果不应重复发表。另有约定再次发表时，应注明出处。

（6）学术成果的署名应实事求是。署名者应对该项成果承担相应的学术责任、道义责任和法律责任。

（7）凡接受合法资助的研究项目，其最终成果应与资助申请和立项通知相一致；若需修改，应事先与资助方协商，并征得其同意。

（8）研究成果发表时，应以适当方式向提供过指导、建议、帮助或资助的个人或机构致谢。

（三）学术评价规范

（1）学术评价应坚持客观、公正、公开的原则。

（2）学术评价应以学术价值或社会效益为基本标准。对基础研究成果的评价，应以学术积累和学术创新为主要尺度；对应用研究成果的评价，应注重其社会效益或经济效益。

（3）学术评价机构应坚持程序公正、标准合理，采用同行专家评审制，实行回避制度、民主表决制度，建立结果公示和意见反馈机制。评审意见应措辞严谨、准确，慎用"原创""首创""首次""国内领先""国际领先""世界水平""填补重大空白""重大突破"等词语。评价机构和评审专家应对其评价意见负责，并对评议过程保密，对不当评价、虚假评价、泄密、披露不实信息或恶意中伤等造成的后果承担相应责任。

（4）被评价者不得干扰评价过程。否则，应对其不正当行为引发的一切后果负责。

（四）学术批评规范

（1）应大力倡导学术批评，积极推进不同学术观点之间的自由讨论、相互交流与学术争鸣。

（2）学术批评应该以学术为中心，以文本为依据，以理服人。批评者应正当行使学术批评的权利，并承担相应的责任。被批评者有反批评的权利，但不得对批评者压制或报复。

五、避免学术不端行为

（一）避免剽窃

在论文写作过程中，但凡用到别人的观点、数据、图片、表格、音视频、研究方法、文字表述等，都要在引用内容的相应位置按文内引用的规范标明其来源，并在文后参考文献列表中列出参考文献条目。即使是对他人文献中的论点、观点、结论等进行了重新概括和阐释，也要标明出处；用到他人成果中的数据、图片、表格、音视频等资料，即使是经过了修改、添加、删减等处理，仍要注明出处；即使引用的内容是他人未发表的成果，也要注明出处。《学术出版规范 期刊学术不端行为界定（CY/T 174—2019）》中关于剽窃行为的界定如下表所示：

表 1.1　学术剽窃行为的界定

学术不端行为类型	定义	表现形式
观点剽窃	不加引注或说明地使用他人的观点，并以自己的名义发表，应界定为观点剽窃。	（1）不加引注地直接使用他人已发表文献中的论点、观点、结论等。 （2）不改变其本意地转述他人的论点、观点、结论等后不加引注地使用。 （3）对他人的论点、观点、结论等删减部分内容后不加引注地使用。 （4）对他人的论点、观点、结论等进行拆分或重组后不加引注地使用。 （5）对他人的论点、观点、结论等增加一些内容后不加引注地使用。

（续表）

学术不端行为类型	定义	表现形式
数据剽窃	不加引注或说明地使用他人已发表文献中的数据，并以自己的名义发表，应界定为数据剽窃。	（1）不加引注地直接使用他人已发表文献中的数据。 （2）对他人已发表文献中的数据进行些微修改后不加引注地使用。 （3）对他人已发表文献中的数据进行一些添加后不加引注地使用。 （4）对他人已发表文献中的数据进行部分删减后不加引注地使用。 （5）改变他人已发表文献中数据原有的排列顺序后不加引注地使用。 （6）改变他人已发表文献中的数据的呈现方式后不加引注地使用，如将图表转换成文字表述，或者将文字表述转换成图表。
图片和音视频剽窃	不加引注或说明地使用他人已发表文献中的图片和音视频，并以自己的名义发表，应界定为图片和音视频剽窃。	（1）不加引注或说明地直接使用他人已发表文献中的图像、音视频等资料。 （2）对他人已发表文献中的图片和音视频进行些微修改后不加引注或说明地使用。 （3）对他人已发表文献中的图片和音视频添加一些内容后不加引注或说明地使用。 （4）对他人已发表文献中的图片和音视频删减部分内容后不加引注或说明地使用。 （5）对他人已发表文献中的图片增加部分内容后不加引注或说明地使用。 （6）对他人已发表文献中的图片弱化部分内容后不加引注或说明地使用。
研究（实验）方法剽窃	不加引注或说明地使用他人具有独创性的研究（实验）方法，并以自己的名义发表，应界定为研究（实验）方法剽窃。	（1）不加引注或说明地直接使用他人已发表文献中具有独创性的研究（实验）方法。 （2）修改他人已发表文献中具有独创性的研究（实验）方法的一些非核心元素后不加引注或说明地使用。

（续表）

学术不端行为类型	定义	表现形式
文字表述剽窃	不加引注地使用他人已发表文献中具有完整语义的文字表述，并以自己的名义发表，应界定为文字表述剽窃。	（1）不加引注地直接使用他人已发表文献中的文字表述。 （2）成段使用他人已发表文献中的文字表述，虽然进行了引注，但对所使用文字不加引号，或者不改变字体，或者不使用特定的排列方式显示。 （3）多处使用某一已发表文献中的文字表述，却只在其中一处或几处进行引注。 （4）连续使用来源于多个文献的文字表述，却只标注其中一个或几个文献来源。 （5）不加引注、不改变其本意地转述他人已发表文献中的文字表述，包括概括、删减他人已发表文献中的文字，或者改变他人已发表文献中的文字表述的句式，或者用类似词语对他人已发表文献中的文字表述进行同义替换。 （6）对他人已发表文献中的文字表述增加一些词句后不加引注地使用。 （7）对他人已发表文献中的文字表述删减一些词句后不加引注地使用。
整体剽窃	论文的主体或论文某一部分的主体过度引用或大量引用他人已发表文献的内容，应界定为整体剽窃。	（1）直接使用他人已发表文献的全部或大部分内容。 （2）在他人已发表文献的基础上增加部分内容后以自己的名义发表，如补充一些数据，或者补充一些新的分析等。 （3）对他人已发表文献的全部或大部分内容进行缩减后以自己的名义发表。 （4）替换他人已发表文献中的研究对象后以自己的名义发表。 （5）改变他人已发表文献的结构、段落顺序后以自己的名义发表。 （6）将多篇他人已发表文献拼接成一篇论文后发表。
他人未发表成果剽窃	未经许可使用他人未发表的观点，具有独创性的研究（实验）方法，数据、图片等，或获得许可但不加以说明，应界定为他人未发表成果剽窃。	（1）未经许可使用他人已经公开但未正式发表的观点，具有独创性的研究（实验）方法，数据、图片等。 （2）获得许可使用他人已经公开但未正式发表的观点，具有独创性的研究（实验）方法，数据、图片等，却不加引注，或者不以致谢等方式说明。

（二）如实报告

论文中所有内容，包括参考文献、研究方法、研究结果等，都应如实报告。在引用文献时，不能伪造不存在的文献，也不能伪造不存在的观点和出处；研究方法的陈述应具体详实，与实际采用的方法应保持一直，以保证研究的可重复性；对研究结果相关的数据等也要如实报告，不能随意编造、伪造或篡改。《学术出版规范 期刊学术不端行为界定（CY/T 174—2019）》中关于伪造、篡改等学术不端行为的界定如表1.2所示。

表 1.2　伪造和篡改行为的界定

学术不端行为类型	定义	表现形式
伪造	编造或虚构数据、事实的行为	（1）编造不以实际调查或实验取得的数据、图片等。 （2）伪造无法通过重复实验而再次取得的样品等。 （3）编造不符合实际或无法重复验证的研究方法、结论等。 （4）编造能为论文提供支撑的资料、注释、参考文献。 （5）编造论文中相关研究的资助来源。 （6）编造审稿人信息、审稿意见
篡改	故意修改数据和事实使其失去真实性的行为	（1）使用经过擅自修改、挑选、删减、增加的原始调查记录、实验数据等，使原始调查记录、实验数据等的本意发生改变。 （2）拼接不同图片从而构造不真实的图片。 （3）从图片整体中去除一部分或添加一些虚构的部分，使对图片的解释发生改变。 （4）增强、模糊、移动图片的特定部分，使对图片的解释发生改变。 （5）改变所引用文献的本意，使其对己有利

（三）论文署名得当

学术论文作者不仅包括执笔人，还包括对研究做出实质性科学贡献的人，如参与研究问题的提出、构思与确定研究的框架、研究设计和研究过程、统计与分析研究结果、解释研究、撰写文章的主要部分等的人员[①]。署名应按贡献的大小排序，贡献最大的署名排在前。论文署名者不光体现其贡献，也要对论文的准确性和规范性负责，所以在投递论文之前，所有署名作者都应认真审阅（张林，刘燊，2020）。《学术出版规范 期刊学术不端行为界定（CY/T 174—2019）》中对不当署名的行为也进行了详细地界定，如表1.3所示。

表 1.3 论文作者不当署名的界定

学术不端行为类型	定义	表现形式
不当署名	与对论文实际贡献不符的署名或作者排序行为	（1）将对论文所涉及的研究有实质性贡献的人排除在作者名单外。 （2）未对论文所涉及的研究有实质性贡献的人在论文中署名。 （3）未经他人同意擅自将其列入作者名单。 （4）作者排序与其对论文的实际贡献不符。 （5）提供虚假的作者职称、单位、学历、研究经历等信息

（四）避免一稿多投和重复发表

学术论文在投稿时不能同时一稿多投，一般选择一个最合适的期刊进行投稿，等所投期刊审稿完毕，未被录用而退稿，或因其他原因与期刊编辑协商退稿，对方确认同意之后，方可改投其他期刊。

另外，发表过的成果不能再原样发表，或经过一定修改处理后重复发表。虽然重复发表的内容都是自己的成果，并非剽窃他人的，但相同内容的重复发表实际上是对宝贵资源（如期刊版面、编辑和审稿人的劳动、读者收集文献和阅读文献的时间等）的一种浪费（张林，刘燊，2020）。因此，重复发表也属于学术不端行为。

《学术出版规范 期刊学术不端行为界定（CY/T 174—2019）》中对投稿和发表的不规范行为进行了界定，详见表1.4。

① 其他辅助人员则不必列入作者名单，如仪器的设计或制造者、统计分析的建议者、参与数据收集或录入的人员、调试计算机程序的人员、招募被试或组织实验的人员等。一般在“致谢”部分注明这些人员的贡献。

表 1.4　投稿和发表的不规范行为

学术不端行为类型	定义	表现形式
一稿多投	将同一篇论文或只有微小差别的多篇论文投给两个及以上期刊，或者在约定期限内再转投其他期刊的行为	（1）将同一篇论文同时投给多个期刊。 （2）在首次投稿的约定回复期内，将论文再次投给其他期刊。 （3）在未接到期刊确认撤稿的正式通知前，将稿件投给其他期刊。 （4）将只有微小差别的多篇论文，同时投给多个期刊。 （5）在收到首次投稿期刊回复之前或在约定期内，对论文进行稍微修改后，投给其他期刊。（续表） （6）在不做任何说明的情况下，将自己（或自己作为作者之一）已经发表的论文，原封不动或做些微修改后再次投稿
重复发表	在未说明的情况下发表自己（或自己作为作者之一）已经发表文献中内容的行为	（1）不加引注或说明，在论文中使用自己（或自己作为作者之一）已发表文献中的内容。 （2）在不做任何说明的情况下，摘取多篇自己（或自己作为作者之一）已发表文献中的部分内容，拼接成一篇新论文后再次发表。 （3）被允许的二次发表不说明首次发表出处。 （4）不加引注或说明地在多篇论文中重复使用一次调查、一个实验的数据等。 （5）将实质上基于同一实验或研究的论文，每次补充少量数据或资料后，多次发表方法、结论等相似或雷同的论文。 （6）合作者就同一调查、实验、结果等，发表数据、方法、结论等明显相似或雷同的论文

（五）遵守科学伦理道德

科学研究还应遵守科学伦理道德。虽然语言学研究一般不存在伤害他人或动物生命健康之类的行为，但在经验研究，尤其是实证研究中，常常需要通过各种方法收集研究数据，这个过程中会涉及相关人员的隐私、利益等，需做好隐私和利益方面的保护。研究过程中要尊重研究对象及相关人员的意愿，遵循自愿参与的原则，不能以任何方式胁迫其参与研究或被研究。《学术出版规范 期刊学术不端行为界定（CY/T 174—2019）》中对违背研究伦理的不端行为界定如下（见表1.5）：

表 1.5 违背研究伦理的行为界定

学术不端行为类型	定义	表现形式
违背研究伦理	论文涉及的研究未按规定获得伦理审批，或者超出伦理审批许可范围，或者违背研究伦理规范，应界定为违背研究伦理	（1）论文所涉及的研究未按规定获得相应的伦理审批，或不能提供相应的审批证明。 （2）论文所涉及的研究超出伦理审批许可的范围。 （3）论文所涉及的研究中存在不当伤害研究参与者，虐待有生命的实验对象，违背知情同意原则等违背研究伦理的问题。 （4）论文泄露了被试者或被调查者的隐私。 （5）论文未按规定对所涉及研究中的利益冲突予以说明

《学术出版规范 期刊学术不端行为界定（CY/T 174—2019）》中还列出了其他常见的学术不端行为，如表1.6所示。

表 1.6 其他学术不端行为

学术不端行为类型	表现形式
其他学术不端行为	（1）在参考文献中加入实际未参考过的文献。 （2）将转引自其他文献的引文标注为直引，包括将引自译著的引文标注为引自原著。 （3）未以恰当的方式，对他人提供的研究经费、实验设备、材料、数据、思路、未公开的资料等，给予说明和承认（有特殊要求的除外）。 （4）不按约定向他人或社会泄露论文关键信息，侵犯投稿期刊的首发权。 （5）未经许可，使用需要获得许可的版权文献。 （6）使用多人共有版权文献时，未经所有版权者同意。 （7）经许可使用他人版权文献，却不加引注，或引用文献信息不完整。 （8）经许可使用他人版权文献，却超过了允许使用的范围或目的。 （9）在非匿名评审程序中干扰期刊编辑、审稿专家。 （10）向编辑推荐与自己有利益关系的审稿专家。 （11）委托第三方机构或者与论文内容无关的他人代写、代投、代修。 （12）违反保密规定发表论文

（六）保存原始数据

除了避免上述常见的学术不端行为，还应注意保存研究相关的原始数据。在交叉学科研究成为趋势、语言学研究方法和手段多样化的当下，语言学研究，尤其是经验型的语言学研究，都或多或少地涉及一些语料及相关数据。如果是实证研究，那么研究结论的准确性和科学性都取决于研究所用语料及相关数据的准确性，以及统计分析方法的正确性，因此，相关的原始数据都要保存好，若审稿或出版过程中编辑或审稿人对研究数据的准确性或统计方法提出质疑，作者应随时能提供原始数据；文章发表后，原始数据也要保存五年以上，以备他人查证或重复分析（张林，刘桑，2020）。

第二章
文献工作

第一节　文献搜集

语言学的文献主要指用于记录、保存、交流和传播语言学知识的一切图文资料和视听材料。包括书籍、期刊论文、学术会议论文、学位论文、研究报告、科研简讯、报纸等（张林，刘燊，2020：52）。一般语言类研究参考的主要文献是语言学方面的学术书籍和论文（含期刊论文、学术会议论文、学位论文等）。因此，这里主要介绍这两类文献的检索。

一、文献搜集原则

（一）高相关原则

在学术研究中，每一次的文献搜集都是针对某一论题进行的，要么为了了解某一论题的相关知识和研究情况，要么为了完成某一论题的研究。在搜集文献的过程中，首先要关注的是与所关心的论题直接相关的文献，再根据已掌握的信息和进一步学习或研究的需要搜集与该论题间接相关的文献。例如，要做以“词汇附带习得”为中心议题的研究，那么首先应该搜集的是以“词汇附带习得”为核心内容的文献，包括题目的中心成分为“词汇附带习得”的图书、图书章节或论文等。完成这些高相关文献的搜集和阅读之后，再进一步搜集和阅读以“词汇学习”“词汇习得”等为核心内容的文献。

（二）前沿性原则

学术研究必须有进步或创新，而做到这一点的前提是研究者准确地把握研究课题的最新动态，这要在最近的文献中去获取。因此，查阅文献时，时间上应该从现在到过去，采用逆时法进行查阅。采用这个方法查阅文献，不仅有助于我们快速掌握研究的前沿，还能帮助我们从最新文献的参考资料中快速找到与研究课题直接相关的重要文献资料（张林，刘燊，2020）。

需要注意的是，遵循前沿性原则并不意味着只查阅最新文献。在做任何一项研究之前，都必须先全面了解相关研究的“前世今生”，才能找准研究的最佳方向和突破点，避免走弯路。例如，要做词语搭配相关的研究，除了要掌握最新的研究如何界定词语搭配？主要关注哪些问题？学界在哪些方面达成了共识？哪些方面的观点还存在分歧等问题。还要了解词语搭配的界定有过哪些？以前学界主要关注词语搭配的哪些方面？经过了怎样的发展之后学界在目前这些方面达成了一定的共识？等等。全面掌握这些之后，才能在界定词语搭配时避免先前已经被否定的那些界定方法，在确定具体的研究点时也能避免回到前人已经走过的“死胡同”。

（三）“一手”原则

在搜集文献资料时，还应注意优先查阅一手资料。要准确、全面地掌握相关研究的内容、视角、方法、观点等信息，对已有研究的推进和不足做出精准的判断，就必须依靠一手资料。因为二手资料是他人基于自己的理解、论证的需要进行转述的，在转述的过程中通常会融入自己的主观见解，并对转述内容进行增删、调整等，致使转述后的内容与一手资料中的原始内容存在差异，很难判断其准确性和可靠性（张林，刘燊，2020）。在研究中，过分依赖这样的二手文献资料，会使我们在对已有观点的理解上存在偏差，导致在论文中引用文献和进行相关论证时断章取义，甚至出现严重的错误。

（四）全面原则

文献的搜集还要注重全面性，即所搜集的文献应涵盖与所研究课题相关的所有重要文献。要尽可能全面搜集并掌握相关文献资料，需从横向、纵向两方面入手。

横向上要关注文献内容的全面性，即搜集的文献资料要涵盖研究课题各个方面的重要内容，包含代表不同观点、有不同结论甚至观点或结论存在矛盾的文献。这样才能全面把握已有研究的不足之处，提出有价值、有创新的研究课题，并准确把握研究的突破点（张林，刘燊，2020）。要保证内容的全面性，搜集的文献不仅要包括中文文献，还应包括外文文献，很多研究新手往往只注重中文文献，这样获取到的信息是不全面的。

纵向上要顾全各个时间段的重要成果，而不是只关注最新的研究，或者只选择性地关注某一或某几个时段的研究成果。一方面，在采用逆时法查阅文献时，要“注意文献在时序上的连续性，否则，搜集的文献就可能残缺不全，无法反映研究课题的发展演变情况”（张林，刘燊，2020）。另一方面，文献的时间跨度不能限制得太小，应以高相关原则为首要原则，尽可能关注到各个时间段的重要文献资料，无论时间的早晚。

（五）质量原则

在遵循全面原则的同时，还要注重文献的质量原则。目前，很多热门课题的相关图书资料、期刊等五花八门，数量庞大，质量也参差不齐。在搜集和阅读文献的过程中，如果我们一味追求文献资料的全面性，而忽略质量，那么不仅耗时耗力，无法有效获取重要信息，学术新手还极有可能被一些质量差的文献资料误导。因此，文献的搜集和阅读必须以质量为基本的取舍标准，有选择地搜集和阅读（文献选择方法具体见第四节第一部分）。

质量原则与全面原则表面看似矛盾，实则不然。全面原则强调的是重要文献资料的全面，而文献资料的重要性与质量是直接挂钩的。因此，遵循这两个原则实际上就意味着要尽可能全面地查阅与所关注课题相关的所有高质量的重要文献。

（六）“交叉”原则

搜集文献的过程中，在以高相关为基本原则的前提下，还应注意搜集跨学科、跨领域的文献资料。在学科既高度分化又高度融合的当下，各个学科之间的渗透越来越明显，出现了很多交叉学科的研究课题。同一个课题从多种学科视角展开研究，可以从不同的视角观察其本质或规律。关注跨学科、跨领域的研究成果，有助于更全面、更深入地了解研究课题的情况，还能帮助研究者拓宽研究思路，甚至形成新的研究方法（张林，刘燊，2020）。

二、文献搜集途径

搜集文献的途径多种多样，主要有以下几种：

（1）从图书馆借阅。很多学术文献资料，尤其是纸质版的学术著作或期刊，一般可以从图书馆借阅。不同图书馆借阅的程序不同，这里不予赘述。

（2）书店或网上购买。在图书馆借不到或者需要收藏使用的文献资料，可以在网上购买电子版或纸质版。

（3）使用文献检索工具进行检索。随着计算机技术的发展，在线检索工具已成为当下文献检索和搜集最方便、最重要的途径。这些文献检索工具为我们提供了海量的电子文献资料，并在时效性上有所保障。本书重点介绍的就是这一检索途径的常用工具和检索方法。

（4）向作者求取。如果需要查阅或引用的重要文献通过以上检索途径无法获得，则可以通过直接向作者索要的方式来获取。如果不认识作者，但能找到作者的联系方式，比如邮箱账号，就可以给作者写邮件求取。一般只要没有被侵权的风险，多数研究者是很乐意分享自己的研究成果的。

（5）在已有文献的参考资料中“顺藤摸瓜”地查找相关的重要文献，然后根据文献的出处，通过上述几种途径获取。有时候我们不知道如何查找重要的文献，也可以采用这样的方法，从所获取的首批与研究课题最相关的文献中进一步寻找更多的相关文献，这也是快速找到相关重要文献的一个有效方法。

第二节　网络检索工具与检索方法

一、网络文献检索工具的常用功能

（一）文献检索

文献检索工具最主要的功能就是检索文献，一般有普通检索和高级检索两种主要的检索方式。

（1）普通检索。一般在检索系统首页的检索栏可以按主题、关键词、作者、篇名等进行检索，检索得到的结果可以进一步按时间、学科、作者等进行筛选，以缩小检索范围。或者按相关性、时间、被引量、下载量等排序，然后按顺序选择。

（2）高级检索。有些检索工具还提供了高级检索功能，可以进行同一检索项内多个检索词的组合运算，即可以通过组合搜索多个检索词来实现多个维度的范围限定。如中国知网（CNKI）的高级检索，可以同时限定检索主题、作者、文献来源、时间范围等。还可以按作者检索，查阅某个研究者在线公开发表的所有文献。

（二）文献下载

现有的很多在线文献检索工具都提供全文下载，只不过有些是免费的，而有些是收费的。一般学校图书馆都会购买中国知网等重要的文献数据库，因此在校师生都可以通过本校官网提供的链接，免费下载大部分一般学习和科研所需的文献资料。如果在校外，也有一些检索工具提供限量的文献互助功能，可以获取少量免费文献资料。

（三）文献分析

除了文献检索和下载，目前有很多检索工具还提供可视化文献分析功能。可以帮助研究者通过研究趋势、研究主题、互引情况等分析来初步掌握课题的相关研究情况，快速抓住重点，缩小选题范围和文献搜集范围。例如，中国知网、百度学术、维普期刊资源整合服务平台等都提供了这样的分析功能。

（四）参考文献导出

学术论文中引用到的文献通常都要在文末参考文献列表中按某种规定的格式列出来。目前常用的有《信息与文献参考文献著录规则》（GB/T 7714—2015），（即一般说的“国标”格式）、MLA（Modern Language Association）、APA（American Psychological Association）几种格式。不同版本的文献格式要求囊括的信息基本相同，但在信息呈现的顺序、方式等方面有所不同。

不同期刊采用的参考文献格式也不尽相同，有的采用“国标”格式，有的采用APA格式，一些外语期刊则采用APA或MLA格式。在写毕业论文时，各个学校要求采用的参考文献格式也不尽相同。很多学生刚开始写论文时，并不清楚这些参考文献格式的异同，每一条参考文献应该包含的信息，以及信息的呈现方式和顺序。即使了解这些格式，也不一定能准确记住每种格式在呈现不同信息时的形式、所用标点符号等。因此，每次在编辑参考文献时都需要查阅相关格式要求，如果按所要求的格式一点一点写下相关信息，则更费时费力。

目前，有很多在线检索平台都提供了参考文献导出功能，提供了“国标”、MLA、APA等常用格式的参考文献条目。可以根据所需格式逐条或批量导出参考文献，或直接复制粘贴参考文献，然后对其中少量错漏信息进行修改即可，可以帮助我们节省很多时间。目前提供参考文献导出的有CNKI、百度学术等。下文介绍常用检索工具的检索方法时将具体介绍这项功能的使用方法。

（五）期刊查询

很多检索工具还提供期刊查询功能，方便读者按特定期刊查阅文献，还可以了解期刊的类型、是否为核心期刊等。例如，CNKI的“出版物检索”，可以按期刊名称或期刊的出版单位、出版者、ISSN、CN、ISBN等查阅某一特定期刊，也可以利用“学科导航”查询某一学科的所有期刊。还有维普期刊资源整合服务平台的期刊导航功能，除了可以按期刊名、学科等查询特定期刊，还可以按核心期刊类型限定查询范围。

二、常用检索工具与检索方法示例

目前网上有各种各样的文献检索工具，大多都能满足我们一般的文献检索。但是不同的文献检索工具收录文献的规模、范围、时效性以及可提供的信息和具体的检索功能都各有不同。那么，我们在检索文献的时候究竟选择哪些工具呢？首先，我们要熟悉本学科领域最常用的、功能和水平较强大的几个检索工具，这些检索工具能解决我们大部分的文献检索需求。其次，要了解一些其他常用的检索工具，作为检索一些特殊文献的补充工具。这样才能保证高效完成研究和学习所需的文献检索工作。以下介绍几个最常用的中、英文文献检索工具。

（一）中国知网（CNKI）

1998年世界银行在《1998年度世界发展报告》中提出了国家知识基础设施（National Knowledge Infrastructure，NKI）的概念。第二年，王明亮提出建设中国知识基础设施工程（China National Knowledge Infrastructure，CNKI），以全面打通知识生产、传播、扩散与利用各环节信息通道，打造支持全国各行业知识创新、学习和应用的交流合作平台为总目标，并被列为清华大学重点项目①。

目前，CNKI工程已跨入2.0时代，除了基础的中文期刊论文数据库、硕博论文数据库以外，还逐渐增加了外文的文献数据。另外，CNKI2.0的基础工程“世界知识大数据（WKBD）”整合知识资源的范围，已从学术、教育、科普等出版文献，专利、国家和行业标准、重大科技专项成果等科学数据，扩大到政府规划、党政文件、法律法规、工商信息、社会经济统计等实体性政府数据，以及企业产品标准、行业动态、投资融资、宏观经济、市场消费等社会数据②。截至2019年，CNKI已收录70个国家和地区的33种文献共5亿多篇（全文2.8亿篇，摘要3亿篇）。

绝大部分高校都购买了CNKI数据，在校师生一般通过校园网图书馆网页中进入CNKI即可检索并免费下载论文全文。在CNKI中我们最常用的功能及使用方法如下：

1. 普通检索

如果没有特定限制，通常我们会直接在CNKI首页的检索栏，通过输入主题词、论文题目等方式检索文献。检索的过程中，首先可以在检索栏下方选

---

① 参考CNKI官网的介绍。网址：https://www.cnki.net/gycnki/gycnki.htm

② 参考网址：https://www.cnki.net/gycnki/daobao/cnkidaobao37/第1版.pdf

择检索范围。检索结果出来之后，可以按主题、发表年度、研究层次、作者、机构或基金等分类查看。也可以先按相关度、发表时间、被引或下载次数等进行排序，再按顺序浏览。

因系统是不断变化、不断完善的，检索功能及相应字段会随着时间有一定的变化，另外，检索界面的设置也越来越人性化，对师生来说操作上并无太大问题。因此，此处只简单介绍常用的功能，对具体步骤不再举例赘述。

2. 高级检索

如需限定多个关键词，缩小检索范围，增加检索结果的准确性，一般可从CNKI首页检索栏右侧的“高级检索”进入高级检索界面，在该界面可以根据需要来限定相关内容并进行检索。“高级检索”界面提供了普通的高级检索，以及专业检索、作者发文检索、句子检索、一框式检索等功能。一般比较常用的是普通的高级检索和作者发文检索。普通的高级检索中首先可以在界面上方选择检索范围，从左边选择文献分类，然后在检索条件中设置主题词和多个相关词语，并限制其出现频率，还可限制作者、发表时间、文献来源等（如图2.1所示）。限定内容越多，检索范围越小。实际上，在检索条件限定较多的情况下，一般不需要限制检索范围或文献分类，也可比较精确地“定位”到要检索的具体文献。

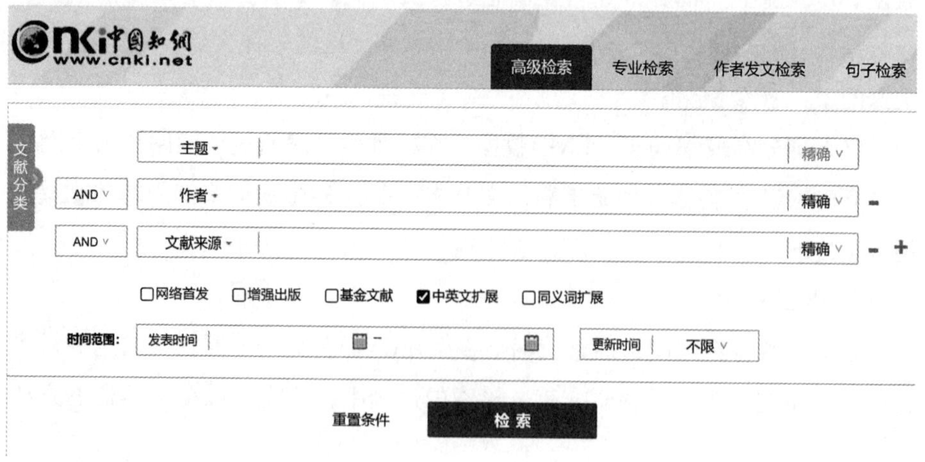

图2.1　CNKI高级检索界面

如果需要查阅某位研究者发表的所有文献，则通过“作者发文检索”进行查找，如图2.2所示。

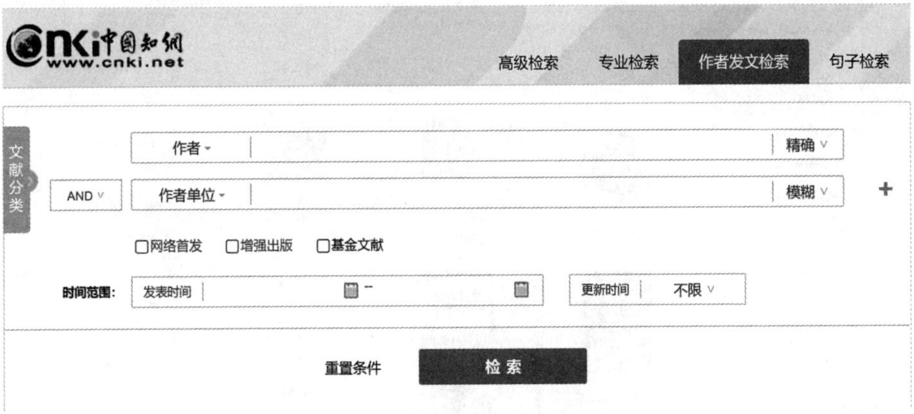

图2.2　CNKI作者发文检索

在“作者发文检索”界面查找文献时，首先要在“作者”一栏准确地输入作者姓名，在“作者单位”一栏输入其所在单位，以避免检索到同名的其他作者的文献。还要注意的是，一般如果我们确定输入的作者姓名是正确的，那么“作者”一栏后面的筛选字段应设为“精确”，但“作者单位”一栏后面的筛选字段一般应设为模糊，因为很多作者的单位可能发生过变动，如果设为“精确”，就只能查找到其在我们所填单位发表的文献，会漏掉在其他单位时发表的文献。

一般在使用“作者发文检索”时，“作者”和“作者单位”是必填项。除了这两项，研究者还可以根据自己的需要，限定文献类型和时间范围。

3. 出版物检索

有时候我们需要追踪阅读某一特定期刊中的文献，或者要了解期刊的相关信息，就可以使用CNKI的“出版物检索”功能，在如图2.3所示的“出版物导航”界面进行检索。

图2.3　出版物检索界面

如果要查询某个学科领域的所有期刊，那么在图2.3所示界面左侧的“学科导航”中选择相关学科，即可查到该学科领域内的期刊。例如，选“哲学与人文科学”中的“中国语言文字”，即可查到“中国语言文字”领域的所有出版物，一共872种（如图2.4所示）。

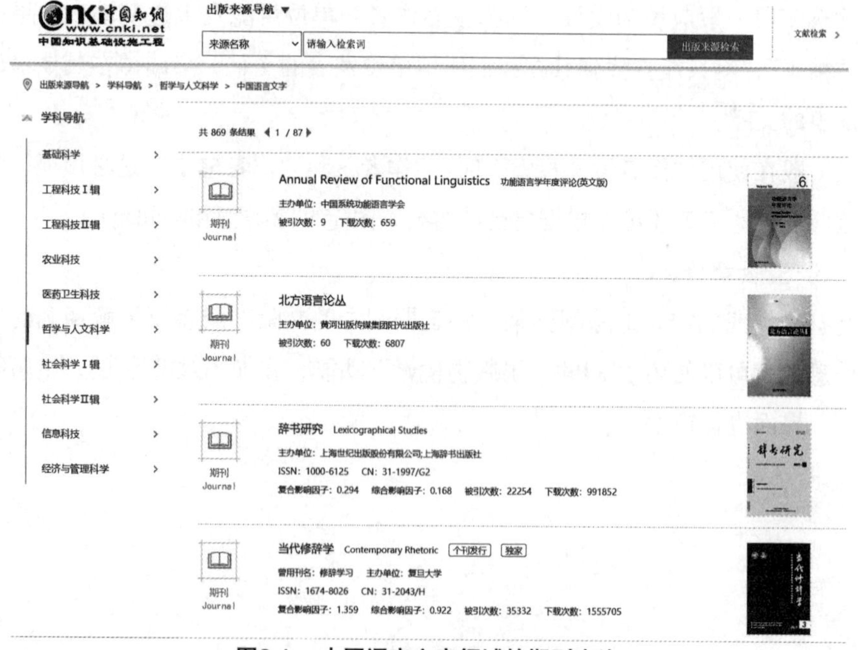

图2.4　中国语言文字领域的期刊查询

如果要查阅某个期刊中的文献，直接在图2.3所示界面上方的检索栏输入期刊名字进行检索即可。以检索《语言文字应用》为例，直接在检索栏输入“语言文字应用”进行检索，在检索结果列表中点选《语言文字应用》期刊，即可进入该期刊的界面，如图2.5所示。

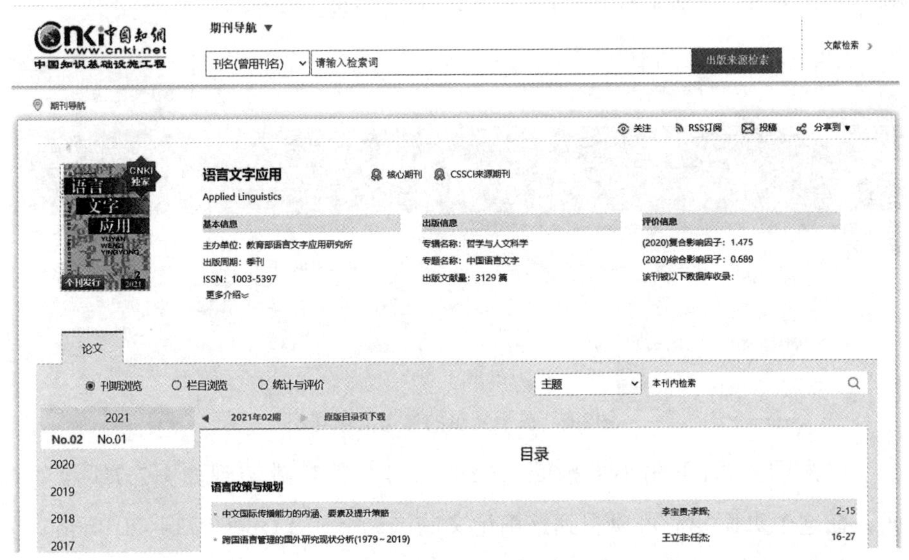

图2.5 《语言文字应用》期刊导航界面

在这个界面，可以查看该期刊的相关信息，包括是否为核心期刊以及属于哪类核心期刊，主办单位、出版周期等基本信息，专辑和专题名称、出版量等出版信息，以及影响因子等评价信息，右上方还提供了投稿链接，如果所检索的期刊在中国知网开通腾云采编服务平台，点这个链接即可进入投稿系统。

查阅该期刊中的文献时，可在左侧“刊期浏览”中选择需要查阅的年份和刊期，就能在界面中间看到该刊期的论文目录，点选要阅读的篇目即可在线查阅或下载全文。也可以通过“栏目浏览”了解该期刊涉及的栏目，并查阅不同栏目的文章。还可以通过“统计与评价”了解期刊年度出版概况、学术热点动态等信息。

4. 其他功能

除了以上最基本、最常用的检索功能，CNKI中还有一些特色功能可以很好地为学术研究和论文撰写提供服务。如参考文献导出、可视化分析等，在此，我们简单介绍参考文献导出功能的使用，可视化分析功能的介绍见“第三节文献分析”。

以获得“中文报纸阅读能力与汉语阅读能力等级研究”这篇论文的参考文献条目为例。首先在CNKI首页输入论文标题进行检索。

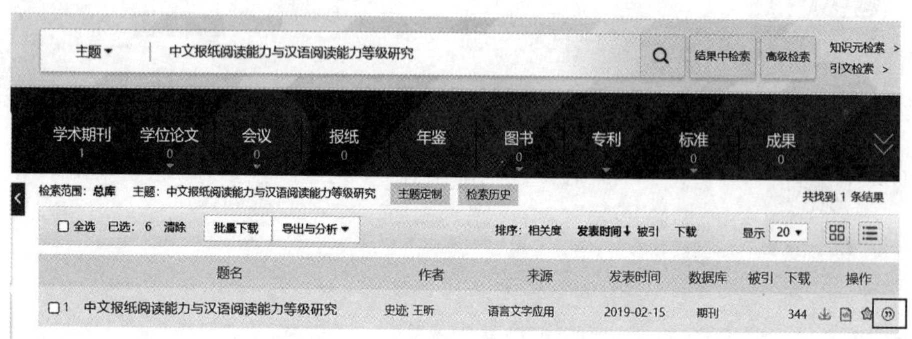

图2.6　单个文献的参考文献导出

点击图2.6右下角小方框圈起来的引号，就会跳转到如图2.7所示的页面，在这个页面我们可以看到这篇论文的国标格式（GB/T 7714–2015 格式引文）、MLA和APA格式引文。我们可以直接选中所需格式，复制并粘贴到论文后面的参考文献列表中。如果需要其他的引文格式，可以点击“引用”对话框右下角的“更多引用格式”，进入到图2.8所示的界面，根据需要选择相应的格式或自定义引文格式，然后复制或者导出。还可以选择导入EndNote、NoteExpress等文献管理软件中。

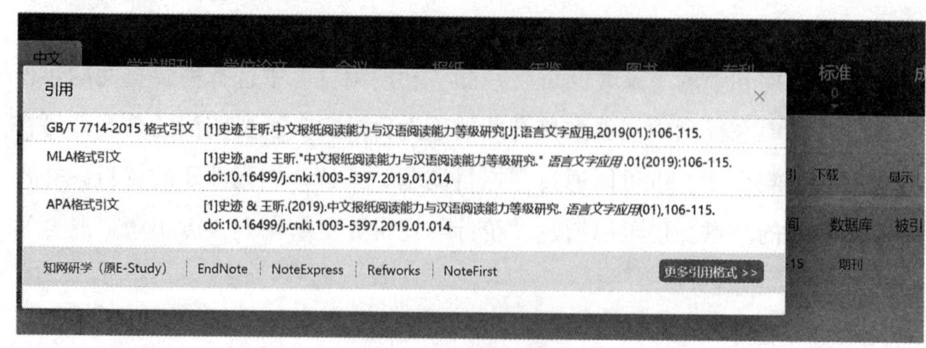

图2.7　三种引文格式

图2.8　更多引用格式和导出方式

在上述例子中，我们只举了一篇文章的引文格式的查找、复制或导出。如果需要导出检索结果中多篇文献的参考文献引文，则需先在文献左侧小方框中选中需要导出引文的文献，并在上方“导出与分析”中选“导出文献”功能，在显示的引文格式列表中选择所需格式，进入下一个界面进行复制或导出。以导出“词语搭配”前6篇文献的国标格式引文为例，首先选中这六篇文献，然后鼠标移到“导出与分析”→“导出文献”，并点击“GB/T 7714-2015 格式引文”（如图2.9所示），即可进到图2.10所示界面进行复制或导出等操作。

图2.9 引文批量导出功能

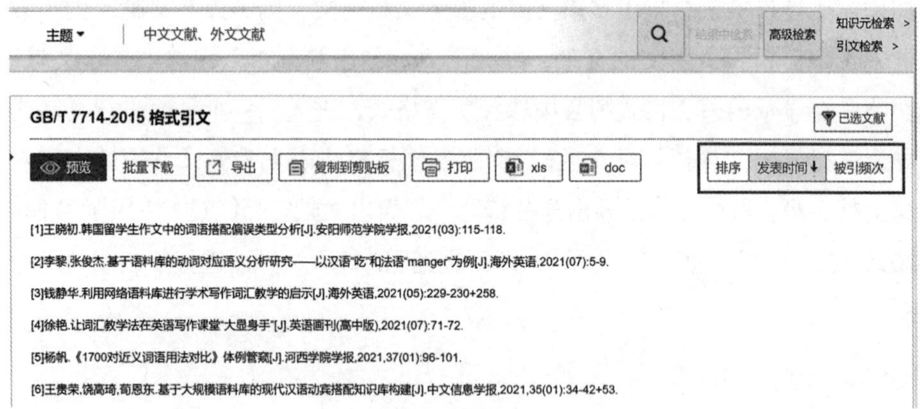

图2.10 引文批量导出界面

在图2.10的界面，还可以先按发表时间或被引频次等排序之后再批量复制或导出这些引文。

CNKI的这个参考文献导出功能特别适合还不太清楚参考文献格式的论文初学者，从这里直接复制或导出参考文献，可以保证文献引文格式基本正确。

当然，熟悉参考文献格式的研究者，也可以应用该功能批量复制或导出所需文献的引文，这样会大大节省时间。

需要注意的是，这样导出的参考文献引文是系统自动生成的，因此，引文格式基本准确，但部分信息可能存在问题，需要进行人工核查和修改。例如，图2.10中生成的引文，有一部分目录范围的显示就明显有问题，需要人工查找到准确的页码范围并进行修改。

（二）维普期刊资源整合服务平台

《维普期刊资源整合服务平台》（以下简称“维普”）是维普资讯推出的中文科技期刊资源一站式服务平台，是从单纯的全文保障服务延伸到引文、情报等服务的产品。目前，收录中文期刊约12000余种，全文4000余万篇。整合了期刊文献检索、文献引证追踪、科学指标分析、高被引析出文献、搜索引擎服务五大模块，各模块之间功能互联互通、数据相互印证[①]。

用户可直接在百度搜索该服务平台，另外，大部分高校已购买该平台，在校师生则可直接从本校图书馆网站进到该平台，在校园网环境下可以检索并免费下载全文。该平台首页非常简洁，如图2.11所示。

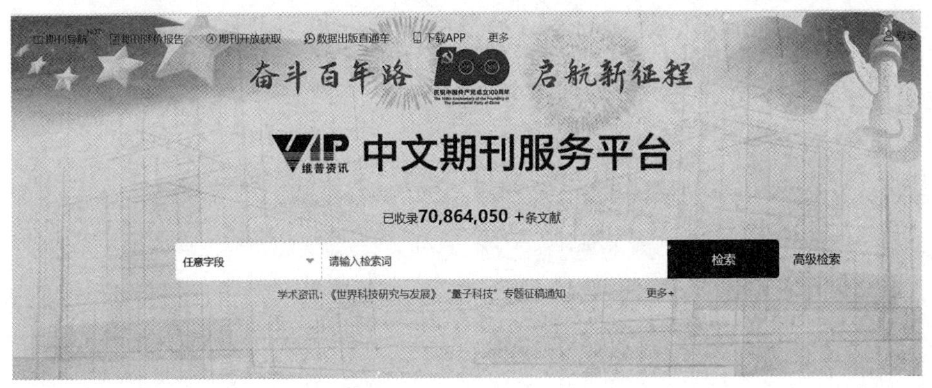

图2.11　“维普”首页

在这里我们可以直接进行普通检索，或点击右侧“高级检索”进入高级

① 参考云南民族大学图书馆电子资源中有关“维普期刊资源整合服务平台”的介绍：http://min-g30.ynni.edu.cn/web/58743/showartical?ArticalId=05d8d14b-3ec6-4156-8bdf-a8c2be7473d3

检索界面，通过限定多种字段来缩小检索范围。还可以点击左上角的“期刊导航”查询期刊。“维普”的高级检索功能与CNKI的差不多，此处不再赘述，以下主要介绍“维普”的普通检索和“期刊导航”两个功能。

1. 普通检索

在“维普”的普通检索中，我们主要介绍几个检索结果的排列或筛选功能。下面以检索“词汇知识”相关文献为例进行介绍。

首先，在“维普”首页检索栏输入“词汇知识”，点击“检索”或按回车键，则可获得如图2.12所示的检索结果页面。我们可以根据自己的需要或喜好，在文献列表上方点击相应字段选择排列方式和显示方式，可以看到“维普”的显示方式比CNKI略多，并且多了核心期刊标记。可以选中想要导出的文献之后批量导出题录，可以对文献进行引用分析和统计分析（文献统计分析功能的用法详见“第三节　文献分析”）。还可以在文献列表左侧按年份、学科、期刊收录、主题、期刊、作者、机构等字段对文献进行筛选。

图2.12　“词汇知识”检索结果

在以上检索结果中，假如我们只想查看2020年发在CSSCI来源期刊的文章。可以在左侧“年份”中选择“2020”（鼠标左键单击），然后在“期刊收录”中选“CSSCI”，即可获得2020年发在CSSCI来源期刊上的所有“词汇知识”相关研究文献（如图2.13所示）。

图2.13　2020年“词汇知识”CSSCI核心期刊论文检索结果

以此类推，可以根据自己的需要在左侧组合限定多个字段，即可快速查阅特定范围内的文献。

2. 期刊导航

“维普”提供的“期刊导航”功能便于研究者批量查询某一特定领域的所有期刊以及最新的核心期刊信息，有助于了解特定领域期刊的情况。下面以检索有关汉语研究和语言学研究的中文期刊为例进行简单介绍。

首先点击“期刊导航”，即可进入如图2.14所示的界面。

图2.14 “期刊导航”界面

这个界面列出了经济管理、哲学宗教、生物学等各个学科领域的期刊及其数量。往下拖动鼠标，找到“语言文字”领域，就可以看到汉语研究领域的中文期刊有59种（如图2.15所示）。

图2.15 语言文字期刊列表

如果我们要查看有关汉语研究的CSSCI来源期刊，那么点击图2.14左侧“核心期刊”栏目最下面的下拉箭头，展开所有的“核心期刊”分类列表，如图2.16所示。

VIP 维普资讯　任意字段　请输入检索词　检索　高级检索　检索历史

核心期刊	
中国科技核心期刊	2,494
北大核心期刊（2017版）	1,993
北大核心期刊（2011版）	1,989
北大核心期刊（2014版）	1,989
北大核心期刊（2020版）	1,984
北大核心期刊（2008版）	1,954
北大核心期刊（2004版）	1,660
北大核心期刊（2000版）	1,351
中国人文社科核心期刊	1,313
CSCD（2021-2022）	1,246
北大核心期刊（1992版）	1,228
CSCD（2017-2018）	1,225
CSCD（2019-2020）	1,216
CSCD（2015-2016）	1,188
北大核心期刊（1996版）	1,127
CSCD（2013-2014）	1,126
CSCD（2011-2012）	1,096
CSSCI-来源（2021-2022）	578
CSSCI-来源（2019-2020）	564

· 产业经济(597)　· 国民经济(209)　· 世界经济(207)　· 金融学(118)
· 企业管理(107)　· 会计学(105)　· 管理学(93)　· 政治经济学(80)
· 财政学(74)　· 劳动经济(40)　· 国际贸易(35)　· 旅游管理(31)
· 人力资源管理(18)　· 保险(10)　· 广告(6)　· 市场营销(3)

哲学宗教(195)

· 宗教学(50)　· 马克思主义哲学(42)　· 心理学(35)　· 中国哲学(29)
· 伦理学(12)　· 美学(8)　· 发展与教育心理学(7)　· 世界哲学(4)
· 外国哲学(3)　· 思维科学(2)　· 逻辑学(2)　· 哲学理论(1)
· 应用心理学(1)

生物学(173)

· 植物学(24)　· 动物学(20)　· 生物工程(18)　· 微生物学(16)
· 生态学(12)　· 生物物理学(9)　· 昆虫学(9)　· 生理学(8)
· 分子生物学(8)　· 生物化学(7)　· 细胞生物学(5)　· 古生物学(5)
· 普通生物学(3)　· 遗传学(3)　· 水生生物学(2)　· 人类学(1)

图2.16　核心期刊类型列表

展开“核心期刊”列表之后，我们可以看到这里列出了不同年份评出的核心期刊。CSSCI来源期刊每两年评一次，因此不同时段CSSCI中少量期刊会略有变动，通常在选择文献，尤其是选择投稿期刊的时候，我们会以最新的评选结果为准。因此，这里我们选“CSSCI–来源（2019–2020）”（见图2.16），这时候我们发现右侧各个领域的期刊数量都明显减少了。往下拖动鼠标找到“语言文字”栏目。可以看到汉语方面最新CSSCI来源期刊有9种（图2.17）。

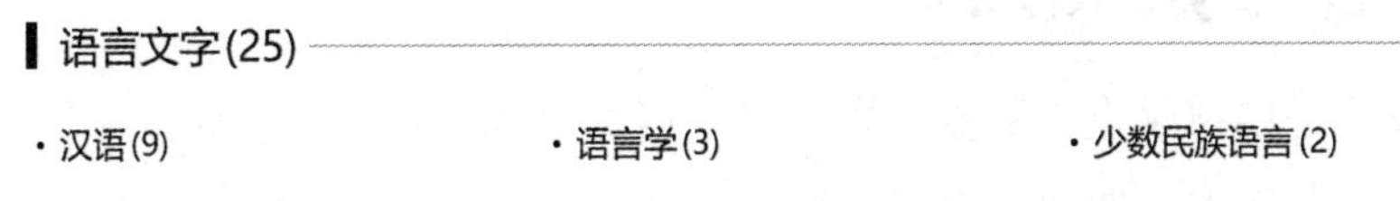

图2.17　语言文字核心期刊

点击“汉语”即可看到汉语研究领域CSSCI来源期刊有《语言教学与研究》《中国语文》《世界汉语教学》《汉语学习》《方言》等。我们点开其中的《语言教学与研究》，即可查看该期刊的相关信息、各个年份发表的论文、发文分析等，如图2.18所示。

图2.18 《语言教学与研究》详细信息

（三）万方数据知识服务平台

万方数据知识服务平台也是一个很强的综合型知识服务平台，该平台整合了数亿条全球优质知识资源，包含期刊、学位、会议、科技报告、专利、标准、科技成果、法规、地方志、视频等十余种知识资源类型，覆盖自然科学、社会科学等各个学科领域。包括8000余种国内期刊，40000余种世界各国出版的重要学术期刊，主要来源于NSTL外文文献数据库以及数十家著名学术出版机构，及DOAJ、PubMed等知名开放获取平台[①]。

（四）读秀学术搜索

读秀是由海量全文数据及资料基本信息组成的超大型数据库。目前包括全文检索、图书、期刊、报纸、学位论文、会议论文、标准、专利、视频9个主要的搜索通道。读秀中能检索到书的内容，还有“文献互助”功能。因此，如果需要查找中文图书的内容，或者在其他知识库中找不到全文的，可以尝试在独秀中查找。另外，读秀还提供了外文文献的检索。

① 参考网址：http://www.wanfangdata.com.cn/index.html

（五）外文文献检索工具

前面介绍的文献检索工具主要用于中文文献检索，虽然“万方数据知识服务平台”和“读秀学术搜索”也提供了英文文献的检索和部分英文全文的下载，CNKI也能检索到部分英文文献。但针对大量的英文文献检索，这些工具可能还不够用。这里推荐几种常用的英文文献检索工具，如EI、Web of Science、Scifinder、Scopus，这些检索工具的检索功能都很强大，但目前只提供文摘检索。如果需要下载全文，可以尝试在EBSCOhost、Wiley、Springer、IEEE、ScienceDirect中检索。

三、补充工具

以上介绍了比较常用且功能强大的中外文献检索工具，一般情况下利用好这些工具基本上就可以满足大部分的学术研究和论文写作需求了。若有一些特殊的文献在上述检索工具中查找不到，那么可以尝试在以下所列的工具中查找。

（1）百度学术：https://xueshu.baidu.com/

（2）谷粉学术（Glgogo）：https://xueshu.glgoo.net/

（3）谷粉搜搜（GFSOSO）：https://gfsoso.99lb.net/

（4）ResearchGate: https://www.researchgate.net/

（5）DOAJ（Directory of Open Access Journal）: https://doaj.org/

（6）科学公共图书馆（Public Library of Science）:https://www.plos.org/

（7）Socolar: http://www.socolar.com/

（8）Scientific Research Publishing：http://www.scirp.org/

（9）ProQuest：http://search.proquest.com/（PQDD学位论文数据库，可查找英文硕博论文，一般图书馆会购买）

（10）Open Access图书馆:http://www.oalib.com/

（11）超星发现系统：http://ss.chaoxing.com/

（12）HighWire Press:http://highwire.stanford.edu/lists/allsites.dtl

（13）NSTL开放学术资源系统网：http://oar.nstl.gov.cn/

（14）J-STAGE日本科学技术信息集成系统：http://www.jstage.jst.go.jp

（15）Journal info期刊信息：http://jinfo.lub.lu.se/jinfo?func=findJournals

（16）MIT Open Access Articles：http://dspace.mit.edu/handle/1721.1/49433

（17）cnpLINKer：http://cnplinker.cnpeak.com

（18）剑桥学术期刊网：https://www.cambridge.org/core/

（19）香港公共图书馆检索：https://webcat.hkpl.gov.hk/search/query?theme=WEB（可以检索香港、台湾等地的图书，只支持繁体检索）

（20）台湾博硕论文知识加值系统:http://ndltd.ncl.edu.tw/cgi-bin/gs32/gsweb.cgi/ccd=lnGZgC/webmge?mode=basic

（21）台湾学术期刊在线数据库：http://www.twscholar.com/Home/Index

（22）台大学术期刊资料库：http://ejournal.press.ntu.edu.tw/

（23）香港文学资料库（香港中文大学图书馆）：http://hklitpub.lib.cuhk.edu.hk/index.jsp（香港地区杂志资料，包括老旧杂志，可检索到一些罕见的资料，并可免费下载）

第三节　文献分析

一、什么是文献分析

文献分析是对某个学科领域、某个研究方向或某一课题的文献进行多维度的分析，以了解其研究范围、相关理论、研究视角、研究方法、研究前沿、发展趋势等。无论是作为知识的拓展，深入了解某个研究领域，还是寻找研究课题，或是要开启某项研究，完成一篇论文。首先都需要对相关文献进行一个宏观、系统的分析。

二、文献分析的目的和作用

进行文献分析的目的和作用主要有以下几点：

（1）全面了解某个领域或论题的系统知识，了解该领域或论题研究的“前世今生”，从而快速构建起有关该领域或论题的系统知识，有助于我们找到有创见的研究问题，把握好研究方向和突破点。

（2）通过文献分析可以快速掌握某个领域或论题的发展趋势，把自己的观点或研究摆在恰当的位置上，使自己的研究处于恰当的学术语境中。

（3）通过文献分析，可以更快地挖掘“黄金主题”，进行拓展创新，提升研究价值。

在全面了解某个领域/论题的基础上，分析已有研究存在问题的、有争议的点，以及研究的空白点，从中挖掘有价值的主题。才能在研究视角、研究方法等方面有所创新，拓展理论和应用价值。

三、文献分析工具及其主要功能

（一）CiteSpace可视化分析软件

CiteSpace由美国德雷赛尔大学陈超美博士研发，是一款着眼于分析科学文献中蕴含的潜在知识，并在科学计量学（Scientometric）、数据和信息可视化背景下逐渐发展起来的多元、分时、动态的引文可视化分析软件。用其分析得到的可视化图形称为“科学知识图谱”（Mapping knowledge domains,MKD）。目前，CiteSpace提供的主要分析功能有共被引耦合分析、科研合作网络分析、主题和领域的网络分析。另外还有一些高级功能，如网络图层的叠加分析、网络的结构变异分析、期刊的双图叠加分析等。CiteSpace还可以与MySQL、Carrot2等外部软件结合使用（李杰，陈超美，2017）。以下简单介绍CiteSpace的几个主要分析功能，以供学习者了解该软件能帮自己做什么。具体操作方法可参考李杰和陈超美所著《CiteSpace:科技文本挖掘及可视化》(第二版),此处不再赘述。

1. 共被引与耦合分析

文献的共被引分析是CiteSpace最早使用的功能,也是其最具亮点的功能。共被引是指两篇文献共同出现在了第三篇施引文献的参考文献目录中,即两篇文献同时被第三篇文献引用,那么这两篇文献就形成共被引关系。文献的共被引分析就是通过对一个文献空间数据集合进行文献共被引关系的挖掘过程(李杰,陈超美,2017)。文献耦合指两篇文献共同引用的参考文献的情况,即两篇文章引用了同一篇文献,则两篇文献之间就存在耦合关系(李杰,陈超美,2017)。

从文献共被引关系和文献耦合关系中反映出来的引文分散与集中规律,我们可以总结出某个领域相关知识如何从不同研究主题流动到当前所进行的研究,能够看到某个领域知识之间的继承关系、学科之间的交叉与渗透,可以向前追根溯源,向后预测发展趋势(尹丽春,2006;李杰,陈超美,2017)。总之,文献共被引分析可以帮助我们系统地掌握一个领域的"前世今生",从而更好地把握研究前沿。

2. 科研合作网络分析

科研合作是指研究者为生产新的科学知识这一共同目的而在一起工作(Katz,Martin,1997:转引自李杰,陈超美,2017)。CiteSpace提供的科研合作网络分析是基于同一篇论文的合作作者及其所在机构或者国家、地区等信息进行分析的。通过CiteSpace分析得到的合作网络中,可以看到作者、机构或者国家、地区发表论文的数量的多少以及合作关系(李杰,陈超美,2017)。

3. 主题和领域共现网络分析

CiteSpace的主题和领域共现网络分析主要提供词频和共词分析、关键词共现网络、术语的共现网络、领域的共现网络等。

CiteSpace的词频分析是在文献信息中提取能够表达文献核心内容的关键词或主题词频次的高低分布,来研究某个领域发展动向和研究热点。共词分析的基本原理是对一组词两两统计它们在同一组文献中出现的次数,通过这种共现次数来测度他们之间的亲疏关系(李杰,陈超美,2017)。关键词共现网络则是通过分析作者提供的关键词获得。词频和共词分析、关键词共现网络可以帮助我们很好地掌握学科的热点内容、发展动向、学科结构等。

CiteSpace的术语共现网络是通过文献中名词性共词分析得到，其分析的术语主要从标题、关键词、补充关键词和摘要中提取。通过术语共现网络，我们可以很好地了解某个学科领域的相关理论、研究视角、方法等，以及该领域中这些要素之间的关系等信息。

领域的共现网络是通过提取文献的SC①字段并分析其共现关系来获得。领域共现分析能帮助我们了解一个学科领域的结构，尤其是学科之间的交叉与渗透关系。

总之，CiteSpace能够在海量的文献数据中给我们挖掘出某一特定主题的知识基础、学科结构、研究前沿这三方面的重要信息，并以可视化的知识图谱呈现出来。能帮助我们快速获取一个领域中最为重要、关键的信息，摸清其发展历程，掌握研究前沿和发展趋势。

（二）HistCite引文分析软件

由SCI创始人尤金·加菲尔德主导研发的一款科研文献分析软件，可以对Web of Science数据库中的文献检索结果进行可视化的分析。主要可以用于分析某一领域文献之间的引用关系、引用频次等信息，分析结果以引文图谱的方式呈现出来，通过该软件的分析，可以快速把握一个领域的发展历史，锁定该领域的重要文献，以及最新的重要文献。

该分析软件目前可以从histcite网站下载安装。安装好后，在Web of Science输入所关注领域的主题词进行检索，导出检索到的记录，保存为“纯文本（txt）”文件。然后打开HistCite软件，从file菜单下点击add file，导入从Web of Science下载的数据，之后软件就会自动进行分析。一般会用tool中的graph maker作出可以展示当前数据库中重要文献之间关联的引文关系图。

一般默认画出最有价值的前30篇文章的完整引文关系。如果需要观察更

① SC字段是每个被Web of Science收录的期刊文献在被引收录时，根据其涉及的内容来标引的科学领域名称（李杰，陈超美，2017）。

多文献之间的关系，可以自己修改篇数。图中的每个圆圈表示一篇文献，中间的数字代表这篇文献在数据库中的序号。圆圈越大，表示被引次数越多①。圆圈之间的箭头表示文献之间的引用关系。图中圆圈越大、箭头指向越多的文章越重要。

（三）其他

除了HistCite和CiteSpace，还有一些文献分析软件，如RefViz、Thomson Data、Analyzer（TDA）、Bibeexcel等可以进行文献分析。另外，现在一些文献检索工具也提供了文献分析功能。例如，CNKI的“可视化分析”功能也提供了多种维度的文献分析。如总体趋势分析、关系网络（关键词共现网络）、分布（主题、研究层次、作者、机构、基金、学科分类、文献来源、关键词）、比较分析等。在知网首页检索栏输入检索的主题词进行检索之后，在检索结果页面中可以看到“导出与分析”字段（如图2.19所示），点击其右侧小三角符号，就可以看到下拉菜单中有“导出文献”和“可视化分析”两项，将鼠标移到“可视化分析”，就可以看到“已选结果分析”和“全部检索结果分析”两项。如果要选择一部分文献进行分析，需先在检索结果列表中选中要分析的文献（点击论文标题左侧的小方框），再通过上述步骤点选“已选结果分析”，即可进入分析界面，查看总体趋势等情况。若要分析所有检索结果，则不需要选择，直接点击“全部检索结果分析”即可进入分析界面，查看和分析所有检索结果的相关情况。

① HistCite引入了领域内引文分析的理念，使用了领域被引频次等特有指标，弥补了总被引次数不能体现学科差异的缺陷。

学术期刊 692 | 学位论文 282 | 会议 23 | 报纸 2 | 年鉴 | 图书 1 | 专利

检索范围：总库 主题：词语搭配 主题定制 检索历史

全选 已选：0 清除 批量下载 导出与分析 排序：相关度 发表时间↓ 被引

导出文献 ▸

可视化分析 ▸ 已选结果分析(0) 全部检索结果分析

	题名	作者	来源	发表时间
1	韩国留学生作文中的词语搭配偏误类型分析		安阳师范学院学报	2021-06-15
2	基于语料库的动词对应语义分析研究——以汉语“吃”和法语“manger”为例	李黎; 张俊杰	海外英语	2021-04-15
3	利用网络语料库进行学术写作词汇教学的启示	钱静华	海外英语	2021-03-15
4	让词汇教学法在英语写作课堂“大显身手”	徐艳	英语画刊(高中版)	2021-03-05
5	《1700对近义词语用法对比》体例管窥	杨帆	河西学院学报	2021-02-25

图2.19 CNKI文献可视化分析功能

维普期刊资源整合服务平台（以下简称“维普”）也提供了“统计分析”功能，包括近10年学术成果产出分析（成果产出及被引的具体数量和变化趋势）、主要发文人物分析（人物、发文量、主要研究主题）、主要发文机构（机构、发文量、主要研究主题）、文章涉及主要学科统计（学科领域、发文量、研究主题）、主要期刊统计分析等。在“维普”首页输入检索主题词进行检索，然后在检索结果页面就可以见到“统计分析”字段（如图2.20所示），同样可以对所有“检索结果”进行分析，也可以先选定文献，然后对“已选文献”进行分析。

词语搋配 检索 高级检索 检索历史

共找到967篇文章　每页显示 20 50 100

已选择0条　导出题录　引用分析　统计分析　检索结果　已选文献　相关度排序　被引量排序　时效性排序　显示方式：文摘

	题名	作者	出处	发文年	被引量
	文章速递 基于语境的翻译决策	蔡力坚	《中国翻译》 CSSCI 北大核心	2021	
	你应付得了吗?	Ruth Devlin	《空中英语教室:初级版.大家说英语》	2021	0
	基于语料库的动词对应语义分析研究——以汉语“吃”和法语“manger”为例	李黎　张俊杰	《海外英语》	2021	0
	“做”与“作”		《学生天地:小学中高年级》	2021	0

图2.20　“维普”文献统计分析功能

另外，百度学术提供的“研究点分析”也提供了研究走势、关联研究、学科渗透、相关学者、相关机构等方面的分析。如果我们要分析“词语搭配”的相关研究情况，首先在百度学术首页输入“词语搭配”进行检索，在检索结果中点开一篇包含“词语搭配”的文章，进入如图2.21所示界面。

图2.21　百度学术研究点分析功能

点击图2.21右下角“研究点分析”中的“词语搭配”，则可进入图2.22所示界面，在该界面中我们可以点开“研究走势”“关联研究”等查看分析结果。

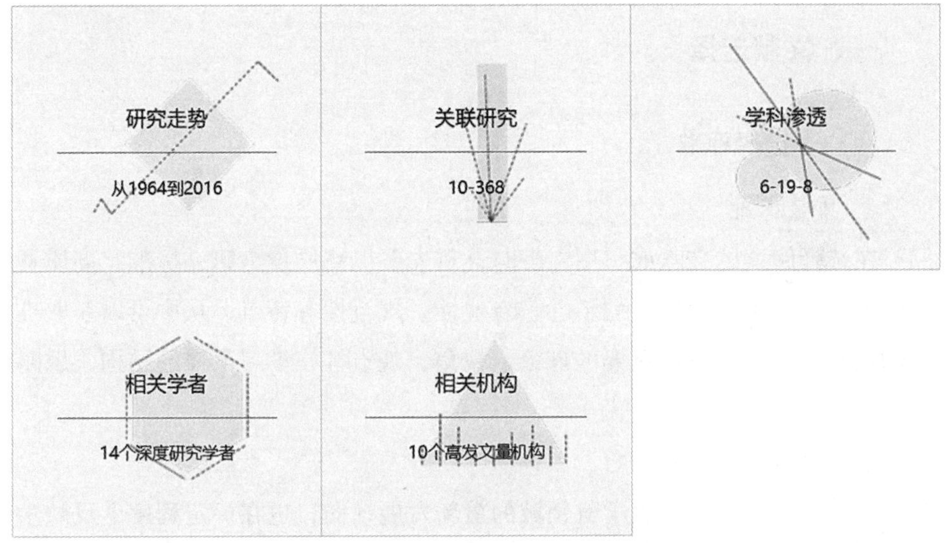

图2.22　百度学术研究点分析界面

以上这些分析工具，分析内容差不多，但在分析范围、分析重点、分析结果的呈现方面各有所长，研究者可以结合自己的喜好和需要选择使用。例如，只需对中文文献进行简单的分析，则选择使用CNKI、“维普”或百度学术即可，尤其是初学者，这些分析功能比较容易上手。但如果要对大规模的中、外文献进行更多维度、更深入的分析，从而更全面深入地了解一个研究领域，则需用CiteSpace这样强大的分析工具。若只需分析英文文献，则可用HistCite等。

第四节　文献的选择和管理

一、文献选择

（一）选择标准

1. 质量标准

在选择阅读的文献或引用文献时，首先要以高质量为第一标准。高质量的学术论文具备科学性、创新性、专业性、规范性等特点，从中可以获取准确的信息，把握本领域重要的理论、视角、观点等，学习严谨的结构、思路和方法。

2. 时效性标准

一般最新的文献代表学科领域的最新发展动向，也在一定程度上反映学科前沿。因此，通常在高质量的论文中优先选择近5～10年的文献进行阅读或分析，再根据情况往前追溯相关文献或知识。这样更容易抓住所关注主题的前沿和重要论题。

（二）选择范围

1. 本领域核心期刊的文献

一般获取高质量文献最直接的方法就是从本领域核心期刊中查找。不同的研究领域都有对应的核心期刊，在检索文献之前，我们首先要了解研究领域的核心期刊有哪些，并优先选择这些核心期刊中近5～10年的文献进行阅读。

（1）什么是核心期刊。

核心期刊是某一科学领域的期刊中，经众多学术界权威专家鉴定，根据期刊的引文率、转载率、文摘率等指标最终确定的主要期刊。一般为所含专业情报信息量大、质量高，能够代表专业学科发展水平并受到本学科读者重视的专业期刊。

（2）世界五大核心期刊索引数据库。

①科学引文索引（Science Citation Index，简称SCI）。

SCI是美国科学信息研究所（Institute for Scientific Information，ISI）的尤金·加菲尔德（Eugene Garfield）于1957 年在美国费城创办的引文数据库。SCI收录全世界出版的数、理、化、农、林、医、生命科学、天文、地理、环境、材料、工程技术等各学科的核心期刊约3500多种，其扩展库SCI-E（SCI Expanded）收录了5600多种来源期刊。收录了文献的作者、题目、源期刊、摘要、关键词等信息。其收录期刊每年更新一次。

②社会科学引文索引（Social Sciences Citation Index，简称SSCI）。

SSCI是SCI的姊妹篇，也是美国科学信息研究所创建的期刊索引，是目前世界最重要的社会科学期刊索引。收录期刊范围涵盖行为科学、人类学、考古学、法律、经济、历史、地理、心理学等50多种学科领域。同SCI一样，其收录期刊每年更新一次。

③工程索引（The Engineering Index，简称EI）。

EI是由美国工程师学会联合会于1884年创办的一个大型综合性检索工具。收录文献涉及工程技术各个领域，包括：动力、电子、自动控制、机械工程、矿业、冶金、材料工程、土木工程等。

④科技会议录索引（Index to Scientific & Technical Proceedings，简称ISTP）。

ISTP创刊于1978年，由美国科学情报研究所编辑出版。该索引主要收录生命科学、物理与化学科学、农业、生物和环境科学、工程技术和应用科学等学科的会议文献，包括一般性会议、座谈会、研究会、讨论会、发表会等。

⑤艺术与人文科学引文索引（Arts & Humanities Citation Index，简称A&HCI）。

A&HCI是艺术与人文科学领域重要的期刊文摘索引数据库。该索引创刊于1976年，收录20多种学科的1100多种期刊，时间从1975年开始至今，涉及视觉、音乐、表演、文学、工艺等各个艺术领域，以及考古、艺术、亚洲研究、古典著作、电视、戏剧等人文科学的各个方面。

上述索引中，SCI、EI、ISTP是国际公认的进行科学统计与科学评价的三大科技文献检索系统。其中，SCI收录的科技期刊比较全面，集中了各个学科高质优秀论文的精粹，最能反映基础学科研究水平和论文质量。

（3）国内常见的核心期刊（或来源期刊）遴选体系。

①中文社会科学引文索引（Chinese Social Sciences Citation Index，简称CSSCI）[①]。

CSSCI是南京大学自主研发的人文社会科学引文索引数据库，主要收录所有来源期刊/集刊全部来源和引文信息，是我国人文社会科学评价领域的标志性工程。CSSCI来源期刊/集刊（即“南大核心”）由南京大学中国社会科学研究评价中心组织评定，主要根据期刊的影响因子、被引总次数等数量指标与各学科专家意见确定，并报教育部批准。CSSCI来源期刊/集刊每两年一评，根据期刊质量的评定结果增删、调整有关期刊[②]。

根据中文社会科学引文索引指导委员会第七次会议精神，CSSCI来源期刊从2008—2009年起增设扩展版，首批扩展版收录期刊的数量为152种。“扩展版”的增设，是在CSSCI来源期刊528种的基础上，根据排序指标扩充的一些质量较好的期刊。扩展版来源期刊遴选仍坚持来源期刊的标准，同时兼顾地区和学科的平衡。由四部分组成：（1）此次落选的原来源期刊；（2）他引影响因子与总被引次数的加权值接近来源期刊的期刊；（3）集刊中最近已获得CN号的期刊；（4）考虑地区、学科合理布局的期刊（某些地区、学科相对而言较好的期刊）[③]。

②中文核心期刊目录总览（简称GCJC）。

---

① 官网：https://cssrac.nju.edu.cn/；CSSCI来源期刊和扩展版来源期刊查询网址：http://cssci.nju.edu.cn/

② 参考中国社会科学研究评价中心网站的介绍，具体遴选办法见本网站的介绍：https://cssrac.nju.edu.cn/gywm/lxbz/20200102/i64328.html

③ 参见《CSSCI扩展版来源期刊（2008—2009年）（152种）选刊说明》，网址：https://cssrac.nju.edu.cn/DFS//file/2019/12/31/20191231101214808vmpztx.pdf

北京大学《中文核心期刊目录总览》，即“北大核心”，是由中国知网、中国学术期刊网和北京大学图书馆期刊工作研究会联合发布的中文核心期刊目录。主要根据期刊的引文率、转载率、文摘率等指标确定。是中文期刊索引中除了南大核心、中国科学引文数据库（CSCD）以外学术影响力最权威的一种。1992年推出第一版，大约每隔四年推出一版[①]。

③中国科学引文数据库（Chinese Science Citation Database，简称CSCD）。

中国科学引文数据库（Chinese Science Citation Database，简称CSCD）创建于1989年，收录我国数学、物理、化学、天文学、地学、生物学、农林科学、医药卫生、工程技术、环境科学和管理科学等领域出版的中英文科技核心期刊和优秀期刊千余种。该数据库已在我国科研院所、高等学校的课题查新、基金资助、项目评估、成果申报、人才选拔以及文献计量与评价研究等多方面作为权威文献检索工具获得广泛应用，被誉为“中国的SCI”[②]。

④中国科技论文与引文数据库（CSTPCD，又称“中国科技核心期刊”）。

“中国科技核心期刊”由中国科学技术信息研究所研发，出版《中国科技期刊引证报告》（CJCR）分为核心版及扩展版，1988 年首发（马兰，2016），是目前国内自然科学领域比较权威的科技统计源期刊目录。其源期刊的选刊标准有17项，经过严格的同行评议和定量评价，是中国各学科领域中较重要的、能反映本学科发展水平的科技期刊。每年进行遴选和调整[③]。

⑤中国人文社会科学引文数据库（简称CHSSCD）。

由中国社会科学院文献信息中心研发，印制出版《中国人文社会科学核心期刊要览》，作为内部参考资料供有关方面人员交流使用，2000年推出首版。评价学科范围是人文社会科学（马兰，2016），涉及50多个重要学科，400多种期刊[④]。

⑥中国学术期刊评价研究报告（简称RCCSE）。

---

① 参考网址：https://baike.baidu.com/item/北大核心/288973?fr=aladdin

② 介绍主要来自中国科学院文献情报中心官网：http://sciencechina.cn/

③ 介绍来自：https://baike.baidu.com/item/中国科技核心期刊/3529826?fr=aladdin

④ 参考中国社会科学网的介绍：http://www.cssn.cn/xspj/bk/bk_ct/201407/t20140703_1239901.shtml?COLLCC=3111785876&

RCCSE全称“Research Center for Chinese Science Evaluation”，指武汉大学中国科学评价研究中心。由武汉大学图书馆、中国科学评价研究中心等单位联合编制，2008年首次出版。该评价体系的评价数据源主要有：中国期刊引证报告、中国学术期刊综合引证报告、新华文摘、中国社会科学文摘、复印报刊资料、SCI等。涉及各个学科领域（马兰，2016）。

⑦《中国学术期刊综合引证报告》。

由清华大学图书馆、中国学术期刊（光盘版）电子杂志社、中国科技文献计量评论研究中心编辑，科学出版社出版，是以CNKI“中国知识资源总库”中最大的文献信息资源——“中国期刊全文数据库”所收录的各类学术期刊的引文数据为基础编制而成的一部大型综合性科学文献计量年报，收录自然科学、社会科学、工程技术、艺术与人文科学等各个学科的期刊，每年发布。

目前，人文社会科学领域影响比较大的是CSSCI和“中文核心”（GCJC），前者在人文社会科学领域受到的认可度更高一些，后者包括所有学科门类，收录范围较大。

（4）如何确定核心期刊。

①在核心期刊索引中查找。

如果需要了解所关注领域的核心期刊，最直接的方法就是在前述（1）中介绍的核心期刊索引中查找。这些核心期刊都会定期评价、更新。一般以最新评价的结果为准。

②通过检索工具确定。

除了直接在核心期刊索引中查找，现在很多文献数据库检索工具都标示或提供常见核心期刊的索引。以中文核心期刊的确定为例。

如需确定某个期刊是否为核心，可从CNKI的“出版物检索”中检索要了解的期刊，点开“出版物检索”中获得的期刊链接，即可查看其是否为核心期刊。以《语言文字应用》为例，如果我们需要确定它是否为核心期刊。首先点击CNKI首页检索栏右侧的“出版物检索”，进入出版物检索界面。

然后，在“出版物检索”界面的检索栏输入“语言文字应用”，点击“出版来源检索”，再点击检索到的《语言文字应用》期刊标题，即可进入图2.23所示界面。

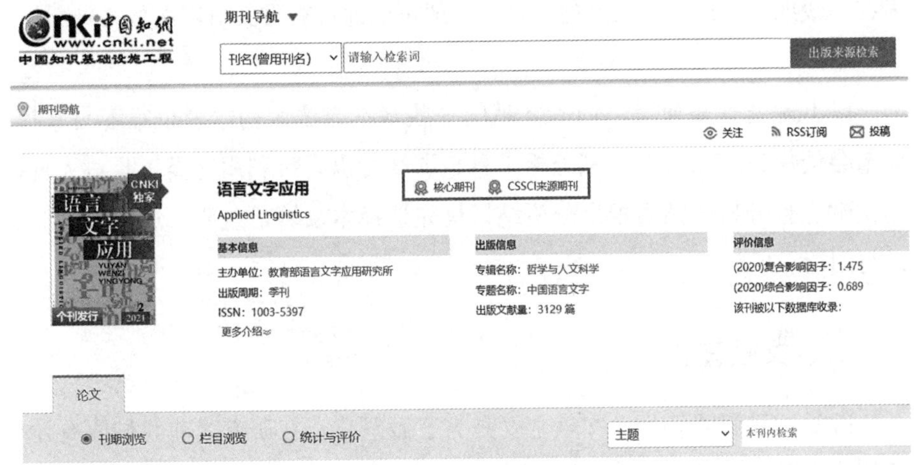

图2.23　核心期刊标记

从图2.23《语言文字应用》期刊名字右侧我们可以看到核心期刊标记：“核心期刊”表示被北京大学《中文核心期刊总览》来源期刊收录；“CSSCI来源期刊”表示被中文社会科学引文索引来源期刊收录。将鼠标光标移到其中一个标记，即可看到详细信息。

如果需要了解某个学科领域所有中文核心期刊，则可以在“维普”的“期刊导航”中查询，查询方法见本章第二节中的介绍。

外文社会科学研究核心期刊及论文则可通过“新学术SSCI期刊精选整合平台”[①]进行检索。该平台的数据均来自SSCI、A&HCL高质量学术期刊，以及国外各大出版集团高端内容。目前很多高校图书馆网页已开通该数据平台。

2. 本领域领军人物或主要课题组的文献

在即将开始某项研究之前，首先通过平时掌握的信息或者利用文献分析工具了解某个领域的领军人物或主要的课题组之后，可以先直接查找这些领军人物或课题组发表的相关成果进行阅读和分析。

① 访问网址：http://ssci.newacademic.net.

3. 引用次数高的文献

除了核心期刊论文、本领域主要专家和课题组的成果之外，偶尔有些发表在一般期刊，但质量很好的文章。一般可以通过查看其引用次数来判断。

以上是选择高质量、前沿文献的一些基本方法，初学者也很容易掌握。如果会使用CiteSpace等文献分析工具，那么可以直接利用这类工具对大规模的文献进行分析，然后根据分析结果优先选择本领域最重要、最前沿的文献进行阅读。

二、文献管理

通常，我们阅读学术文献主要是为了做研究。在研究之前我们要有效率地阅读大量的文献，对文献进行深入分析和整合；在论文的写作过程中，则需要大量引证。这些过程顺利进行的前提是合理地管理文献。

本科阶段写小论文，一般涉及的文献可能相对较少，这时候我们只需把从文献检索工具中检索并筛选获得的文献按年份、作者、内容、重要性等分类存在不同的文件夹中，阅读或引用的时候直接到相应的文件夹里查找即可。但随着研究的深入，阅读范围的扩大，我们就需要查阅越来越多的文献，尤其是热点课题，相关文献少则几百，多则几千。这个时候就需要专门的文献管理软件帮助我们有效地管理文献，方便我们进行高效的文献搜索、整理、查阅、引用等。以下介绍几款常见的文献管理软件，读者可以根据自己的需要选用。

（一）EndNote

EndNoter是Thomson Corporation下属的Thomson ResearchSoft开发的一款文献管理软件，目前最新版为EndNote 20[①]。EndNote 20支持7000多种国际期刊的参考文献格式，几百种写作模板，涵盖各个学科领域的期刊。该软件可用于

① 网址：https://www.endnote.com/

文献批量下载和管理、写作论文时添加索引、分析某篇文献的引文索引、分析某领域或者学术课题的经典文献地位等。提供Word插件，支持边书写论文边插入参考文献并调整顺序或删除。主要功能有[①]：

（1）在线搜索文献：直接从网络搜索相关文献并导入Endnote的文献库内。

（2）建立文献库和图片库：收藏、管理和搜索个人文献和图片、表格。

（3）定制文稿：直接在Word中格式化引文和图形，利用文稿模板直接书写合乎杂志社要求的文章。

（4）引文编排：可以自动帮助我们编辑参考文献的格式。

（5）文献检索工具：可以在软件界面搜索多个数据库，而无需逐一打开数据库网站。

（6）文摘及全文的管理工具：可以高效管理大量的文献信息。

（7）引文编排工具：可以自动编辑参考文献的格式。

（8）文献共享与协作工具：可实现多台电脑共享文献，也可与多人共同分享和维护文献。

可以到EndNote官网下载该软件，申请试用版本可以免费使用30天，很多学校也买了版权，可以在学校官网下载使用。EndNote官网上还提供了一系列的英文版视频教程，读者可以到官网自行学习。看英语视频有困难的读者，可以在微信公众号“科袖网”搜索EndNote系列教程进行学习。

（二）NoteExpress

NoteExpress是北京爱琴海乐之技术有限公司开发的一款专业级别的文献管理软件。该软件的主要功能有[②]：

（1）数据收集：NoteExpress内置常用电子资源库接口，可以直接从其主界面的“在线检索”直接检索并下载大量题录[③]及全文。专业数据库或普通网

---

① 参考EndNote官网和“科袖网”微信公众号（https://mp.weixin.qq.com/s/QFB1xZ37kPuhXnCPaJQa-iQ）。

② 参考：http://www.inoteexpress.com/aegean/index.php/home/ne/index.html

③ 题录指检索期刊中描述文献外部特征（提名、作者、出处等）的条目。

页的题录和全文也可以通过“青提收藏”插件保存到NoteExpress。另外，手机APP“青提文献”也可以与NoteExpress实现协同功能。总之，NoteExpress客户端、浏览器插件和青提文献App，可以帮助我们在不同屏幕、不同平台之间，高效地完成文献追踪和收集工作。

（2）文献管理：文献管理功能采用传统的树形结构分类与灵活的标签标记分类，可以对电子文献题录和全文进行井然有序的管理。

（3）自动更新、填充信息：可智能识别全文文件中的标题、DOI等关键信息，并自动更新补全题录元数据。另外，NoteExpress还内置近五年的JCR期刊影响因子、国内外主流期刊收录范围和中科院期刊分区数据，在我们添加文献的同时，自动匹配填充相关信息。

（4）文献分析：NoteExpress还提供文献分析功能，可以对检索结果进行多种统计分析。

（5）写作时的文献引用：NoteExpress支持微软Office Word和金山WPS两大主流写作软件。用户在这两个软件中撰写科研论文时，利用内置的写作插件可以实现边写作边引用参考文献，可以自动生成符合要求的参考文献索引，使文献引用变得非常方便。

可以到NoteExpress官网[①]免费下载安装最新版本的软件。该网站还提供了教学视频，读者可以自行观看学习，此处不再赘述。

（三）NoteFirst

NoteFirst是西安知先信息技术有限公司开发的一款网络版文献管理软件。主要提供知识获取、知识管理、科研协作、论文写作等几大模块的服务（如图2.24所示）[②]。该软件“结合中国科研人员的文化特点、使用习惯，实现了团队科研协作和个人知识管理的统一，为科研人员提供文献、笔记、知识卡片、实验记录等资源的便捷管理，文献订阅，参考文献自动形成，电子书自动形成等功能；在此基础上，科研人员把个人资源一键分享给团队，实现团队资

① http://www.inoteexpress.com/aegean/index.php/home/ne/index.html。

② NoteFirst官网网址：https://www.zotero.org/

源的积累，达到科研协作的目的”。因此“NoteFirst 之于科研人员个人，是知识管理系统；之于团队和机构，则是团队科研协作系统”[①]。

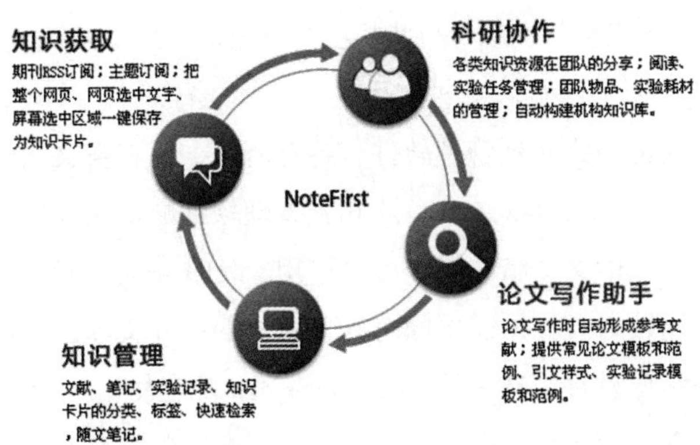

图2.24　NoteFirst的主要功能（图片来源：http://www.notefirst.com/）

可以到NoteFirst官网免费下载[②]，基本功能都可以免费使用。目前最新版本是2019年发布的NoteFirst5.0。

（四）Zotero

Zotero是一个开放源代码的文献管理软件[③]。它有两个特色：一是可以作为浏览器插件使用，且本地可以免费上传到Zotero的网络服务器上；二是无限级的目录分类，Zotero一个目录下可以分为多个子目录，使文献的管理更方便。Zotero可以免费下载使用[④]，目前可以使用的是Zotero 5.0。微信公众号“Struggle with me”中提供了一系列中文视频教程，详细地介绍了Zotero的各项功能及用法，可以帮助我们快速掌握Zotero的用法。

① 参考：http://www.notefirst.com/product/default.aspx?id=0px&defalut。

② 下载网址：http://www.notefirst.com/download/

③ Zotero官网网址：https://www.zotero.org/

④ Zotero下载网址：https://www.zotero.org/download/

（五）Mendeley

Mendeley是一款免费的跨平台文献管理软件[①]。它最大的特色是提供了共同分享和讨论文献的社区功能，适合喜欢与同行交流的人使用。另外，Mendeley还加入了最新的文献评价指标：Altmetric。通过这个指标可以了解论文的认可度和分享讨论程度。

以上是几款常用的文献管理软件，各有所长，一般英文文献的管理可以选用EndNote、Zotero或Mendeley，这几款管理软件的功能都比较强大，而且都可以免费使用。中文文献的管理可以选用NoteExpress，对中文文献和中文数据库的支持比较好。如果需要同时管理大量的中外文献，可以在EndNote、Zotero或Mendeley等软件中选一款，与NoteExpress配合使用。

除了上述介绍的几款文献管理软件外，还有一些相对比较小众的文献管理软件，如：PowerRef[②]、Reference Manager、Procite、Refworks、文献之星、医学文献王等。读者可以根据自己的情况选用。

① Mendeley官网：https://www.mendeley.com/

② PowerRef官网：http://jabref.sourceforge.net/

第三章

文献阅读

第一节　阅读文献的基本原则

一、目的原则

在开始阅读学术文献之前，要有比较明确的目的，这有两方面的作用：第一，帮助我们明确阅读范围。有明确的阅读目的，我们就知道该选择哪些文献进行阅读，把时间和精力用在自己最感兴趣或者对研究课题有帮助的文献上。通常，有了明确的阅读目的，就可以根据前期文献分析的结果、文献的标题和摘要等对文献进行筛选，缩小范围，提高阅读效率。第二，明确的阅读目的可以帮助我们在阅读过程中更高效地提取关键信息。阅读学术文献时，不是把文献根据重要性排排队，然后就按顺序一篇一篇从头到尾精读。即使是经过筛选的文献，我们在阅读的时候，内容上也是有选择性的。如果我们要了解某个不太熟悉的课题概况，那就重点关注论文的开头和结尾（尤其是开头的引言部分）；如果我们已经对课题的相关研究情况比较熟悉，当前阅读的目的是了解最新的一些发现，那就重点查阅最新文献的研究结论，可以直接阅读摘要，或者快速定位到有关研究结果的图表和文章末尾的结论；如果想在研究方法上有所突破，要具体了解已有研究的方法，那就直接阅读介绍研究方法的部分。这样就能大大提高文献阅读的效率，快速准确地获取所需信息。

但要注意，以上主要是针对研究前及研究过程中的文献阅读来讲，在论文写作过程中，如果要引用文献中的内容，那么，还需要结合上下文的相关部分来确定理解是否准确，避免引用时出现错误。

二、问题原则

在解答语文或外语考试的阅读题时，我们一般要先阅读需要回答的问题，再带着问题去阅读。这是因为带着问题的阅读，可以帮助我们在阅读过程中恰当取舍，更高效地获取关键信息。与此类似，在阅读学术文献时，围绕问题的阅读也非常重要。因为一般阅读学术文献不是纯粹为了掌握知识或者陶冶情操，而是为了顺利完成高质量的研究。在阅读文献时，首先，要带着问题去阅读，这样可以大大提高阅读的效率和信息获取的精准度。通常，有明确的阅读目的再去阅读，就已经大大提高了阅读效率，但有时候最初的阅读目的是比较宽泛的。如果我们把它转化为一个一个更具体的问题，再带着这些问题进行阅读，那我们阅读的时候针对性就更强。其次，要一边阅读一边提出新的问题，这会促使我们不断地去整合阅读过程中获取到的信息，加深对目标课题的理解，同时激发有创造性的点子。因此，我们要培养阅读学术文献的问题意识，始终以解决问题为目标进行阅读。

三、比较原则

阅读学术文献实际上是整合并构建某个课题知识体系的过程。在这个过程中，我们以某些目标和具体问题为核心，不断地获取新的信息，不断地进行分析整合。而有效整合信息的一个重要途径就是不断地进行比较，在比较中建立或调整知识之间的关系，从而构建起一个信息完善、关系清晰的知识体系。

学术文献阅读中的对比主要包括两方面：一是当前文献与已阅读文献的对比。对比内容包括理论、视角、方法、结果、具体观点等。在阅读新的文献时，针对我们的阅读目的和问题，将新信息和旧信息进行对比，找出共性和差异、优点和缺点，建立合理的关联。二是与自己的思路和观点进行对比。当我们带着问题去阅读时，我们脑子里实际上已经有一些初步的想法，而阅读文献的重要意义之一就是帮助我们完善自己的思路和观点。只有通过不断地对比分析，对研究思路和观点进行调整，才能最终选定恰当的视角、科学合理的研究方法、具有前瞻性的研究假设等，从而有效提升研究水平和研究价值。

四、批判性原则

批判性思维是学术研究必备的，阅读文献作为学术研究必不可少的工作，也要遵循批判性原则。根据美国哲学教授格雷戈里·巴沙姆等人在《批判性思维》(Critical Thinking)一书中的定义，批判性思维的界定标准应包括清晰、精确、准确、切题、前后一致、逻辑正确、完整和公正(Bassham，Irwin，Nardone，Wallace，2013；舒静，2019)。批判性的阅读也应按这些标准进行，大致可以概括为三个层面：

(1)准确理解文献。在我们有效评估文献的论据、观点等内容之前，需要清晰、准确、完整地解读作者的观点，弄清其论证逻辑，避免断章取义。这就需要我们围绕阅读目的和具体的阅读问题，有选择地进行精读，不断在阅读中分析问题、解决问题，在不断地读和分析中慢慢达到理解的精准化。

(2)批判性地审视文献。批判性地审视文献要从两种视角出发：一是从欣赏的视角出发。例如，欣赏学习作者如何综述已有研究，如何提出并论证自己的观点；如何合理设计研究；如何提炼结果；如何进行讨论等。二是从批判的视角出发。分析作者的问题、研究视角、研究方法、研究逻辑、论证逻辑、观点等是否存在问题，具体是什么问题，可以如何改进等。这些分析一方面有助于我们在阅读文献的过程中提升自己的思维能力，另一方面也有助于我们在阅读过程中找到重要的突破点，找到有价值有创新的选题。需要注意的是，在批判地审视文献时，无论是欣赏视角的审视，还是批判视角的审视，都要做到两点：一是从作者的视角中脱离出来，避免被作者牵着鼻子走；二是要抛开自己的偏见和成见，以开放中立的客观态度公正地作出评价(Kantowitz，Roediger，Elmes，2008)。通常一提到“批判”，多数人理解的是狭义的批判，即对别人的观点进行批驳否定，因此往往会忽略对文献的“欣赏”性分析，并且在分析存在的问题时不能够抛开自己的偏见或成见，从而做出不公正的评价。因此，学术新手在阅读文献时，需在这两方面多加训练。

(3)形成自己的观点。批判性阅读以准确理解为基础，通过批判性地审视文献，最终以形成自己的观点为目标。如果文献阅读没有达到这个目标，那就不算真正的批判性阅读。需要注意的是，这里说的形成自己的观点，一定是建立在准确理解他人观点、批判性审视的基础上，比较客观、科学且有创建性的观点，而不是随意提出的看法。因此，在反思自己是否做到批判性阅读时，主要看自己是否在准确理解所阅读的内容，并通过批判性地审视之后，得出了与已有研究有关联但又高于已有研究的观点。

五、巩固原则

巩固是阅读文献的过程中最基本且非常重要的一个步骤，可以说，善于巩固所阅读的学术文献是一名优秀的科研人员必备的重要技能之一。如果把阅读文献的过程比作寻宝的过程，那么，阅读文献而不巩固，就好比寻到宝物却将其留在原地不管，不带走也不记住它所在的位置。当需要用这些宝物的时候，不仅手里没有，还遗忘了它们的位置，只能重新去一一搜寻。

巩固文献的途径有二：一是记笔记，二是口头讲述和讨论。其中，记笔记是最基本的工作，口头讲述或讨论则有助于文献内容的深度加工和长时记忆的强化（具体的巩固技巧见本章第四节）。

六、区别原则

阅读文献的过程中，还要区分精读和泛读。一般来说，本领域的经典著作或教科书，以及与研究直接相关的、论文写作过程中要引证的内容或者需要进行深入分析的经典个案等，都需要精读，其他文献则只需泛读，如为拓展知识视野而阅读的其他学科的论著；为大致了解研究现状或最新研究动向而阅读的综述类文献；需要引用观点，但不需要细节，或者引用的观点出现的文献并非专门讨论此问题等，一般通过浏览，达到基本的阅读目的即可。

阅读文献的过程中，遵循区别原则，有助于抓取重点内容，提高阅读效率。区别原则实际上与目的原则和问题原则紧密相关，阅读目的和阅读中要具体解决的问题，是区分精读和泛读的依据，只有遵循目的原则和问题原则，才能恰当区分精读和泛读的内容。

第二节　学术论文的阅读技巧

快速阅读学术论文的前提是掌握其宏观框架和基本逻辑，做到对论文的基本框架结构和逻辑关系心中有数之后，就能根据阅读的目的和问题快速定位，有选择、有重点地进行阅读。学术论文一般包括篇头（标题、摘要、关键词）、正文、参考文献、附录等几个部分。因不同类型的论文正文部分结构不尽相同，本节将分类进行介绍。

一、理论类论文的阅读

理论类论文的主要特点是内容上的概括性与说理性、严密的逻辑以及直接表达作者的思想观点。理论类论文的各部分是按内在逻辑关系而不是根据研究进程来编排的。因此，理论类论文一般没有很固定的框架和论证模式，结构上没有实证类论文那样好把握。但理论类论文的谋篇布局也有规律可寻，一般正文也是分引言、主体、结论几个部分（钱旭菁，张文贤、黄立，2021）。主体部分又分为若干个章节，通常每一章集中起来分析讨论一个分论点，几章内容按一定的逻辑关系排序。

在阅读理论类论文时，首先要提炼出作者提出的问题或要论证的理论或观点是什么。在理论类论文的写作中，作者通常会在引言部分用尽可能简洁的语言开门见山地陈述提出的问题，或要解释论证的理论，或自己的核心观点。因此可以通过阅读引言部分提炼这一核心内容。然后通过浏览全文的各级标题，以及各章节开头段落的主题句，并结合引言部分的陈述掌握全文的总体框架，分析作者的论证逻辑。再根据核心问题或观点，以及整体论证逻辑和框架，结合自己的阅读目的及问题决定全篇精读，还是有重点、有选择性地阅读。

理论类论文整体行文框架基本遵循其整体的论证逻辑，同时每一部分又有各自的逻辑结构，因此，首先把握了全文的逻辑框架之后，在每一部分内容的阅读中首先要做的也是通过浏览小标题和段落主题句来掌握其逻辑框架，再根据自己的情况进行阅读。

总的来讲，理论类论文各有各的论证逻辑，但论文的宏观结构是相似的，论证思路通常也比较清晰，且作者通常会在论文开篇陈述所研究的核心问题，并从各章节标题的概括、开头和结尾段落的主题句上反映出各部分的核心分论点。一般主题句都在句首，阅读过程中可以快速从重要段落的句首找到主要论点。论证句一般在主题句之后出现[①]。掌握了理论类论文整体结构和段落构成方面的这些规律之后，再去阅读这类论文就比较容易了。

二、方法类论文的阅读

方法类论文主要从各个方面分析探讨某个或某类研究方法、研究范式、数据分析方法的设计或分析逻辑、方法、适用范围、优缺点以及应用中注意的问题等，通常我们会在寻找某一课题或某类课题的研究方法时需要阅读这类文献。这类文章一般需要精读，抓准研究方法或数据分析方法的核心理念、逻辑、优缺点、在解决不同问题时的适用性、应用中的注意事项等。才能在研究中合理地选用并在需要时进行合理优化。

三、经验研究类论文的阅读

经验研究类论文的正文一般包括引言、研究方法、研究结果、讨论、结论五部分。给初学者的阅读建议如下：

	主要内容	给初学者的阅读建议
摘要	※ 研究内容 / 问题 ※ 研究方法 ※ 研究结果 ※ 结论	※ 通过阅读摘要，提炼出研究的内容、方法、结果和结论； ※ 针对有疑问或感兴趣的部分，链接到相应的文章内容进一步阅读

① 段落的构成可参考钱旭菁、张文贤、黄立编著的《汉语国际教育论文写作教程》（北京大学出版社）第26-35页关于论文段落的介绍。

（续表）

	主要内容	给初学者的阅读建议
引言	※ 研究意义及背景：本研究的重要性或价值；已有研究概况等； ※ 综述已有研究现状，指出存在的空白、争议、存在的问题等，论证本研究的视角、方法等的必要性、合理性等； ※ 本研究的研究问题、研究目的等	※ 不熟悉的领域：精读，查阅相关概念、理论等，全面把握该论题的相关研究概况。 ※ 熟悉的领域：以问题为核心进行浏览或选择性的阅读，提炼当前研究的突破点。 ※ 值得学习的引言：进行精读，分析其论证框架、论证逻辑等；学习如何通过一步一步的论证提出自己的研究问题
研究方法	※ 研究设计：实验设计或调查问卷、访谈、测试材料等的设计； ※ 研究对象：被试，调查对象，分析、观察的内容等； ※ 研究资源：材料、设备、数据库等； ※ 研究程序：研究场所、具体步骤、操作方法等； ※ 结果的分析方法：数据或资料的具体分析方法	※ 看懂研究设计：读懂研究设计的逻辑及其与研究问题的对应情况等。 ※ 分析研究设计的合理性：精读并分析研究设计是否为解决本研究问题的最佳选择？具体设计（实验变量的选择和控制、问卷或测试的问题或题型、访谈的结构和访谈问题等）是否正确、合理？所选被试、材料等是否合适？研究程序是否合理？分析方法是否正确？等等
研究结果	※ 反映研究结果的图表、数据等； ※ 结果的客观表述和说明	※ 先看图表和相关数据，结合研究问题，快速掌握研究得到的主要结果； ※ 阅读研究结果的分析和说明； ※ 在阅读后面的"讨论"之前，尝试对结果进行分析、推论和讨论
讨论	※ 重申研究问题，概括研究结果。 ※ 研究结果的分析讨论。 （1）研究结果的解释：结合已有研究、相关理论、本研究的方法等对研究结果进行解释； （2）本研究结果与已有研究结果的关系：一致或不一致的地方；进步的地方等； （3）研究结果的价值或应用。 ※ 反思与展望：分析本研究的局限，提出改进的思路；提出从本研究引申出的重要相关问题，展望未来的研究方向等	※ 重点阅读对研究结果的分析讨论，读懂作者的观点和逻辑； ※ 分析作者的解释、推理等是否合理； ※ 与自己阅读"研究结果"部分之后的"思考"进行对比，找到作者讨论的亮点，为我所用；分析作者没有想到的好点子，作为自己提出新问题、实现理论突破的素材
结论	※ 概括研究得到的具体结论	※ 结合研究问题进行阅读； ※ 与其他类似研究的结果进行对比，找到异同。出现不同的结论，则结合研究方法等分析得出不同结论的原因

了解这个框架结构之后，我们在阅读的过程中就可以根据阅读目的和问题定位到相应的模块查阅相关信息。例如想简单了解论文的主要内容，只需阅读摘要；若要了解该研究论题的研究现状，则主要阅读引言部分；若需学

习、了解或分析其研究方法，则阅读“研究方法”部分；需要学习或了解研究得到的具体结果，则重点查看“研究结果”中的图表、数据及与之对应的描述和分析；需要深入分析和评价其研究问题、方法和结果等，那么除了全面了解引言中如何提出的问题、采用的研究方法是否合理等，还需结合研究结果，精读“讨论”部分；若对该论题及研究方法都比较熟悉，只需了解其得到的主要结论，则可直接查看“摘要”和“结论”。

四、个案研究论文的阅读

个案研究是以某一个体、某一群体或某一组织为对象进行的研究。在阅读个案研究论文时，首先主要看研究对象是否具有代表性。由于个案研究本质上是通过对某个（或某几个）案例的研究来达到对某一类现象的认识，而不是达到对一个总体的认识，个案研究的研究对象一般不是统计学意义上的样本，也就是说个案研究的对象不一定具有代表性。虽然考虑到研究意义的问题，研究者在选择个案的对象时尽可能考虑其代表性，但其研究结果能否推广到其他个案或更大的群体上是不太确定的（王宁，2002）。因此，我们在阅读个案研究论文时，要判断其研究对象是否具有代表性，从而对其推广性做出基本的判断。

另外，如果能查到多个相关的个案研究，在阅读过程中应对多个个案研究结果进行对比分析，在多个个案之间作比较后做出对某类现象的判断。同时，由于个案研究一般只针对某个或某几个案例进行分析，一般比较细致深入。往往能揭示某类现象的多方面、多层次的特点，从而为相关的研究提供隐藏在这类现象背后的一些细微线索，有利于相关研究的深入。因此，在阅读个案研究论文时，可结合自己关注的问题，有意识地提取这类有用的信息。

五、综述类论文的阅读

综述类论文的观点或结论通常建立在相关文献的梳理、分析、整合和引证的基础上，且我们阅读综述类论文的主要目的是较全面地了解某个领域的研究现状、趋势、前景等，而这些内容通常按一定的顺序分布在综述类论文的各个部分，每个部分都有介绍的侧重点。因此，一般综述类论文我们通过精读来较全面地获取相关信息。

第三节　学术图书的阅读技巧

一、学术图书的泛读

学术图书没有统一的内容框架，但一般都会按内容的类别、类别之间的关系等安排章节，框架结构比较清晰，通过浏览著作目录即可掌握其宏观框架。在以下两种情况下，学术图书只需泛读。

（1）初步了解一个自己所熟悉学科内的新课题，且需要快速掌握该课题的宏观知识结构。此时，可先大致浏览相关著作的目录，有必要时浏览一遍著作的前言，大致了解该课题涉及的内容，再根据自己的情况有选择、有重点地深入阅读。

（2）跟进熟悉课题的新著作。这种情况下，我们对相关内容已经很熟悉，只需了解本书中有新意的内容。则浏览目录，然后直接跳至感兴趣的部分浏览即可。

二、学术图书的精读

有些经典的学术著作或者对自己的研究很重要的学术著作，则需要精读。但精读不是说一上来就从第一页一个字一个字读到最后一页，而是分步骤、有结构地阅读。一般可以分四个步骤，按“从薄到厚→从厚到薄→从理解到创新”的程序进行。

第一步，概览全书，掌握宏观框架，把握重点。首先浏览目录前的序言、前言或编写说明等，这类内容主要介绍写作目的、经过和资料来源、特色、内容的评介等，通过浏览序言可以准确掌握著作的主题和范围、宗旨等，并对著作内容有个初步的定位，有利于在后续阅读中将读到的内容放到恰当的主题和范围内理解。然后浏览目录，掌握全书的宏观内容框架和重点内容。

最后快速浏览全书，尤其注意全书的章节标题和下级标题，以及重点句段，宏观上掌握全书的脉络和重点。这是先把书“读薄”的过程。

第二步，精读和扩展阅读并进。精读全书，重点研读关键内容；阅读过程中，通过查阅相关资料弄清比较难懂或不熟悉的概念、理论等；结合相关文献资料，针对重要内容做拓展性的阅读和分析；进一步捋清各部分内容之间的关系等。这是把书“读厚”的过程。

第三步，提炼。通过整理笔记，概括主要内容，将内容简化，提炼出核心内容；通过画思维导图等，构建内容主体框架及知识点之间的主要关联。这是再次把书“读薄”的过程。

第四步，整合与创新。把提炼出的核心内容与自己已有相关知识或观点进行对比和整合，进行批判性的、创造性的思考，将读到的知识内化到自己的知识体系中，为自己的研究和写作服务。这是“从理解到创新”的过程。

第四节　巩固文献的技巧

一、文献笔记

（一）记笔记的作用

阅读文献时坚持做笔记，主要有以下几方面的作用：

（1）帮助理解和记忆。这是做文献笔记最基本的作用。一方面，做文献笔记的过程本身是对文献进行再加工和强化巩固的过程，这个过程有助于强化对相关知识的长时记忆。另一方面，笔记方便我们查阅和复习，加深对相关内容的记忆。

（2）实现知识的系统化。文献笔记不是简单的内容摘抄，而是通过分析、总结归纳、建立知识点之间的关联，体系化的、分门别类呈现出来的阅读记录。记笔记的过程会加深我们对各个知识点的理解，同时帮助我们在阅读过程中不断地建立起新旧知识之间的关联，使我们获取的知识逐渐系统化。这对我们的综合学术水平和思维能力提升都有帮助。

（3）提高阅读同一课题文献的效率。做笔记的过程能加深我们对相关知识的记忆和理解，并使知识内容之间的关系逐渐清晰化，从而有助于我们调整下一步的阅读重点，提高阅读效率。

（4）写论文时方便引用。有了系统化的文献笔记，我们在写论文的时候就可以直接在笔记中调取需要引用的内容，非常方便快捷。

（二）文献笔记的特点

（1）系统性。文献笔记不是零零散散的摘抄，而是通过阅读和归类整理构建起来的成体系的知识网络。能帮助我们在研究中选定合适的起点和方向，需要时还可以快速提取相关知识进行论证。文献笔记的系统性越强，知识点之间的关联越准确，我们的研究定位也越好，写作过程中的论证也会越科学。

（2）动态性。文献笔记还应易于再整理。随着阅读范围的扩大，理解的不断深入，文献笔记内容的关联、内容的范围等也要不断地调整，最终供研究使用的笔记才更全面、更加系统化。因此，在开始做一个新课题的笔记时，就要考虑该笔记体系的可调整性，以便后期阅读过程中的调整和完善。建议文献笔记都做成电子版的，例如用word或文献管理软件一类有笔记功能的软件来记文献笔记，这样方便随时根据需要调整笔记的结构和内容。

（3）简明性。文献笔记应简洁明了，而不是大段大段地摘抄。除了非引用原话不可的内容，其他内容尽可能用简单准确的话语概括，分门别类地记录，并以工整清晰的结构呈现出来，这样既方便整理，也方便查阅。

（4）有出处。多数文献笔记最终主要是为学术研究和论文写作服务的，因此，如果不用文献管理软件[①]，而是在word文档中记录的笔记，要在记笔记时顺便标明出处，才方便写论文的时候引用。文献出处的标注可采用类似论文中文献引用的方式，首先在笔记内容前面或末尾简单地标注文献的作者和

① 如果是在文献管理软件中记笔记，通常在对应文献题录的相关位置记录，笔记内容与出处是有关联的，引用时可以直接插入对应的参考文献即可。

时间信息。然后在笔记末页列一个参考文献列表，把对应文献的信息按常用的参考文献格式列出来。

（5）有深度。前面讲了，文献笔记不是简单、零散的内容摘抄，而是成系统的知识体系，这本身就体现了笔记内容的深度。另外，除了整理阅读中获取到的知识内容，阅读文献的过程也是在旧知识的启发下再创造的过程。如果我们在阅读文献的过程中遵循第一节谈到的原则，并认真记录和整理笔记，那么我们多少会对所读内容有一些评价性的观点，同时也会产生一些新的、独到的观点。这些是我们阅读文献过程中最重要的收获，也要及时加入笔记中。这样作出的笔记，无论从知识体系的关联角度来看，还是从内容上讲，都是有深度的。

（三）文献笔记记什么

文献笔记具体记什么，主要取决于阅读目的和要解决的具体问题，以及阅读过程中受到的启发、产生的新想法等。一般理论性的文章重点是其主要观点、论据和论证逻辑等，实证性的论文重点内容是研究问题、研究假设、研究方法、研究结果和结论等。在开启不太熟悉的新课题时，可以较全面地记录这些内容；而后期或针对熟悉课题的阅读，笔记只需根据自己的阅读目的和问题，有针对性地记录自己需要的内容。

（四）怎么做文献笔记

1. 参考技巧

每开始一个新课题的文献阅读，首先要通过初步浏览相关文献确定一个记笔记的宏观框架，然后按照预定的框架分门别类地添加笔记内容。例如，先将笔记内容分为研究历史、相关理论、研究视角、研究方法、主要发现等模块，然后在阅读过程中，将涉及该论题研究历史的内容记在“研究历史”模块；将已有研究涉及的视角统一分门别类地记录到“研究视角”模块；将已有研究常用的研究方法或具体的研究范式记在“研究方法”模块；把已有研究的主要发现统一记在“主要发现”模块。同时，在每一次添加新的笔记内容时标明出处。这样，既方便查阅和引用，又便于知识内容的整合分析和新内容的添加，而且有助于对课题研究现状的整体把握。

需要说明的是，第一，在书籍、PDF或纸质版论文上的标注不算真正的笔记，这些标注只是方便进一步的笔记整理。第二，虽然我们强调文献笔记要有系统性和深度，但这只是相对于一般的阅读摘抄而言，文献笔记本质上也仅仅是笔记，而不是综述。因此不需要花太多时间在笔记内容的深加工上，否则会降低阅读效率。记文献笔记的习惯和方法也因人而异，没有放之四海而皆准的技巧，笔记只需有基本的体系（按一定的框架分门别类地记录），方便自己复习、调用和新内容的增加即可。因此，任何一种方便知识巩固和运用的笔记形式都值得提倡。

2. 笔记工具

文献笔记一般不建议用纸笔记录，因为文献笔记通常要成体系，且随着阅读文献的增加而不断调整，不是像记流水账那样按顺序添加。且纸质笔记不方便保存、携带和查阅。电子版的笔记，除了使用 Word、WPS、Excel等记录和编辑，还可以利用第二章第三节介绍的文献管理软件。这些软件都有笔记功能，可以就特定文献添加笔记，方便引用。另外，还有一些专门的笔记软件，如OneNote、Obsidian、Zrttlr、SLIP-BOX、The Archive、Mindforger、Notion Tour等。还有iPad笔记软件如GoodNotes、Notability、Notes plus、MarginNote等。这些笔记软件大多可以免费使用，读者可以根据自己的习惯和需求选择使用。

用Word、WPS、Excel记笔记，需要自己建立笔记体系，文献管理软件的笔记则大多直接链接对应文献的题录，可整合的空间不太大，而专用的笔记软件则有现成的笔记框架体统，可以结合笔记内容套用合适的体系。

随着计算机技术的进步，笔记工具的功能也越来越强大，如果能够合理利用一款自己觉得好用的笔记软件，会大大提高笔记的记录和应用效率。但需要注意的是，笔记软件只是辅助工具。能否记好笔记、用好笔记，关键在于记笔记的目的是否明确，内容和出处是否清晰，是否方便查阅和引用。如果能熟练使用一款方便好用、操作简单的笔记软件作为辅助，笔记的记录、整理、储存和调用都会很方便。但如果需要花太多时间去研究笔记工具，甚至注意力都在笔记工具的使用上，则会本末倒置。实际上，五花八门的笔记软件，虽然各有各的特色，但万变不离其宗。因此，建议读者根据自己的情况和需求选择一款自己觉得好用的笔记工具，并长期使用，不必把时间浪费在研究各种笔记软件的功能上，尤其是不善于玩转太多功能的人，就选择功能比较简单的软件，这样就不需要花很多时间和注意力在笔记工具的用法上。或者直接用Office Word、金山WPS，先根据大致需要记录的内容分几个模块，建一个模块索引，添加笔记时点进相应模块进行记录，然后及时备份即可。

二、口头巩固

（一）口头巩固的重要性

如果你是老师，常常需要把阅读到的新知识讲给学生，或者你有同别人交流阅读内容的习惯，那么你会发现把阅读到的内容讲给别人，往往强过摘抄和背诵，如果这个过程中还有互动讨论，则效果更佳。这是因为复述读到的内容，首先要能较准确完整地理解，还得把要点记住，然后整合成有逻辑关联的内容，再调用恰当的语言进行表述。这个过程中深加工的环节要多于记笔记。如果还就复述内容进行互动讨论，则增加了对所述知识的再分析，不仅加强了长时记忆，而且加深了对所读知识内容的理解。长期使用这样的方式巩固文献内容，还可以使我们在学术研究、学术交流、论文写作等活动中做到知识内容和例子信手拈来，更好地呈现自己的观点。因此，口头巩固可以说是使阅读效果和阅读价值最大化的最佳手段之一。

（二）口头巩固的要点

口头巩固的方式大致有两种：一是针对特定文献进行复述和讨论；二是围绕某个问题就阅读过的相关文献展开综合性的复述和讨论。第一种方式通常为阅读某一篇或几篇文献，然后按顺序复述这些文献的主要内容，再进行讨论。这种情况下，如果所读文献为理论性文献，则复述要点为文献的主要观点、论据等；如果是实证性的文献，复述的要点是研究问题、研究方法、研究结果和结论。第二种方式复述的内容和顺序由讨论的问题来决定，对文献的理解和加工要求更高。

第四章

论文选题

第一节　选题的重要性

选题是科学研究的首要核心环节，也是比较难的一个环节。选题是要提出一个有价值、有创造性的问题。爱因斯坦说过“提出一个问题往往比解决一个问题更重要，因为解决一个问题也许仅是一个数学上的或实验上的技能而已。而提出新的问题、新的可能性，从新的角度去看旧的问题，却需要有创造性的想象力，而且标志着科学的真正进步”。论文选题的重要性主要体现在以下几个方面：

（1）选题决定了研究的格局。确定了选题，实际上就相当于规划了研究方向、研究范围、研究视角、研究方法、研究的可拓展性等，而这些方面共同决定了研究的整体格局。如果长期进行科学研究，那么一个选题的可拓展性也非常重要，它决定了后续研究的深度和广度。

（2）选题决定了研究的价值。价值是所有科学研究追求的终极目标，而研究是否有价值以及价值的大小首先由选题决定。在选定一个课题之前，我们往往要做大量的调研，查阅大量的文献资料。对通过各种途径获取到的信息进行深入分析，并结合实践找到需要解决但未得到解决的问题。然后通过一系列的研究解决了这个问题，我们就解决了理论上或实践上的某种难题或满足了相关的需求。这种难题要解决的迫切性和需求性越高，选题的价值就越高。如果我们提出的问题并不是理论上或实践上需要解决的问题，或者是已经解决的问题，那么这个问题就没有研究价值。

（3）选题决定了研究的创新性。由于选题决定了研究的方向、视角、方法等，而一个研究的创新性主要体现在研究问题、视角和方法等方面的创新，因此，一个选题是否有创新，决定了整个研究是不是一个有创新的研究。

（4）选题合适与否决定了研究是否能够顺利进行。选题除了有价值，还需考虑可行性，并非所有有价值的问题都适合我们每一个人去研究。由于选题决定了研究方向、范围、视角和方法，如果这些要素超出了我们的知识水平和研究能力，或者受客观条件限制而无法进行研究。那么我们就无法顺利完成相应的研究工作，无法解决提出的问题，也就无法实现研究的价值。

总之，研究的格局、价值、创新性、可行性等首先由选题决定。有一个好的选题，是顺利进行一项研究并写出一篇优秀论文的首要前提。但要提出一个好的问题是很难的，因为提出问题的过程本身也是进行知识整合和研究、创新的过程，缺乏对某个领域相关知识的系统整合与研究，以及建立在这个基础上的创造性分析，就不可能提出有价值、有创新的问题。因此，想要提出好的研究问题，首先要在平时的学习和工作中有意识地积累相关领域的知识，并养成对知识进行整合分析、批判、审视的好习惯。另外，在选题时要遵循一些基本的原则，还要了解选题的常见途径和方法，以及选题好坏的评价标准，这样才能提出好的选题。

第二节　选题的原则

一、价值原则

学术研究的价值目标决定了在选择研究问题时要优先考虑选题是否有价值。即解决了该问题是否在学科领域的理论、研究实践等方面有所贡献，或者有实际的社会经济效益，或为教育、政策制定与实施等实践提供参考。选题至少要具备其中一方面的贡献，才有研究的价值。

二、创新原则

选题的创新性和价值是紧密相关的，如果一个选题看起来有价值，但已有研究已经从各个视角、运用各种方法进行了研究，我们无法在研究视角、方法等任何一个方面有所创新，那么我们的研究工作就只是毫无意义的重复，也就没有价值可言了。所以，根据理论或实践的需要初步确定一个选题有价值之后，还要查阅相关文献资料，了解相关研究现状，进一步确定其在当下是否还有研究的价值。从这个角度来讲，选题的价值包含两个层面：一是本身是否有价值；二是当前是否还有研究价值。通常要具备第二个层面的研究价值，选题才具备创新性。总之，要结合当下的实际和研究现状来确定选题的价值。这样，我们选定的研究课题实际上也就同时具备了一定的价值和创新性。

三、专业原则

选题所遵循的专业原则包含两个层面：

第一，问题要专业。同一个问题，有不同的提问和解决方式，例如，对于“如何应对传染病”这个问题，可以从日常生活的角度提问，那么解决思路是生活中如何在饮食、作息等方面防范或调理；也可以从医学的角度去提问，那么解决思路就是用医学的方法研究病毒的特征、传染途径、诊断方法、预防和治疗的措施等；也可以从心理学的角度提问，那就需要从心理学的层面去研究病毒传染对心理的影响以及如何应对这种影响等。因此，在确定选题时，不能泛泛地提出问题，而要从专业的角度去界定研究方向，规划研究边界，将问题与具体的学科知识关联起来，变成一个专业化的问题。

第二，所提问题要符合自己的专业领域。学术研究是借助已有的理论、知识、经验对科学问题进行假设、分析、探讨并推出结论的过程。这就意味着研究的前提是要掌握相关的理论和知识。在涉猎一个全新的领域，理论和知识均未达到一定水平之前，很难做到灵活调用相关理论和知识，更难提出合理的假设，得出科学的结论。因此，我们只可能在自己熟悉的专业领域内进行真正的学术研究，选题应在自己熟悉的专业领域内提出。另外，如果已经做了一定量的研究，那么尽可能在自己最关注的领域，结合自己的研究经历进行选题。

四、可行性原则

选题只是研究的开始，我们选题的目标是要解决问题，写出论文。如果我们无法解决自己提出的问题，那无论这个问题多么有价值，多么有创意，都等于零。因此，当我们提出一个既有价值又有创意的问题之后，还要从自身能力、客观条件等多个方面分析其可行性，确保能够顺利解决提出的问题。自身能力方面要着重考虑自己的知识积累和研究能力是否达到能够顺利完成该选题的水平，比如论证、分析、讨论该问题的知识储备是否足够，是否熟悉解决该问题所需使用的研究方法等。客观条件方面主要考虑研究材料、被试、工具等是否可得，经济或物质上是否可承担，程序上是否可实现等。

五、兴趣原则

人们通常更愿意钻研自己感兴趣的问题。在有多个选题可选的情况下，应遵循兴趣原则，优先选择自己感兴趣的问题。如果没有很感兴趣的问题，尽量选择自己所熟悉领域的问题，或至少是自己不惧怕或不反感的问题。这样有助于研究的顺利完成。

在上述五大原则中，价值原则、创新原则、专业原则和可行性原则是必须遵循的原则，兴趣原则可在遵循这四大原则的基础上去考虑。

第三节　选题的途径和方法

一、选题的途径

研究问题通常源于实践或文献资料，实践包括各个领域的社会实践，如经济、政治、文化、医疗、教育等，很多研究归根结底都是为各个领域的实践需要而服务的；实践还包括自身的学习实践，学习过程也是发现问题和解决问题的过程，很多论文选题是在学习的过程中产生的。还有一些问题是在查阅文献资料的过程中发现的。但归根结底，这些文献资料里解决了的问题，以及启发的新问题，很多从根源上来讲也是来自实践，并以服务于实践为终极目标。即使是理论问题，终究也是为解决实际问题服务的。因此，可以说实践是研究问题的根本来源。

（一）实践中产生

实践可以分为社会生活中自然存在或发生的各类社会实践和以课堂学习为主要形式的学习实践两类，在寻找论文选题的时候，我们可以充分利用自己的实践经验，观察实践中的需求，选择具有实践价值的课题。

1. 社会实践

无论是在上学期间还是工作以后，我们都或多或少参与各类社会实践，其中参与得比较多的通常是与我们的专业相关的领域。比如，汉语国际教育专业的师生参与较多的实践是对外汉语教学或与之相关的文化活动、涉外活动等。这种情况下，我们可以结合自己的专业知识观察教学或相关活动中的需求、问题等，从专业的角度思考哪些方面的需求要通过研究才能找到解决办法，哪些问题急需通过研究来解决，再通过查阅相关文献资料了解相关研究现状，就可以提出值得研究的问题。例如，在对外汉语教学实践中，我们发现留学生即使到高级阶段，已经掌握了汉语的绝大部分语法知识，也掌握了大量的词汇，但在词语搭配上仍然存在很多问题，甚至成为影响其整体语言输出质量的重要因素。那么，从提高学习者词语搭配能力，从而提升其整体语言输出质量的角度来看，弄清楚影响学习者词语搭配习得的因素、找到提升词语搭配能力的措施等，是需要解决的重要问题。如果已有研究还没有解决这个问题，那么这就是一个可以进行研究的选题。

2. 课堂学习实践

课堂学习也是发现问题或获得问题的一个重要途径。功底深厚的教师在课堂上提出或者引导学生思考的一些问题，往往是在其教学、研究和阅读的基础上提出的有研究价值的问题。有时在课堂讨论中，也会产生一些值得研究的问题。我们不妨在课堂学习中做个有心人，把其中比较开放的问题（老师往往只启发同学们思考和讨论，但没有给出固定答案的问题）、自己比较感兴趣的问题都记录下来，课后查阅相关文献资料，在这个过程中就会筛选出一些值得探索的问题。

（二）在文献资料的阅读中产生

查阅文献资料是寻找研究问题最直接的途径，我们可以通过泛读文献资料了解学界的研究进展，把握研究现状，从而确定大致的研究边界。再通过精读重要的文献资料，寻找论文选题的突破点。很多综述类文献会给我们指出一些研究方向，甚至是比较具体的研究问题，还有一些文章在文末的展望中提出需进一步解决的重要问题等。在查阅文献资料的过程中可以重点关注这些内容。

深入实践有助于找到有实践或社会价值的选题，深入文献资料能够帮助我们确定选题的理论价值和创造性。两种途径不是孤立的，通常要把二者结合起来考虑，才能选出既有价值又有创造性的课题，避免无意义的研究或者重复的研究。

二、选题的方法

（一）以“五多法”积累问题

发现或提出好的研究问题不是一朝一夕的事情，需要长期的积累。在平时的工作学习中要坚持多读、多问、多思、多辨、多记。多读，了解别人都做过什么，还有什么分歧或空白；多问，了解专业人士关注的问题；多思，思考问题、理论、视角、方法等方面有哪些可突破的地方；多辨，用批判性的眼光审视，分辨已有研究的优缺点，评估自己的观点；多记，及时记下有价值、有意思的问题，以备选择和深入探索。总之，要坚持“博学之，审问之，慎思之，明辨之，笃行之”，长此以往，就能积累下很多问题，需要时再从中选择最有价值、最有意思且当前最可行的问题进行研究。

（二）以“坐标法”找研究点

有了大致的选题范围之后，具体的研究点可以用填坐标图的方法来确定。如图4.1所示。

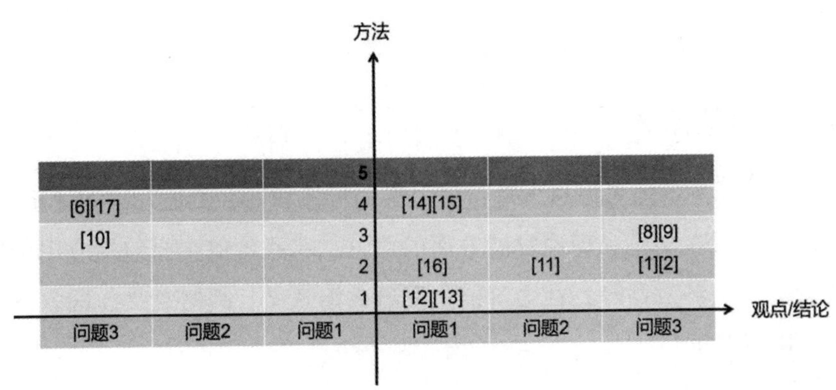

图4.1　研究点坐标

横坐标是不同研究问题的主要观点或结论，左、右两侧代表两种对立的观点，纵轴为研究方法。“[　]”的数字是文献序号，假如我们把相关文献按这个坐标轴填完以后得到图4.1这样的结果，关于该论题值得考察的问题有3个。那么可以看到，“问题1”的研究已经比较充分，已有研究用各种不同的方法进行了研究，观点或结论方向大致一样，再研究的空间和价值不太大。“问题2”的相关研究还比较少，几乎是空白，可以考虑从其他研究视角和方法进一步考察。“问题3”存在对立的观点或结论，文献[10]用同样的方法得到了与文献[8]和[9]不一样的结论。文献[1][2]与文献[6][17]方法不同，观点或结论对立，因此，虽然已有一定量的研究，但基于现有研究无法定论，需要进一步验证。综上所述，可以结合第二节所述选题原则，选择“问题2”或“问题3”作为具体的研究点。

第四节　选题的评价标准

提出一个选题之后，我们还要通过一定的标准对选题进行评价，再次确定其是否为一个好的选题。一般主要有两个评价标准：一是价值标准，二是创新标准。

一、价值标准

一个选题的价值可以从学理价值、实践价值和社会价值几方面评价。学理价值主要看在学科和理论发展方面的贡献；实践价值主要包括应用价值、实践意义、经济效益等；社会价值主要看政治意义、战略意义、国家利益、文化作用等方面[①]。

二、创新标准

创新性主要看是否为新问题，是否有新观点或新视角，拟采用的研究方法是否为新方法，是否使用新材料，是否涉及新对象、新领域等。

一个选题至少要同时具备上述价值标准中的一项和创新标准中的一项，才是一个可做的选题。需要注意的是，价值标准和创新标准只是一个选题是否合格的客观评价标准。作为研究者本人，所选课题符合上述两个标准之后还要结合选题原则分析其专业性、可行性，以及自己的兴趣，只有价值和创新性上合格且属于自己专业领域、自己能完成的选题，才是自己最佳的选题。

① 参考中国大学MOOC中国传媒大学《学术思维与论文写作》课程。

第五章

写作准备

第一节　明确写作目标

在确定选题、准备开始研究和写作之前，首先要明确写作目标，包括现实目标和质量目标。

一、现实目标

从现实的角度讲，写论文要么为了毕业，获得学位，要么为了学术交流，包括参加学术会议和发表。如果是为了毕业，就要以达到能够顺利通过评阅、答辩的水平为最基本目标。可以通过查阅本专业同一学历水平的毕业论文来评估，尤其要了解本校同一专业的毕业论文相关要求，在形式规范和内容要求上以符合这些规范和要求为目标，质量上以达到本专业毕业论文中上水平为目标，才能保证顺利毕业。如果是为了学术交流，例如发表，首先要确定发表在什么期刊上，然后以目标期刊的形式规范和质量要求为目标进行研究和写作。

二、质量目标

在开始研究和写作之前，在质量方面有明确的目标也很重要。在合理的范围内，质量目标越高，论文质量才能越高。总体上要坚持“高标准严要求”的原则，如果是毕业论文，可以优秀毕业论文为目标，朝着这个目标去努力，那么即使不能实现这个目标，一般达到合格水平没有问题。如果目标只是合格，那就有可能达不到要求。如果要在期刊上发表，可以核心期刊为目标，我们就会朝着核心期刊要求的水平去努力，即使达不到核心期刊论文的水平，也会比一开始就只以普通期刊为目标要好。

完成质量目标的关键是充分了解相关研究。一方面，要充分了解已有相关研究的内容和质量，才能明确自己的研究和论文写作具体要做好哪些方面。另一方面，要充分掌握已有研究现状，通过多个维度的分析找准突破点，站在合适的位置，才能顺利完成质量目标。

三、价值目标

现实目标和质量目标是最基本的两个目标，但做学术研究的格局不仅仅是满足毕业或发表论文的需要，也不仅仅是为了写出一篇好的论文。尤其对于专门从事教学科研的人来说，最重要的是研究的价值。前面我们讲了选题首先要遵循价值原则，在开始研究和写作之前，我们要把选题过程中考虑的价值明确化，以便朝着这个目标去努力。

第二节　准备资料

一、获取精准文献

选题确定、目标明确之后，就要进一步获取精准的文献。在确定选题之前，我们或详或略地进行了一定的文献检索、阅读和分析工作，已经掌握大致的研究现状及与之相关的宏观知识体系。但在真正开始具体的研究工作和论文写作时，这些还远远不够。我们需要在深入分析相关研究的基础上优化研究视角、方法等，还需要借助清晰、有力的论据来论证我们的研究，支撑我们的观点。

因此，在研究和写作的准备阶段，需要获取能直接为研究服务，并能应用于论文写作的精准文献。我们可以借助文献检索、管理或分析工具检索和筛选符合要求的文献，再有选择地管理和阅读，记录有用的信息（关于文献的检索、分析和管理，请查看第二章，此处不再赘述）。这里需要强调的是，选择精准文献要注意三点：一是在好的文献数据库中检索和筛选；二是选择本领域或相关领域权威书籍或核心期刊中高质量的文章；三是选择与自己的选题最相关的文献和最新文献。总之，要以“高质量+高相关+高时效”为选择精准文献的主要标准。

二、整合笔记

获取精准文献，阅读并做好相关笔记之后，对文献笔记进行适当的分析和整合，有助于系统掌握已有研究现状及相关知识之间的关联，在此基础上优化自己的研究和写作思路。例如，对笔记中已有研究视角和方法的整合分析，可帮助我们锁定恰当的研究视角，优化具体的研究设计。也便于论文写作中更全面、更准确地评述已有研究，从而更好地论证当前研究的合理性，突出研究的价值和创新性。

第三节 拟定写作提纲

一、确定论文框架

在开始写作之前，首先要根据研究类型确定一个宏观的框架结构。如果把论文写作过程比作画一棵树，那么论文框架结构的确定就相当于画出树干和主枝，这一步决定了树的大小、整体枝干的布局等。

第三章第二节中介绍了论文的框架结构，从详细的提纲结构上来讲，理论类论文没有固定的框架结构，但宏观布局上基本都按“引言—主体—结论/结语”的结构布局（钱旭菁等，2021：91）。主体部分的内部结构也有一些常见的框架可以套用。可以根据预先拟定的基本思路和论证逻辑套用合适的框架结构，再在这个框架结构内分解内容，细化提纲。如果要写的是经验研究类论文，那么正文的宏观框架结构一般就是“引言—研究方法—研究结果—讨论—结论”，拟定论文提纲的第一步就是先把这个论文框架写下来，然后再根据自己的研究内容和思路分别细化。

二、细化提纲内容

论文的宏观框架结构定下来之后，就可以根据具体的研究内容和思路扩展、细化每一部分的内容标题，形成一个较详细的论文提纲。理论类论文可以先定为“引言—主体—结语”三分结构，然后根据论证的主要内容及其逻辑顺序细化引言和主体部分的下级提纲。经验研究类论文则可以按“引言—研究方法—研究结果—讨论—结论”的框架，每个部分分别细化。

细化经验研究类论文提纲时，“研究方法”“研究结果”和“研究结论”几个部分的提纲相对比较容易，方法部分一般都有固定的内容框架可以直接套用，例如，行为实验研究的方法部分一般包括“被试（participants）、实验设计（design）/实验任务（task）、实验材料（materials）、实验程序（procedure）”几个部分。“研究结果”部分按拟报告的内容顺序拟提纲即可，具体可以参考第八章关于研究结果的介绍。“研究结论”部分拟提纲时不必细化，最后按研究结果的呈现顺序或结论的重要性顺序写出即可。“引言”和“讨论”部分比较难。“引言”部分除了交代研究意义、研究目的、研究现状等，重点是论证自己的选题。且研究现状和选题的论证是糅合在一起的，需要按一定的逻辑层次进行阐述和论证。事先拟好详细的论证提纲，可以避免行文逻辑混乱，从而使引言部分的写作条理清晰，层次分明，重点突出。“讨论”部分是论文的“心脏”，研究结果的解释、观点的阐释和升华等都要在这个部分呈现，其内容结构和逻辑非常重要。也需像“引言”部分那样先列出详细的讨论提纲，然后根据提纲有逻辑、分层次地去讨论。

三、提纲案例

要拟出一个好的论文提纲，前提是熟悉学术论文的形式规范，掌握基本的论文框架结构，并且已有比较清晰的研究和写作思路。初学者如果直接拟定合适的论文提纲比较困难，可以先找几篇同类研究的核心期刊论文，提取其内容框架，然后模仿这些内容框架拟定提纲。下面提供几个从语言类及相关学科领域核心期刊论文中抽取出的提纲作为案例，供读者参考。论文提纲可以根据个人喜好，以纯文字、关系图等多种形式呈现。若本节提供的提纲案例不能满足学习的需求，可以按上述方法自己从好的期刊论文中提取并参考、学习。

（一）理论研究类论文提纲案例

理论研究类论文的提纲框架，可参考施春宏（2019）、魏义祯（2019）、邓盾（2020）等（依次见案例一、案例二、案例三）的研究成果。

表 5.1　理论类论文提纲案例

<table>
<tr><td>案例一：语体何以作为语法</td><td>案例二：也谈汉语时间表达的空间隐喻系统——“来 / 往”“前 / 后”“上 / 下”的协调</td></tr>
<tr><td rowspan="3">一、引言
二、“双峰并峙，三江汇流”的多维语体观
2.1 修辞语体观
2.2 语法语体观
2.2.1 描写语体观
2.2.2 功能语体观
2.2.3 形式语体观
三、语体语法的基本理念
3.1 语体之于语法
3.2 语法之于语体
四、语体语法的考察视角
4.1 从语体表达的时空特征看
4.2 从语体成分的轻重长短看
4.3 从语体成分的自由黏着看
4.4 从语体构式的悬差平衡看
4.5 从句法关系的层级高低看
4.6 从语义内容的具体抽象看
五、语体语法的基本机制
5.1 语体原则的普遍性
5.2 语体定律的参数性
5.3 语体手段的系统性
六、结语和余论</td><td>一、先行研究述评
二、汉语的“自我在动”隐喻系统
2.1 自我在动：世界的变化是河流
2.2“来”“往”“到”“过”等位移动词
2.3“前”“后”
2.4“上”“下”
三、汉语时间表达的空间隐喻系统的引申
四、结语</td></tr>
<tr><td>案例三：“词”为何物 : 对现代汉语“词”的一种重新界定</td></tr>
<tr><td>一、引言
二、现代汉语词的通行定义及其存在的问题
2.1“能够独立活动”在贯彻执行时存在的问题
2.2“最小” 在贯彻执行时存在的问题
三、对现代汉语词的一种重新界定
3.1 动态词观与句法完整性的内涵
3.2 解决通行定义存在的问题
四、界定词的不同鉴定标准的比较
五、结语</td></tr>
</table>

施春宏（2019）由引言、主体部分、结语和余论三大部分构成，主体部分首先将当前语体研究的基本路径概括为修辞语体学和语法语体学，简要阐释了“修辞语体观”“语法语体观”，并将语法语体学进一步区分为描写语体学、功能语体学和形式语体学。然后从语体语法的基本理念、考察视角和基本机制这三个方面来系统梳理和阐释语体何以作为语法的基本原理。因此，

主体部分按先论述当前语体研究的语体观再阐释语体何以作为语法的基本原理的顺序，分为“双峰并峙，三江汇流”的多维语体观、语体语法的基本理念、语体语法的考察视角、语体语法的基本机制四个小节。

魏义祯（2019）首先对已有研究进行述评，总结了已有研究的两种空间隐喻体系，即“时间在动”隐喻系统和“自我在动”隐喻系统，分析了前人提出的空间隐喻体系对汉语时间表达的解释力及其存在的不足。然后在已有研究的基础上重新构拟了汉语时间表达的空间隐喻系统——基于“世界的变化是河流”的隐喻，阐释“来”“往”“到”“过”等位移动词、“前/后”“上/下等方位词在这个隐喻系统中如何协调起来。接着进一步对有关的引申现象进行相关解释。最后对自己的研究进行总结。因此，按这个顺序及要点，分成先行研究述评、汉语的“自我在动”隐喻系统、汉语时间表达的空间隐喻系统的引申、结语四个部分。在第二部分集中论述作者提出的空间隐喻系统及如何在这个系统中统一解释相关的词语。其中，“研究述评”实际上相当于一般论文中的“引言”。

邓盾（2020）的论文框架首先也由引言、主体、结语三部分组成，主体部分首先论述现代汉语词的通行定义及其存在的问题，然后提出对现代汉语词的一种重新界定，并展示了这一新的定义如何能够解决现有通行定义存在的问题，然后对新定义所给出的鉴定标准与通行定义之外被广泛用来界定“词”的相关鉴定标准进行比较，指出它们在不同界定目的之下的长短。

总的来看，这三篇论文的论述具体思路有一定区别，但论文的宏观框架都由引言、主体、结语三部分构成。

（二）经验研究类论文提纲案例

第八章将对每一部分的写作进行详细介绍，因此本节经验研究类论文提纲案例只列一些有代表性的提纲案例供读者参考，至于每部分具体的报告写作要素及注意事项请参考第八章的详细论述。

1. 实验研究论文提纲案例

实验研究论文提纲一般都遵循学界公认的结构，如赵黎明等（2020）、刘妮娜等（2020）、郝美玲（2018）、陈路遥等（2019）、吴建设等（2020）、于宙等（2020）的提纲（分别见案例一、案例二、案例三、案例四、案例五、案例六）。这类论文一般包括引言、研究方法、研究结果、讨论、结论几个部分，只是引言和结论部分的表述有时略有差异，另外，研究方法部分的介绍，会根据具体的研究内容及研究设计等有所增减（详见第八章第一节的介绍）。有些研究包括两个或两个以上的实验，则首先将论文分为引言、实验研究部分、综合讨论（也称“总体讨论”或“总讨论”）、结论四个部分，然后实验部分具体分为实验1、实验2……每个实验分别展示实验方法、结果和分析/讨论，如案例五和案例六。

表 5.2　实验研究论文提纲案例

案例一：言语产生中音韵编码的计划广度：来自图－词干扰范式的证据	案例二：词汇预测性对中文高、低阅读技能儿童眼动行为的影响
1　前言 2　研究方法 　2.1 被试 　2.2 实验材料 　2.3 实验设计 　2.4 程序 3　结果 4　讨论 5　结论	1　引言 2　研究方法 　2.1 被试 　2.2 实验材料 　2.3 实验仪器和实验程序 3　结果 4　讨论 5　结论
案例三：高级汉语水平留学生汉字认读影响因素研究	案例四：基于词类信息的语标标示对汉语二语句法规则建构的影响研究
一、引言 二、实验研究 　2.1 被试 　2.2 材料选择与分配 　2.3 实验程序 　2.4 分析指标 三、数据分析与结果 　3.1 描述性统计与相关分析 　3.2 多元线性回归分析 四、综合讨论 　4.1 高级汉语水平留学生汉字命名任务的影响因素 　4.2 高级汉语水平留学生与汉语母语者汉字命名加工的异同 五、结论、教学建议与进一步研究展望	一、引言 二、研究设计 　2.1 实验设计 　2.2 被试 　2.3 实验材料 　2.4 实验过程 　2.5 数据分析方法 三、研究结果 四、讨论 　4.1 基于词类信息的语标标示对汉语二语复杂句法规则建构的作用 　4.2 基于词类信息的语标标示对汉语二语复杂句法规则建构的影响轨迹 五、结论

（续表）

案例五：汉语复合词视觉识别的时间进程：基于同形语素的行为与 ERP 证据	案例六：句法结构和动词重复对汉语句子口语产生中句法启动效应的影响
1 引言 2 实验 1: 汉语复合词视觉识别的行为研究 2.1 方法 2.1.1 被试 2.1.2 实验设计与材料 2.1.3 实验程序 2.1.4 数据处理与分析 2.2 结果与分析 3 实验 2: 汉语复合词视觉识别的 ERP 研究 3.1 实验方法 3.1.1 被试 3.1.2 实验设计与实验材料 3.1.3 实验程序 3.1.4 脑电记录及处理 3.1.5 数据处理与分析 3.2 研究结果 3.2.1 P2 成分 3.2.2 早期 N400 成分 3.2.3 晚期 N400 成分 4 总体讨论 4.1 音位信息与单词视觉识别加工 4.2 音位信息与 P2、N400 4.3 形态 – 正字法与形态 – 语义加工 5 结论	1 前言 1.1 句法启动效应的理论解释 1.2 汉语句子产生过程的研究 2 实验 1：句法结构和动词是否相同对汉语口语产生中句法启动效应的影响 2.1 被试 2.2 材料与设计 2.3 程序 2.4 仪器 2.5 结果 2.5.1 编码 2.5.2 句法选择比率分析 2.5.3 句子产生潜伏期分析 2.6 讨论 3 实验 2：动词是否相同和延时对句法启动效应的影响 3.1 被试 3.2 材料与设计 3.3 程序与仪器 3.4 结果 3.4.1 编码 3.4.2 句法选择比率分析 3.4.3 句子产生潜伏期分析 4 总讨论 5 结论

2. 调查研究类论文提纲案例

调查类研究一般通过问卷调查、访谈、观察、查阅文献资料等方式搜集数据或资料，论文的宏观框架与实验研究类似，也主要包括引言、研究方法、结果、讨论、结论几个部分，其中，方法部分主要介绍调查对象、调查工具、调查过程等。有时同一个研究采用问卷调查、访谈、观察等多种方法进行研究，在研究方法部分要把调查、访谈或观察的对象，问卷的设计、访谈方式、观察方法，以及调查、访谈或观察的过程写清楚。调查类研究的提纲如祖晓梅和马嘉俪（2015）、张治国（2019）、吴勇毅和段伟丽（2016）、应洁琼（2018）（分别为案例一、案例二、案例三、案例四）。

表 5.3　调查类研究案例

案例一：汉语教师和学习者对课堂纠错反馈信念和态度的比较	案例二：国际组织语言政策特点调查研究
零、引言 一、文献综述 二、研究方法及过程 2.1 研究对象 2.2 研究工具 2.3 研究过程 三、结果分析 四、讨论 五、对汉语教学的启示与建议	一、引言 二、理论基础 三、调查设计 （一）调查问题 （二）调查资料 （三）调查过程 四、调查结果与分析 （一）国际组织的性质与其官方语言政策的关系 （二）各类性质国际组织的前十大官方语言 （三）国际组织官方语言使用率最高的十大语言 （四）联合国六大官方语言在国际组织中的使用率 （五）国际组织总部所在国的国语或官方语言与国际组织官方语言的联系 五、结论
案例三：后方法时代的教师研究：不同认知风格的汉语教师在课堂教学策略运用上的差异	案例四：基于语言社会化理论的留学生汉语语用能力发展研究
一、引言 二、研究背景 2.1 关于场依存—场独立认知风格的研究 2.2 场依存—场独立认知风格教师的特点 2.3 对外汉语课堂教学策略 2.4 研究缘起及目的 三、研究方法与工具 3.1 研究对象 3.2 汉语课堂教学策略问卷调查 3.3 认知风格测试 3.4 课堂观察 3.5 访谈 四、研究结果 4.1 不同认知风格的汉语教师在语言知识教学上的策略使用情况对比 4.2 不同认知风格的汉语教师课堂活动教学策略使用情况对比 4.3 不同认知风格的汉语教师课堂提问策略使用情况对比	一、引言 二、语言社会化理论框架 三、研究设计 3.1 个案研究 3.2 研究对象 3.3 研究工具 3.4 数据收集 3.5 数据分析 3.5.1 编码方案 3.5.2 分析方案 四、结果 4.1 来华留学生汉语语用能力发展概况 4.2 基于社会活动的语用语言能力发展 4.3 基于社会活动的社会语用能力发展

（续表）

4.4 不同认知风格的汉语教师在教学媒体使用上的策略情况对比 4.5 不同认知风格的汉语教师在课堂管理上教学策略使用情况对比 4.6 两类汉语教师数据显著性差异分析 五、讨论 5.1 课堂教学策略的运用与教师的认知风格一致 5.2 课堂教学策略的运用与教师的认知风格不一致 六、结语	五、讨论 5.1 目的语环境对二语语用能力发展的促进作用 5.2 社会活动的媒介作用存在一定的局限性 5.3 语用语言能力与社会语用能力呈不均衡发展 六、结论

3. 语料分析类论文提纲案例

语料分析类论文与实验研究论文和调查类论文框架类似，也主要包括引言、研究方法、研究结果、讨论和结论，有些研究中将研究结果与分析讨论放在一章进行，有些将结果与分析讨论放在一起，然后单独列一章谈相关的“建议”，但内容上实际上也可以概括为上述四类。论文提纲可参考李辉和刘海涛（2019）、张江丽（2019）、吴继峰和陆小飞（2021）、吴继峰（2018）。

表 5.4　语料分析类论文提纲案例

案例一：汉语儿童早期动词配价发展计量研究	案例二：汉语二语学习者与母语学习者产出性词汇量对比研究
一、引言 二、理论基础与方法 （一）理论基础 （二）语料来源 （三）研究方法 三、研究结果 （一）总体情况 （二）主语、宾语等重要语法关系的发展 （三）儿童早期个体动词配价发展	一、引言 二、语料来源及相关问题说明 （一）汉语二语学习者语料来源 （二）汉语母语学习者语料来源 （三）词汇分析软件 三、汉语二语学习者与汉语母语学习者产出性词汇量对比 （一）最大产出性词汇量对比 （二）不同水平的汉语二语学习者与不同学段的母语学习者产出性词汇量对比 四、汉语二语学习者与母语学习者产出性词汇频次分布对比

（续表）

四、讨论 （一）动词配价的总体发展趋势 （二）重要语法关系的发展规律 1. 主语和宾语 2. 状语和补语 3. 复句关系 （三）个体动词配价发展规律 五、结语	五、产出性词汇的词种数与覆盖率之间的关系 六、建议 （一）语文课程标准与汉语二语学习者教学大纲的区别 （二）区分接受性词汇和产出性词汇 （三）汉语第二语言教学大纲词汇总量和各级词汇界标的界定 七、余论
案例三：不同颗粒度句法复杂度指标与写作质量关系对比研究	案例四：语言区别性特征对英语母语者汉语二语写作质量评估的影响
一、引言 二、研究设计 （一）研究问题 （二）测量指标及操作定义 1. 粗粒度指标 2. 细粒度指标 （三）语料来源和学生分级标准 （四）写作评估方法 （五）语料分析步骤 （六）数据分析步骤 三、结果 （一）两种文体句法复杂度和写作质量的描述统计结果 （二）记叙文句法复杂度测量指标与写作质量的关系 （三）议论文句法复杂度测量指标与写作质量的关系 四、讨论 （一）名词短语的高频效应 （二）汉语二语者对句子复杂化途径的掌握程度能有效体现其写作水平 （三）话题链相关指标具有一定的局限性 五、结论与启示	一、引言 二、研究设计 2.1 研究问题 2.2 语料来源及评价方法 2.3 各因素的统计方法 2.4 数据收集 三、研究结果 3.1 描述性统计结果 3.2 相关分析结果 3.3 词汇、内容、篇章特征与二语作文质量关系 四、结果与讨论 五、研究启示

（三）文献研究类论文写作提纲案例

文献研究类论文提纲可参考何伟和李璐（2019）、陈默（2018）、侯晓明（2018）、李松等（2019），见表5.5。

表 5.5　文献研究类论文写作提纲案例

案例一：英汉词组研究综述	案例二：第二语言学习中的认同研究进展述评
1 引言 2 不同流派中的英汉词组研究 　　2.1 传统语法中的英汉词组研究 　　2.2 形式主义语言学中的英汉词组研究 　　　　2.2.1 结构主义语言学中的英汉词组研究 　　　　2.2.2 转换生成语言学中的英汉词组研究 　　2.3 功能主义语言学中的词组研究 　　　　2.3.1 认知语言学中的相关研究 　　　　2.3.2 系统功能语言学中的词组研究 3 讨论与结语	一、引言 二、对于二语认同的理解 　　2.1 语言认同的内涵 　　2.2 文化认同的内涵 　　2.3 族群认同的内涵 　　2.4 语言认同、文化认同和族群认同之间的关系 三、认同对二语学习的影响 四、影响二语认同的因素 　　4.1 影响二语语言认同的因素 　　4.2 影响二语文化认同的因素 　　4.3 影响二语族群认同的因素 五、二语认同研究的理论框架 　　5.1 社会认同理论 　　5.2 社交网络理论 　　5.3 言语适应理论 六、增强认同的二语课堂教学策略 　　6.1 教师 　　6.2 教材 　　6.3 教法 七、结语
案例三：汉语二语阅读中词汇附带习得研究的元分析	案例四：中国背景下自我效能感与心理健康的元分析
一、引言 二、文献回顾：词汇附带习得的效果 三、元分析实施程序 　　3.1 确定研究问题 　　3.2 搜选原始文献 　　3.3 进行文献编码 　　3.4 数据汇总分析 　　　　3.4.1 总体合并习得率 　　　　3.4.2 亚组分析结果 四、讨论 　　4.1 词汇附带习得合并习得率 　　4.2 实验设计因素对习得效果的影响 　　4.3 阅读材料因素对习得效果的影响 　　4.4 学习者因素对习得效果的影响 五、结语	1 引言 2 对象与方法 　　2.1 文献检索 　　2.2 文献选取的标准 　　2.3 文献编码 　　2.4 元分析过程 3 研究结果 　　3.1 纳入研究特征 　　3.2 发表偏差检验 　　3.3 主效应检验 　　3.4 调节效应检验 4 讨论 　　4.1 自我效能感与心理健康的主效应 　　4.2 自我效能感与心理健康的调节效应 　　4.3 研究局限及展望 5 结论

（四）详细的提纲及论证框架案例

下面以实验研究论文为例，展示论文的详细提纲及论证框架，供读者参考。具体提纲及对应内容见图5.1。

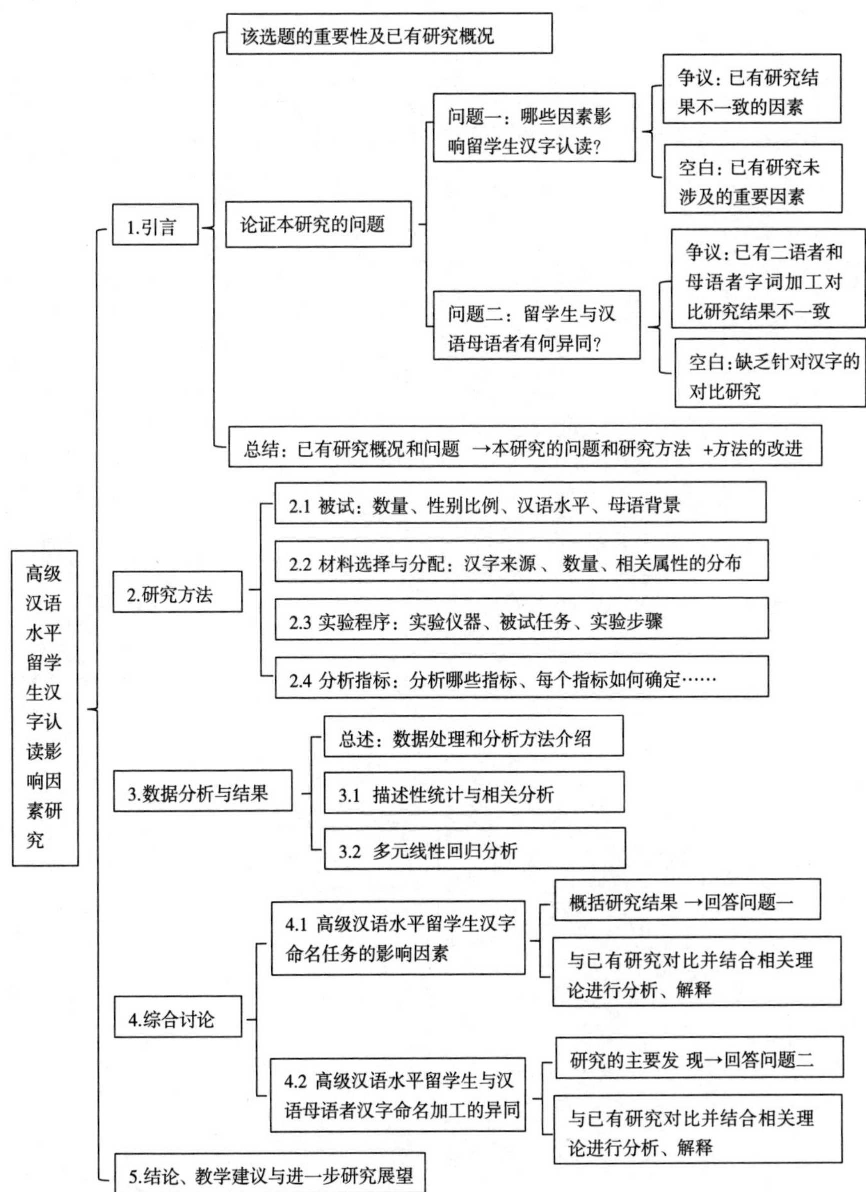

图5.1　二语习得实验研究论文框架示例（抽取自郝美玲（2018））

第六章

论文篇头的写作

学术论文可分为篇头、正文、篇尾三部分①。论文篇头是大多数读者在搜索文献时首先可以看到的内容，主要包括题目、摘要和关键词。读者常常通过这些信息决定是否下载和阅读全文。因此，篇头的设计非常重要。期刊论文的篇头还包括作者信息等内容，这些信息不是论文的直接构成要素，文中不予赘述。本章分三节，分别集中介绍论文题目的设计、摘要的写作和关键词的选择。

第一节　论文题目的设计

一、论文题目的基本规范

（一）字数

学术论文正标题的字数一般以20个字以内为宜（最好不超过25个字）。我们统计了8个中文语言类核心期刊近5年发表的2016篇论文题目字数（含引号等标点符号），正标题字数最少为4个字符（含2个汉字，2个符号），最多为35个字符。超过20个字符的只有390篇（占19%），超过25个字符的只有86篇（仅占4.37%）。正副标题所有字符统计在内，论文标题平均长度为18个字符。

（二）语言表述

（1）风格。学术论文题目的总体风格要符合学术惯例和学界共识。应避免“……之我见”这样老派学究式，或者“小明一个月学会五千个词，他是如何做到的？”这样自媒体风格的题目。

（2）结构。从结构上讲，应以“题眼”为中心成分，以凸显论文的核心内容。“题眼”所对应的是论文的研究对象，是论文题目中的关键词（一般为

① 参考云南省2018年度中文社科学术论文写作培训燕山大学文法学院于春洋教授课件中的论文结构划分方法。

唯一的关键词），是论文选题中最为重要的、不可替代的部分。例如：

①“多A多B”构式研究

②不同类型汉语近义词习得难度考察

③语言类型学视角下外国留学生的“把”字句习得研究

④面向对外汉语教学的动名搭配研究——基于学习者动名搭配常用度标注结果的分析

⑤不同背景噪音对二语学习者汉语言语理解的影响

标题①的“题眼”是“‘多A多B’构式”，“研究”二字以外的唯一成分，也是题目的核心成分。标题②的题眼为“近义词习得难度”，“考察”前面部分为定中结构，“近义词习得难度”是定中结构的中心语成分。标题③“‘把’字句习得”是“语言类型学视角下外国留学生的‘把’字句习得”这一定中结构的中心语。标题④的题眼是“动宾搭配”，也是“面向对外汉语教学的动名搭配研究”这个定中结构中心语中的核心成分。标题⑤的题眼为“噪音对言语理解的影响”，是标题的主体框架成分。

题眼以外的内容根据研究题目的特点来添加，可以在题目中突出研究对象、研究视角、研究方法等，具体突出哪些或哪一方面，取决于研究的重点、特色、亮点或创新点是什么。

（3）语义。论文题目的语义表述上，应做到：①准确。即论文题目表意要准确，且具有高度的概括性。②简洁。言简意赅，以最少的文字概括文章的核心信息，避免在题目中使用无用的词语。③清楚。一方面要反映具体的内容和主要的特色，另一方面要用清楚易懂的语言表述，慎用缩略语、晦涩的词语或不常见的术语等。④表意完整，具有充分的解释性。论文题目应具有独立性，可独立呈现一个完整的语义，能向读者提供有关该研究的核心信息，如所研究的变量或理论问题以及它们之间的关系。总之，论文题目要尽可能以最简洁的语言清楚准确地概括最重要的信息。以便关注本领域研究的潜在读者在庞大的文献数据库中快速检索到，并通过题目的浏览捕捉到本研究的重要信息。

二、题目案例

表6.1列举了语言类核心期刊中最常见的几种论文标题结构及具体案例，供学习者参考。

表 6.1

标题结构	案例	说明
题眼	（1）量词重叠的句法 （2）吴语中的后置副词状语 （3）“濡轨”辨析 （4）声调发生的五项前提 （5）量词的产生对指代词系统演化的影响	对一个或一类具体的语言单位或现象进行研究时，可以直接用题眼作为题目，使题目简洁易读
题眼＋“研究”类词（研究 / 考察 / 调查 / 调查研究 / 分析 / 探析 / 浅析 / 初探）	（1）“多 A 多 B”构式研究 （2）“至于”反问句考察 （3）北京城区社会用字调查研究 （4）重动句焦点分析 （5）“雪白一件衣服”格式探析 （6）“挂”类动词阶段性特征初探	有些论文通过在题眼后加上“研究”“考察”“调查”“分析”“探析”“浅析”“初探”等体现研究的深度、研究方式等。一般在题眼后加“研究”“分析”等的研究相对深入细致，目的是探求事物或现象的本质或规律。而带“浅析”“探析”“初探”等的研究则大多只探讨大概情况，不进行深入分析。“探析”“初探”含有初步探索的意思。当然，其中很多并不是论文真的没有深度，而是用来表示谦虚
限定成分＋题眼	（1）自然口语中的名词化标记“这一” （2）汉语口语会话中引语管领词的复说现象 （3）言语互动视角下回应标记“凭什么”的语用功能 （4）基于二语习得理论和实证研究的课堂纠错反馈原则	有些研究的核心内容用题眼单独作为题目则存在研究范围过大或范围不明确的问题，这时候需要在题眼前面加上一定的限定成分来明确具体的研究范围。如标题（1）和（2）；有些研究需要强调研究视角、理论或方法，也会在题眼前加上相关信息，如标题（3）和（4）

（续表）

标题结构	案例	说明
一般限定成分 + 题眼 +“研究”类词（研究 / 考察 / 调查 / 调查研究 / 实验研究 / 分析 / 探析 / 浅析 / 初探）	（1）韩国学生汉语标点符号习得研究 （2）泰国大学生汉语名词习得机制探析 （3）高级水平学习者汉语多沟槽框式构式意识的实验研究 （4）医患医学字母词使用情况调查研究 （5）三峡移民社区内部网络与语言使用情况分析 （6）云南省民族地区民族学生语言使用情况调查分析	有些研究需要限定研究对象、范围等，同时体现研究的深度、方法，或表示谦虚等。通常在题眼前加限定成分，同时在题眼后加上“研究”“考察”“调查”“调查研究”“实验研究”“分析”“探析”“浅析”“初探”。如标题（1）（2）（3）限定了研究对象，同时体现了研究深度、具体方法；标题（4）限定了研究内容的学科领域，同时体现了研究方法；标题（5）（6）限定了研究对象的区域范围，同时体现了研究方式
特定结构限定成分 + 题眼： ……（视角 / 视域）下（的）/……时代 + 题眼	（1）言谈互动视角下的汉语言说类元话语标记 （2）词汇类型学视域下汉语“硬”语义场的历时演变 （3）融媒体时代的新闻语体	在限定成分的组织上，有很多常用的特定结构，很多论文题目在需要凸显研究视角、研究背景等内容时，通常会套用“……（视角 / 视域）下（的）/……时代 + 题眼”这样的结构
特定结构限定成分 + 题眼 +“研究”类词：（1）基于 / 面向……的 + 题眼 +“研究”类词（研究 / 考察 / 调查 / 调查研究 / 实证研究 / 实验研究 / 分析 / 探析 / 初探） （2）……（视角 / 视域）下（的）/……时代 + 题眼 +“研究”类词（研究 / 考察 / 调查 / 调查研究 / 实证研究 / 实验研究 / 分析 / 探析 / 初探 / 述略）	（1）基于情感计算的“情移”现象实证研究 （2）基于分布式形态学的汉语领属结构研究 （3）基于概化理论的识字量测验测试用字数研究 （4）基于平衡语料库的“把”字宾语语篇研究 （5）基于不同输入模态的词汇附带习得研究 （6）基于评价系统的评论类文本情感倾向性分析 （7）面向信息处理的汉语最长名词短语界定研究 （8）面向东南亚华语语言规划的语言态度调查研究 （9）叙事学视角下句末“了”的篇章功能研究 （10）后教学法时代在职外语教师研究取向述略	需要限定研究对象、范围、背景，同时体现研究深度、方法时，研究者也常常套用“限定成分 + 题眼 +‘研究’类词”的特定结构。主要有“基于 / 面向……的 + 题眼 +‘研究’类词”和“……（视角 / 视域）下（的）/……时代 + 题眼 +‘研究’类词”这两种结构。 需要注意的是，这类结构标题中省略号位置的信息如果用得好，则能够起到点明研究范围、研究方法、研究视角的作用，同时能够凸显研究的特色或创新性，但在套用这两种结构时，省略号位置的内容范围不能过广。否则就会显得多余，起不到上述作用，甚至会降低研究的明确性。例如，“基于语言学理论的汉语动结式形态句法研究”，这个题目中“语言学理论”范围太宽，应该选择某一个具体的语言学理论作为限定词

（续表）

标题结构	案例	说明
正标题 + 副标题	（1）吴语名词性短语的指称特点——以富阳话为例 （2）香港普通话使用的实证研究——兼论推普工作的发展 （3）语言教学法效率的最大化——从经济学角度看提高教学法的效率 （4）甘青河湟方言的差比句——类型学和接触语言学视角 （5）句法移位的脑神经加工机制——来自汉语被动句的 ERPS 研究 （6）汉语语音偏误的特点与模式——基于 25 种母语背景学习者的偏误条目数据的分析	有些需要在题目中呈现的重要信息无法用上述任何结构的标题呈现，研究者就用“正标题 + 副标题”的结构呈现，正、副标题之间用“——”连接。这类题目要注意的是：题眼必须放在正标题中。副标题的主要作用有：（1）限定范围，可限定内容范围、研究对象、研究方法、研究视角等；（2）提升研究价值或理论高度，指明研究是“以小见大”，一般个案研究为了体现研究的价值或理论高度，会在正标题中体现这种价值或理论高度，在副标题中用“以……”为例的形式呈现具体的研究范围；（3）突出研究的优点或特色

第二节　摘要的写作

一、什么是摘要

摘要是对论文内容的简要而全面的概括。在摘要中，作者要以最简洁的文字，全面地向读者呈现全文最重要的内容，同时最好能像电影预告片一样能够吸引读者的注意。因为摘要是在很多数据库中作者首先看到，或者唯一能看到的有关全文的最全面的信息。它在很大程度上决定了论文的下载量和阅读量。

二、论文摘要的特点

（一）形式特征

（1）字数。一般论文摘要的字数以200字左右为宜。不同期刊的字数要求不同，但基本上中文期刊论文摘要平均都在200多字。根据对CSSCI来源期刊（2021–2022）最新论文的调查，摘要字数最少的有20多字，最多的有380多字，都在400字以内，大部分期刊明确规定中文摘要字数在300字以内，如《汉语学报》《世界汉语教学》《语言教学与研究》，有些要求摘要在200字以内，如《语言文字应用》《中国外语》。还有的明确规定了字数的上限和下限，如《外语教学与研究》要求中文摘要字数在200–300字之间。

（2）结构。结构严谨，上下连贯，互相呼应，紧密围绕论文研究对象展开，形成一个前后连贯的完整段落，清晰呈现观点和结论之间的逻辑关系。

（3）语言表达。

①简洁。文字简明扼要，表述准确，采用学理化、规范化的陈述句式，不用疑问句、感叹句等。句型力求简单，慎用长句。

②准确。确保摘要正确反映研究的目的和内容；准确传达论文核心信息，每句话表意明确，无空泛、笼统、含混之词。

③客观陈述。要以确定的、不容置疑的语气行文。一般不加主观见解、解释或评论。

（二）内容特征

论文摘要在全面概括论文核心信息的同时，不添加未出现在正文中的信息，做到所呈现的内容不多也不少。不同类型论文的摘要包含的要素略有不同，下面分别进行介绍。

1. 理论类论文摘要应具备的要素

（1）主要观点：介绍研究的主要观点，如“本文主要以词（实词、虚词）和构式两种语言单位为例，分析义项之间的影响和制约关系，质疑传统理论通常持有的‘义项独立观’（每个义项都是独立意义单位，多义单位在具体语境中只能有一个义项得到实现，其他义项处于隐性或被抑制的状态），本文对此提出义项非独立观，认为义项即使在具体语境中也并不一定是独立的”（刘丹青，2021）；“人们是通过世界的变化来把握时间的。汉语中很多时间表达都是基于‘世界的变化是河流’的隐喻。在这个隐喻系统中，‘来/往’等位移动词、‘前/后’‘上/下’等方位词都可以较好地协调起来”（魏义祯，2019）。

（2）解释与关联：概括所提观点、理论或模型可以解释什么现象以及与经验结果的联系。如“本文对此提出义项非独立观，认为义项即使在具体语境中也并不一定是独立的。语言单位的基本义/中心义较具独立性，而派生义项往往与基本义有单向在线联系或在线依存关系，听话人可能通过接受基本义再实时转化出派生义项。屈折形态的多范畴性、双关、交际歧义等不属于义项非独立现象。派生义常常保留基本义的物性结构，在组合、搭配关系方面常常沿用基本义的模式而并不一定呈现派生义应有的组合搭配模式。重新分析和库藏裂变会影响义项的独立性”（刘丹青，2021）；“汉语中很多时间表达都是基于‘世界的变化是河流’的隐喻。在这个隐喻系统中，‘来/往’等位移动词、‘前/后’‘上/下’等方位词都可以较好地协调起来”（魏义祯，2019）。

（3）研究思路：介绍研究的逻辑思路，有些通过简洁的概述呈现研究思路，有些则在观点及相关内容的陈述中体现研究思路。如“……本文在前人基础上重新构拟了汉语时间表达的空间隐喻系统，并对有关的引申现象进行了解释”（魏义祯，2019）；“本文主张……文章展示了这一新的定义如何能够解决现有通行定义存在的问题，并对新定义所给出的鉴定标准与通行定义之外被广泛用来界定‘词’的相关鉴定标准进行了比较，指出了它们在不同界定目的之下的长短”（邓盾，2020）。

理论类论文摘要整体行文案例可参考刘丹青（2021），如下图所示：

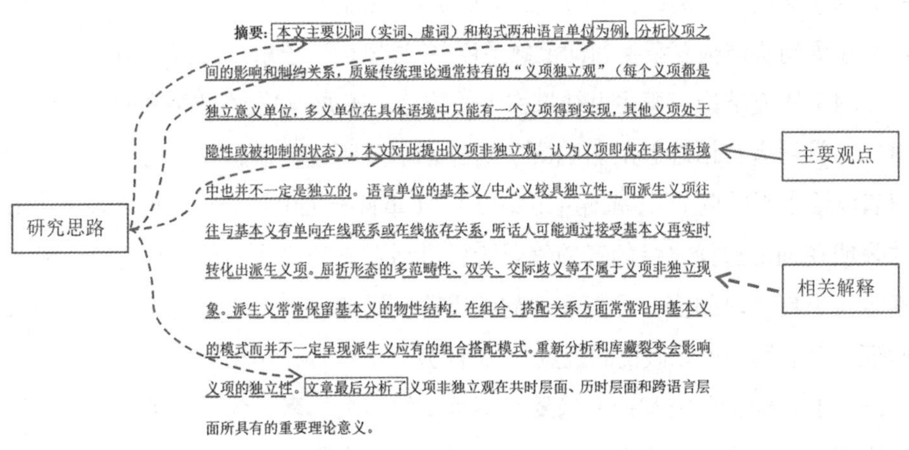

图6.1　理论类论文摘要案例

2. 经验研究类论文摘要必备要素

（1）研究内容：交代研究的具体内容或问题。如“本研究通过……，考察了内容、词汇、篇章特征与汉语二语作文质量的关系”（吴佩，邢红兵，2020），“本研究考察了35名高级汉语水平留学生对1200个常用汉字的即时认读情况及其主要影响因素”（郝美玲，2018）。

（2）研究方法：简述研究方法，包括手段、原理、程序、研究对象或被试等重要信息。如“本文采用延迟抄写的实验范式，以初学汉语的外国留学生为研究对象，考察……”（郝美玲，范慧琴，2008），“本研究中选择英语水平低的汉语母语者，排除作为二语的英语音韵编码单元（音素）可能对汉语口语词汇产生过程的影响后，运用事件相关电位技术，考察了……”（张清芳，王雪娇，2020）。

（3）研究结果：概括研究得到的主要客观结果/新发现。例如“结果发现：对于背景噪音的干扰作用，不能笼统概括为从能量掩蔽到信息掩蔽的简单梯度效应；背景噪音所包含的词汇语义信息对二语学习者的言语理解会带来明显干扰，但整句语义信息并不会带来额外影响；初级和高级汉语水平学习者仅在词列句条件下的差异不显著，其他条件下的差异都显著”（张林军，2017），“实验结果显示：汉字、词汇、句法和篇章四个层面中，基于词汇层面特征的模型准确率最高，基于篇章层面特征的模型准确率最低；13个维度中，预测准确率最高的前5个维度依次为汉字熟悉度、汉字多样性、词汇多样性、短语句法结构复杂度和词汇熟悉度”（吴思远，于东，江新，2020）。

（4）研究结论：概述由结果推出的结论。例如：“上述结果表明背景噪音对二语学习者言语理解的影响既受到噪音本身所包含信息的制约，也受到学习者汉语水平的调节”（张林军，2017），“（事件相关电位分析结果发现……），这表明在词汇选择之后的音韵编码阶段讲话者首先提取的单元是音节，而音素效应出现的时间窗口可能是音韵编码阶段后期或者是语音编码阶段，结果验证了合适编码单元假说的观点”（张清芳，王雪娇，2020）。

以上是经验研究类论文摘要必不可少的四大要素，为了尽可能精简，研究内容和研究方法通常融合在一起表述，如“本研究利用语音编辑合成技术和言语理解实验，考察了不同背景噪音对二语学习者汉语言语理解的影响”（张林军，2017），“本研究中选择英语水平低的汉语母语者，排除作为二语的英语音韵编码单元（音素）可能对汉语口语词汇产生过程的影响后，运用事件相关电位技术，考察了汉语口语产生过程中音节和音素效应的时间进程”（张清芳，王雪娇，2020），“本文对留学生汉语听觉和视觉输入学习策略进行了调查，结果表明……”（钱玉莲，刘祎宁，2016）。

一般在篇幅允许的情况下，开头可以用一句话概括研究缘由：原因、目的、重要性等。例如“汉字的学习和掌握是留学生汉语学习的核心和难点，本研究旨在探讨影响汉字认读的客体因素，以期为留学生汉字教学提供参考”（郝美玲，2018），“为了了解心理词典中语音与汉字的联结情况以及从音到形的加工机制……”（李梅秀，Daniel，邢红兵，2018），“汉字的部件信息和笔顺信息等局部特征对于汉字学习的影响，是一个尚存争议的研究问题”（侯枫芸，江新，2018）。结论之后也可以一句话概括研究价值或相关建议，例如“研究结果有助于进一步揭示背景噪音对二语言语理解掩蔽效应的作用机制，对二语教学实践也有积极的参考价值”（张林军，2017），“基于此，我们建议，在初级阶段的阅读教学中，最好能加强语音意识和词素意识的训练，同时研究者要积极寻找帮助学习者从语流中有效进行词语切分的线索”（郝美玲，汪凤娇，2020）。

经验研究类论文完整摘要案例如张林军（2017），如图6.2所示。

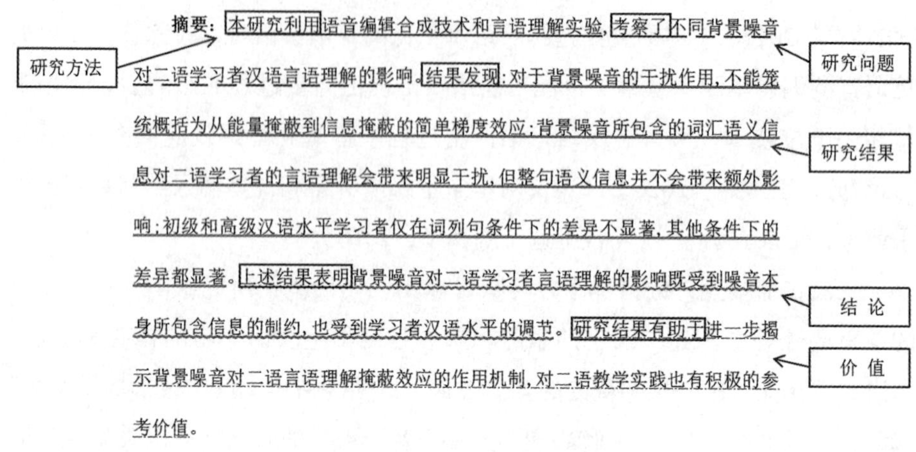

图6.2　实证类论文摘要案例

3. 综述类论文摘要要素

（1）一般研究综述的摘要要素。

一般综述类的摘要主要包括两方面内容：

①核心论题。一般综述类论文的摘要，首先应指明综述的核心论题是什么，如“本文全面深入地介绍和回顾了60年来汉语词重音研究及相关重要争议”（周韧，2018）；“本文对英汉词组单位之传统语法、形式主义及功能主义语言学视角的相关研究进行梳理”（何伟，李璐，2019）；“图文关系在多模态语篇中发挥着非常重要的作用，学者们从系统功能语言学的视角对图文关系进行了大量研究。本文梳理了20世纪90年代以来此视角下的图文关系研究”（杨增成，2019）。

②综述的主要内容。指明核心议题之后，要概括全文综述的主要内容包括哪些，如“文章从重音的概念谈起，进而回顾了汉语词重音研究的主要基本面和主要争议点，这包括：汉语词重音的研究方法、汉语词重音关联的语音要素、汉语词重音与声调的关系、汉语词重音的等级、汉语词重音的分布、汉语词重音的判断环境，等等”（周韧，2018）；“本文基于对语言认同、文化认同以及族群认同内涵的分析，深入阐释了对于第二语言认同的新理解，仔细梳理了认同对二语学习的影响，系统整理了影响认同发展的不同因素，综

合探讨了现有认同研究的理论框架，并从教师、教材和教法角度提出了增强认同的教学策略，最后提出了二语认同研究的发展方向”（陈默，2018）；“本文梳理了20世纪90年代以来此视角下的图文关系研究：（1）概念功能角度（及物性和逻辑语义关系等方面）；（2）人际功能角度（互动、态度及逻辑语义关系等）；（3）语篇功能角度（衔接和信息结构等）。在梳理成果的基础上，本文就如何进一步推进三大元功能角度的图文关系研究提出了一些思路，并建议学界把图文关系研究扩延至模态间关系研究”（杨增成，2019）。

③作者观点。综述类论文除了总结陈述已有研究现状，还要通过对比、分析、整合，对已有研究进行综合性的讨论和评价。因此，作者的评价性观点也是一篇综述性论文中最重要的内容之一。应在摘要中概括作者的主要观点或就哪些方面进行了讨论、评价或展望，或针对什么方面提出相关建议，等等。如“依据‘能否轻重辨意’和‘能否自成节律系统’两条标准，本文认为：除去轻声词以外，汉语词汇并不具备语言学意义上的词重音。最后，本文对汉语重音研究做了展望，指出今后的研究方向和研究前景”（周韧，2018）；“两者在词组的描写和解释方面各有侧重，因此本文认为两者的结合应有益于词组及其他句法单位的描述和阐释”（何伟，李璐，2019）；“在梳理成果的基础上，本文就如何进一步推进三大元功能角度的图文关系研究提出了一些思路，并建议学界把图文关系研究扩延至模态间关系研究”（杨增成，2019）。

一般综述类论文摘要总体行文方式可参考周韧（2018），如下图所示：

摘要：本文全面深入地介绍和回顾了 60 年来汉语词重音研究及相关重要争议。文章从重音的概念谈起，进而回顾了汉语词重音研究的主要基本面和主要争议点，这包括：汉语词重音的研究方法、汉语词重音关联的语音要素、汉语词重音与声调的关系、汉语词重音的等级、汉语词重音的分布、汉语词重音的判断环境，等等。本文对其中一些重要观点进行了评述。依据"能否轻重辨意"和"能否自成节律系统"两条标准，本文认为：除去轻声词以外，汉语词汇并不具备语言学意义上的词重音。最后，本文对汉语重音研究做了展望，指出今后的研究方向和研究前景。

核心论点

主要内容

作者观点

图6.3　一般综述类论文摘要案例

（2）元分析的摘要要素。

元分析的研究过程与经验研究有类似之处，都包含分析方法、分析结果、讨论、结论等内容，因此摘要要素也与经验研究类论文相似，主要包括以下几个方面：

①分析问题。摘要中要概括分析的核心问题，如"当前研究采用元分析技术分析自我效能感对心理健康影响的主效应，并重点考察各调节变量在两者关系中的调节效应"（李松，冉光明，张琪，胡天强，2019）；"本文运用元分析方法系统分析了2000–2017年的有关实证研究结果"（侯晓明，2018）。

②分析方法：元分析论文的摘要中，对分析方法也要进行介绍，包括主要分析对象或变量、文献数量等信息，如"当前研究采用元分析技术分析自我效能感对心理健康影响的主效应，并重点考察各调节变量在两者关系中的调节效应。通过文献检索和筛查，最终符合元分析纳入标准的文献有117篇"（李松 等，2019）；"本文通过元分析方法获得了38个研究、81个样本的149个效应值，分别探讨了两类拥挤对消费者情绪和购物反应（趋近型购物反应与回避型购物反应）的影响……"（柳武妹，马增光，卫旭华，2020）；"我们采用元分析方法，对使用近红外技术考察新生儿语音感知的结构检测、偏差检测和母语感知的研究进行系统的定量分析，探究新生儿的典型语音感知脑机制以及这三类语音加工相关脑区的异同"（陈钰，莫李澄，毕蓉，张丹丹，

2020）。

③分析结果。包括最重要的效应大小，以及这些效应大小的任何重要调节因素等。如“通过合并21个独立样本的习得率，发现：当目标词出现1至3次时，学习者在即时后测中的合并习得率为33.9%，在延时后测中的保持率约为75%。亚组分析确定‘有无前测’为异质性来源，即无前测的研究可能存在阅读前学习者已了解目标词词义的情况”（侯晓明，2018）；“结果显示，左侧额下回是新生儿检测语音结构的关键脑区；双侧颞叶在新生儿语音偏差刺激检测中发挥关键作用；新生儿的母语语音加工存在左侧化优势”（陈钰 等，2020）。

④结论或建议。包括对理论、政策和实践的建议或影响等。如“因此我们呼吁研究者摒弃主观判断，科学确定目标词”（侯晓明，2018）；“研究结果为心理韧性如何影响老年人幸福感提供了较为精确的估计，对于提高老年人幸福感进而实现成功老化具有重要意义”（叶静，张戌凡，2021）。

一般元分析中必不可少的是前三个要素，很多研究则包含以上所有要素。与经验研究类似，元分析摘要的分析问题和分析方法也常常融合在一起论述，如上文中第一个例子。另外，在篇幅允许的情况下，摘要开头可以用一两句简洁的话语概括研究的目的、意义、重要性、原因等，如“语言习得能力是人类在进化中获得的重要能力之一。语言认知的核心功能是语音加工，因此，语音加工的脑机制是认知心理学研究的重要课题”（陈钰 等，2020）。有时还需要在摘要开头解释分析中的重要概念，如“阅读中的词汇附带习得是指当学习者的注意力集中在阅读理解时，附带学会词汇的意义、用法”（侯晓明，2018）；“拥挤是由社会（人群）运动空间和物理空间受限引发的一种主观感受和客观状态”（柳武妹，马增光，卫旭华，2020）。

元分析类论文摘要可参考任志洪等（2020），如图6.4所示。

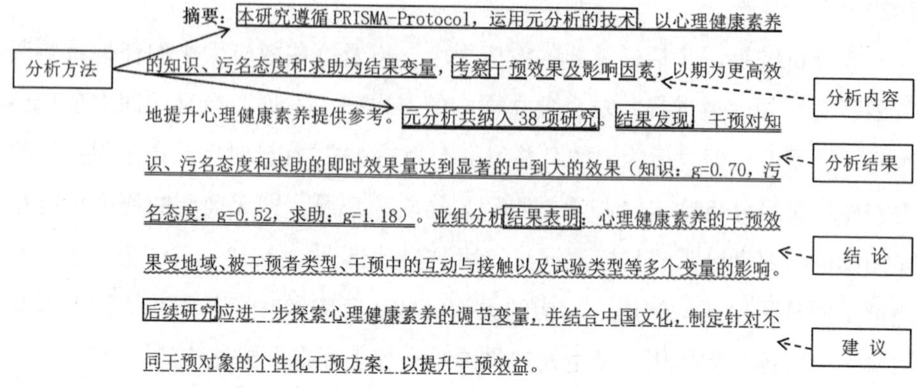

图6.4　元分析摘要案例

三、摘要写作技巧

论文摘要要在完成论文全文的写作之后再写，可参考以下步骤（以经验研究类论文摘要写作为例）：

（1）提取关键信息。可分别从引言、方法、结果、结论中概括主要内容或提取反映主要内容的重点句子。

（2）将概括出来的要点或挑选出的重点句子按正文中的顺序排列起来，适当修改形成内容连贯的段落。

（3）检查和调整。根据论文摘要的特点检查：四个基本要素是否齐全；内容是否与正文内容一致（是否有正文中没有提到的信息或未定义的概念）；是否高度概括（是否有不必要的细节信息）；结构是否严谨，逻辑关系是否清晰，内容是否连贯完整；语言表达是否客观、专业、严谨（是否有空泛、笼统、含混之词，或有主观见解、解释或评论）；重点是否突出；字数是否符合毕业论文或目标期刊的要求；等等。

第三节　关键词的选择

一、关键词的特点

论文关键词一般具有以下特点：

（1）数量：论文关键词一般限定在3–5个。我们调查了所有语言类型核心期刊，大部分把关键词数量限定在3–5个，有些限定为5个以内，极少数期刊限定在2–4个（如《外语教学与研究》）或3–7个（如《外语电化教学》）。一般没有特定限制的话建议控制在3–5个。

（2）顺序：关键词的顺序一般没有要求，但可以按在论文中的重要程度进行排序，把重要的关键词排在前面。

（3）内容：关键词应反映论文研究主旨、核心议题，体现研究亮点。

（4）频率：关键词应该是论文中的高频核心词，如果在多个关键词的取舍上难以按内容来定夺，可以参考它们在论文中的出现频率。

（5）形式特点：关键词可以是词或短语，一般而言，主要为学术专有名词或具有高学理性的名词性短语。

（6）来源：关键词一般主要源自题目和摘要。因为题目和摘要都需要尽可能呈现研究的核心内容，所以必然会在题目设计和摘要写作中提到全文的关键词。

二、关键词的选取

关键词一般也要在论文全文完成之后再写，这样便于从全文把握。可以写完论文摘要之后再提取关键词，因为写完摘要之后就能更准确地把握全文的核心内容，以便准确提取关键词。可以先从题目中提取题眼及相关性最高的词或短语，再根据摘要内容及文中的出现频率，补充高相关的词或短语。

第七章

引言的写作

第一节　引言概述

一、什么是引言

引言是学术论文正文的第一部分，是论文的“开场白”，用以陈述研究的来龙去脉，包括研究背景、研究意义、与已有研究的关系、研究策略、研究任务及研究目的等。

二、引言的特点

（一）综合性

引言中很重要的一个内容是进行文献综述，而综述一般要纵横交错，既注重已有相关研究的纵向发展，反映其研究历史、现状和趋势；又要注重横向的比较，包括国内外的比较，不同视角、方法的比较等。一般要经过归纳整理、鉴别和综合分析之后，以精练、明确的语言，有层次和逻辑地展现出该课题的研究现状，从而清晰指明本研究与已有研究的关系，充分证明本研究的必要性，以及拟采用的研究方案的合理性等。

（二）评价性

引言不是简单地介绍研究背景、罗列现有成果及其发现。而是按一定的逻辑和框架整合相关研究成果，通过对比、分析，对已有研究进行讨论和评价，做到既有事实又有观点，有骨有肉，其中观点尤为重要。

（三）前沿性

每一项学术研究都是在充分掌握最新研究状况的基础上，以学界当下已取得的成就为起点，着眼于当前所需、所缺或所争，结合相关理论和研究趋势往下深入的。因此，引言部分的文献综述要着眼于相关研究最新状况的评述，而不是有关选题科学发展史或研究历史的简单梳理。有关选题及思路的必要性、合理性等方面的论述也应着眼于当下和未来。

（四）整体性

引言中研究意义、文献综述、研究问题或假设、研究方案、研究目的等内容不是相互独立的，而是按一定的逻辑关系，围绕研究问题和思路展开，形成一个前后连贯、有逻辑、有层次的整体。

三、引言的构成要素及作用

引言的内容主要包括研究背景，文献综述（研究现状的述评）、研究任务、研究目标等要素，这些要素按一定的逻辑关系和结构层次组织起来，清晰地呈现作者提出问题的背景、逻辑、理据和解决问题的思路。

（一）研究背景

研究背景是对研究课题所依存的“土壤”的介绍。主要包括研究重要性（意义或价值）以及“背景”类信息的概括性论述。研究的重要性通常用一两句话进行概述，可以通过陈述“该选题为什么重要”“谁觉得它重要”“重要性体现在哪儿”等方式来体现研究的重要性。如王海峰（2019）《非目的语环境下日本学生交际意愿与汉语口语教学》引言开头对研究重要性的概述是“培养学习者能够在现实生活中自如地运用汉语进行交际是汉语教学的目标，需要学习者反复交际实践。学习者参与交际越多，语言能力就越强”，通过对交际实践在语言能力培养中的重要性来体现研究交际意愿的重要性；郝美玲（2018）《高级汉语水平留学生汉字认读影响因素研究》开头的重要性概述是“汉字学习是外国留学生学习汉语的重点与难点，如何提高汉字认读的效率是汉语教师、汉语作为第二语言习得的研究者共同关心的问题”，通过阐述汉字学习的重要性以及汉语教师、汉语二语习得研究者的关注来体现研究汉字认读影响因素的重要性；白学军等（2020）《羽毛球运动重塑成年早期的大脑灰质和白质结构》通过陈述脑可塑性的应用来体现其研究的重要性，“脑可塑性已广泛应用在神经康复、延缓老年人脑衰老、促进青少年脑发育等领域，并成为近年来的研究热点”。有一些研究则不通过上述显性的陈述方式来体现研究的重要性，而是在引言的各部分论述中间接体现研究的重要性。

“背景”类信息主要有来源背景、需求背景、环境背景、条件背景、状态背景等。在引言中可以根据研究的重点或特点有选择有侧重地对其中最相关的背景进行概述。

（1）来源背景。

来源背景是对选题的出处或启发源的简要介绍。选题一般来自实践或文献中，有的是直接将实践中遇到的或文献中读到的有意义的问题作为研究选题，有的是受到实践的启发或文献内容的启发而提出的。如果选题的这些来源对于体现研究意义、特点、必要性等有重要作用，那么可以通过恰当的文字加以陈述。

（2）需求背景。

需求背景是有关“该研究可以满足什么需求”或“出于什么需求而进行研究”的背景式介绍。这类背景的介绍最大的作用就是体现研究的价值，如果是因理论需要而进行的研究，那么需求背景的介绍就体现了研究的理论价值。若因实践需要而进行的研究，需求背景的介绍就体现了研究的应用价值。

（3）环境背景。

环境背景包括政治、经济、社会、科技、文化、时代等方面与研究紧密相关的背景。政治方面的背景包括指导思想、制度、政策、措施等方面，如果是响应政治方面的这些内容而进行的研究，或者研究可以为相关的政策、措施等提供参考，就在研究背景中介绍这些相关内容。经济方面的背景主要包括经济发展、阶段性特点等方面，社会背景包括社会形态、社会活动等方面；科技方面的背景包括科技发展、科技发展的阶段性特点、科技需求等方面；文化方面的背景包括物质文化和非物质文化方面的发展、特点等；时代背景则指研究对应的时代及其特点。研究具体是为了适应哪方面的环境，或者将在哪方面有所贡献，就重点介绍那一方面的背景。

（4）条件背景。

研究实施的基础条件、便利条件等方面的背景信息，如时代条件、科学条件等。时代条件是指特定时代环境下，政治、经济等方面有利于研究顺利进行的相关信息，科学条件方面，某些理论、研究手段或工具的产生、发展为课题的研究提供了可能性或便利条件，所以才使得大家长期关注或比较重要，但一直无法解决的问题可以得到解决，顺应这个条件而进行的研究，可在背景部分对这方面的条件背景进行简洁概述。

（5）状态背景。

状态背景是对相关研究现状的全景式勾勒，通过对研究现状的简短概述，引导读者快速掌握相关研究的宏观现状，了解当前研究在已有相关研究大环境中大概处于什么位置，以便站在更高的视角来理解作者当前所进行的研究。

以上研究背景部分一般介绍的内容，最重要的要素是研究的重要性与"背景"类的介绍。需要指出的是，上述几类背景并非都要在背景介绍中进行陈述，通常根据研究课题的实际情况决定主要介绍其中某一方面或某几方面的背景。

除重要性和相关背景信息的介绍之外，还可以根据研究内容的特点添加一些相关的重要信息，包括相关术语的定义、代表性或有趣的例子等。

如果研究的核心内容涉及新概念、新术语或需要解释的内容，可以在引言的开头加上相关解释，以便读者顺利理解下文中论述的内容。例如白学军等（2020）《羽毛球运动重塑成年早期的大脑灰质和白质结构》中研究的"成年早期大脑灰质和白质结构的重塑"问题，实际上就是脑可塑性问题，因此其在引言开头先给出脑可塑性的定义："脑可塑性是指在环境或经验作用下，脑结构或功能发生变化"。

如果有有意思或有代表性的例子，也可以在背景内容的恰当位置举出，以帮助读者更好地把握研究范围，正确理解所研究的核心内容，同时也能起到吸引读者注意力的作用。如李冬梅和施春宏（2020）主要研究跨层词"说是"的多重话语功能及其浮现路径与机制，因为"说是"既有可能是"跨层共现"，也有可能是"固化结构"或"词汇形式"，该论文研究的是词汇形式的“说是”，因此在引言开头部分分别举例来说明“说是”在什么情况下为“跨层共现”，什么情况下是“固化结构”，什么情况下是“词汇形式”。通过这样的举例陈述，读者很容易就清楚其具体分析的范围，引导读者把焦点放到词汇形式的“说是”上。再如姚尧（2018）研究的是“意思”的语义，论文在引言开头部分举了“意思”表达不同意义时的各种例句，指明了其为什么研究“意思”的语义，同时也在一定程度上吸引了读者的注意力。

还要注意的是，研究背景只是选题相关的较宽泛（但也不能太宽）信息的展示，是引导性的论述，不是综述的核心内容，因此要用非常简洁的文字进行概述，不宜大篇幅展开阐述，一般用一个较短的自然段即可完成。

（二）文献综述

1. 什么是文献综述

文献综述是在对某研究领域的文献进行广泛阅读和理解的基础上，通过比较、分类、分析和整合之后，对该领域的研究现状（包括主要学术观点、前人研究成果和研究水平、争论焦点、存在的问题及可能的原因等）、发展趋势（新水平、新动态、新技术和新发现等）、发展前景等内容进行综合叙述和评价的成果。

文献综述有两种，一种是独立成篇的文献综述，目的是梳理某个领域的研究现状、趋势、前景等，整理出一个清晰的框架体系，让此后的读者省去很多读文献的时间，方便研究者快速掌握相关研究情况，以高屋建瓴的大视角来把握研究方向。另一种是学术论文中包含的综述，一般包含在引言部分，或放在引言与问题/假设之间。主要目的是为了证明自己的研究题目、视角和方法等的选择是必要和适时适当的。

一般学术论文都包含了“文献综述”的内容，没有“文献综述”的学术论文是不严谨的。因为“任何新知识的创立都不可能脱离已经存在的知识的路径依赖，依赖的方式或者是信息性的，或者是范式性的和视角性的”①。任何一个学术研究都是在充分了解已有研究的基础上，从合适的起点，朝着有价

① 参考《文献综述在学术文章中的作用》，网址：https://www.paperfree.cn/news/4884.html

值的方向进行的，都与已有研究紧密相关。

（1）成篇文献综述的特点。

独立成篇的文献综述通常包括题目、摘要、关键词、引言、研究现状的分类介绍、目前研究的不足和建议、参考文献等组成部分。实际上也是一类完整的、可直接发表的论文。中文文献综述标题一般为“主题+综述”或“主题+述评”[①]的形式，例如“近十年唐代词汇研究综述”（武振玉，梁浩，2012）、“双语经验影响言语产生过程中通达能力的研究综述 ”（焦鲁，刘文娟，刘月月，王瑞明，2016）、“二语习得中的认知负荷研究述评”（顾琦一，陈方，2020）、“基于语料库的历时语言研究述评”（许家金，2020）。还有一些题目为“综述题眼+回顾/回顾与展望/回顾与前瞻/回顾与分析/回顾与评价/回顾与反思/回顾与思考”等，如“第二语言能力结构研究回顾”（陈宏，1996）、“中国神经语言学研究回顾与展望”（杨亦鸣，刘涛，2010）、“国内外话语标记研究：回顾与前瞻”（陈家隽，2018）、“80年代现代汉语语法研究的回顾与评价”（龚千炎，1991）、“当代汉字应用热点问题回顾与思考”（王立军，2020）等。

英文文献综述的标题常以“（A）Review of/on+主题”、“主题：（A）Review of+范围”、“主题：a（ literature ）review”、“Review:+主题” 等形式出现。例如“A review of the past ten–year studies of Learning Chinese as a Second Language and its research prospects”（Ting–Ting, Yu–Xin, Hong–Bing,2018）、“Teacher cognition in language teaching: A review of research on what language teachers think, know, believe, and do”（Borg，2003）、“Neural evidence for the interplay between language, gesture, and action: a review”（Willems, Hagoort，2007）、“Review: language and national identity––comparing france and sweden”（Milani, 2003）。

成篇文献综述的作用是方便读者快速了解某个研究课题或领域的研究现状。内容包括研究背景、研究历史、相关理论、研究方法等方面的介绍，有些综述集中在其中一方面，也有的是综合地介绍这些方面。

① 期刊中的综述和述评一般差不多，都属于广义的文献综述。前者一般包括叙述性的综述和评论性的综述，叙述性的综述以客观介绍和描述原始文献中的观点和方法等为主，而评论性的综述在对某一专题进行综合描述的基础上，通过对比、分析和评论，提出作者自己的观点或见解。述评基本上就是评论性的综述。

（2）学术论文文献综述的特点。

学术论文中的文献综述不同于成篇文献综述，它是论文中不可或缺的部分，与论文其他部分的内容之间有着特定的逻辑关系，文献的陈述和评论都围绕研究问题展开，以论证自己的研究题目、视角和方法等的合理性为中心目标。因此，综述的文献范围一般也比成篇文献综述的范围小，重点介绍与研究课题紧密相关的文献，主要考虑论证的需要，不求面面俱到。

2. 学术论文文献综述的主要内容及作用

学术论文引言最重要的内容之一是相关研究现状的介绍，即文献综述。其主要作用包括定位自己的研究、论证研究价值、指明选题的进步或创新之处等。

（1）定位自己的选题。

引言中文献综述的一个作用是通过展现已有相关研究情况，定位自己的研究。读者对一个研究的好坏、必要与否、价值多大等的基本判断，也需要在与已有研究对比的基础上进行。这就需要作者介绍已有相关研究现状，交代清楚当前研究与已有研究和相关理论的关系。这就像卖一套房子，作为中介（相当于论文作者），要弄清楚房子的价值、周边环境、设施、相关政策等信息，以对房子有一个准确的定位，在向客户推荐房子的时候要把这些东西介绍给客户，让客户方便快捷地了解这个房子的概况，客户才能结合自己的需求及房子的定位快速做出决定。

引言要通过对已有研究的对比、归纳、分析，把自己的研究融入相关研究的“大对话”中，使读者快速了解这个“大对话”的全貌，掌握当前研究在这个“大对话”中的位置。

可以通过回答以下问题来检测自己的引言是否有这方面的内容和作用：

第一，该课题的研究历史和当前趋势是什么？

第二，该课题的相关研究目前涉及哪些方面？已达成哪些共识（或取得什么成就）？还存在哪些争议或空白？

（2）论证研究价值。

文献综述的核心内容是指明当前研究与已有研究的关系，作用是证明当前研究的必要性和价值。有必要的、值得研究的是哪些理论发展或现实需要，但没有人研究过，或者研究过但仍然不确定的问题。作者要通过查阅和分析文献，在论文中给读者指出之所以研究这个问题，是因为这个点还没有人研究过或者已有研究结果还存在争议，或者已有研究的视角、方法等有局限，结论不可靠等。如果是存在研究空白，要在综述中指明具体空白点是什么，分析为什么此前的研究没有涉及这个点，为什么这个点重要等；如果是存在争议，那么要指出争议是什么，哪些研究得出了这样的结论，哪些研究得出与之对立或完全不同的结论，可能的原因是什么，当前研究打算如何解决这些争议；如果是已有研究有局限，那么具体的不足是什么，当前研究计划如何弥补这种不足，来得出更可靠的结论。通过这样的论述，当前研究的必要性和价值就一目了然了。

可以通过回答以下问题检测所写综述是否很好地论证了当前研究的必要性和价值：

①该课题的研究是否存在空白？如果有，空白是什么？存在空白的原因是什么？是否有填补这些空白的必要性？如何填补这些空白？

②该课题的研究是否存在争议？如果存在争议，具体争议是什么？为什么会有这样的争议？是否有解决这个争议的必要性？如何解决争议？

③该课题的已有研究是否有局限？如果有，具体是什么局限（研究视角，研究方法不合理，还是不够深入，等等）？如何弥补这种局限？为什么这样可以弥补已有研究的局限？

一个研究要么填补空白，要么解决争议，要么弥补不足，要么探及深层的问题这些方面至少要具备一方面。如果是填补空白，那么综述要重点回答问题①，如果是解决争议，那么综述重点回答问题②，如果是弥补不足，那么重点回答问题③。如果几个方面都有，那么综述要能够回答上述所有问题。换句话说，综述要保证读者能从中找到上述问题的答案。

（3）指明选题的进步或创新之处。

文献综述的另一个重要内容是陈述当前研究与以往研究的不同之处，指明研究的进步或创新之处。在第四章中，我们强调任何研究都应至少在一个方面有进步或创新，否则就没有研究的意义。在论文写作中，当前研究的进步或创新之处也要在综述部分体现出来。给读者呈现当前研究所处的“大对话”以及论证当前研究的必要性和价值的过程，实际上也是指明当前研究的进步或创新的过程。填补研究空白，或通过改变视角、优化研究方法等解决存在的争议，或者弥补已有研究的不足，等等。本质上就是进步，也是不断创新的过程。

可以通过回答以下问题进一步检测当前研究是否有进步或创新之处，综述中是否充分体现具体的进步和创新之处：

①本研究的研究问题是否为新问题？或者有新的切入点？是否已在综述中交代清楚其为什么新？

②本研究的研究视角是否为新视角？是否已在综述中指明该视角为什么是新视角？

③本研究的方法是否有进步之处？是优化了已有研究的方法，还是采用全新的方法？是否已在综述中解释清楚该方法在哪些方面有进步？或者为什么采用新方法？

如果综述的内容不能回答这些问题中的任何一个，那就意味着研究没有创新，或者文献工作没有做到位，或者综述写得不合格。

（三）研究任务

引言部分要在介绍背景和综述研究现状的基础上，明确指出自己的研究任务，即指明基于上述背景和研究现状，本研究具体要解决什么问题。如果综述分别针对每一个具体的研究问题进行论述，那么几个具体的小研究任务可以分别在对应综述完成并指出研究存在的不足、分歧、空白等之后提出，最后再把所有研究问题整合到一起重申一遍（可参考第三节引言案例）。如果不是按这个思路论述，那么可以在文献综述完成之后，统一陈述研究要解决的问题。

陈述研究任务的作用是让读者清晰掌握本研究具体要解决的问题，以及这些问题之间的关系。因此，这一内容的陈述要做到条理清晰，表意明确。

（四）研究目标

研究目标主要陈述研究拟取得什么样的成果、做出什么样的贡献、论文主体部分主要报告什么内容等。

以上是学术论文引言一般应包含的几个要素。背景强调研究的重要性，“文献综述”强调自己的研究相对于已有研究有什么进步或创新之处，为自己选题的必要性和研究思路的合理性提供依据，而研究任务和研究目标主要是明确自己具体开展的工作及拟定要达到的目标。

需要注意的是，这些要素之间是紧密关联、相互照应的，写作过程中不应将它们相互分离，一部分一部分分开完成，有些要素要融合在一起进行论述，例如研究任务与文献综述、研究任务与目标等是经常杂糅在一起论述的。即使分模块进行论述，也应采用合适的逻辑结构和恰当的文字表述，使各部分之间形成自然的过渡和关联，形成一个有条理、有逻辑的整体。

第二节　引言的写作

一、引言的写作原则

论文引言的写作应遵循以下原则：

（1）问题中心原则。在论文中，写引言的主要目的是为了证明自己的研究题目、视角和方法等的选择是必要和适时的。因此，综述的写作要始终围绕研究问题展开，论证研究问题的选取缘由、观察视角的选取、方法的选择等。可以说，综述中的任何一句话，都是为自己的研究问题服务的。有这样的“问题中心”意识，才能写出好的引言。

（2）客观性原则。引言中无论是陈述研究概况，论证研究价值，还是指出研究的进步或创新，都要尊重已有研究事实，做到有理有据，以客观中立的口吻，中性准确的文字进行表述。

（3）批判性原则。引言除了尊重客观事实，还要进行综合的比较分析，最后围绕研究问题，按一定的逻辑进行陈述和论证。尤其是研究现状的综述要做到清晰、精确、准确、切题、前后一致、逻辑正确、完整和公正。即思路和逻辑要清晰，已有研究情况的理解要精确，总结和陈述要准确，论据要切题，观点要前后一致，论述要符合逻辑，对已有研究的概述要完整，评价要公正。

（4）评价性原则。引言的一个重要特征之一是具有评价性，对研究现状的综述尤其要遵循这个原则。综述中的评价包含两种，一种是隐性的评价，一般没有明确的评价性词语或句子，而是在论证过程中体现出来；一种是显性的评价，一般在综述中特定的位置以评价性的词句呈现出来，或者在总结部分进行综合的评价。好的引言应该两种评价相结合，评之有理，述之有据，纳之有容而不是罗列完已有研究现状之后用评价性的语言进行空泛的评价。

二、引言的写作步骤和技巧

（1）明确研究问题和研究思路。前面我们讲了，引言是以论证自己的研究题目、视角和方法等的合理性为主要目标的。那么，在写引言之前，我们首先必须明确自己的研究问题是什么，分解成哪几个小问题进行研究，用什么方法，先研究什么，再研究什么。然后才能结合已有研究论证为什么我们要研究这个问题，为什么用这样的思路和方法。研究问题和研究思路的最终确定则建立在调研和大量阅读、分析文献资料的基础上。当我们确定了某个选题之后，要通过调研和阅读、分析相关文献，根据对研究的可行性和已有研究情况等的了解来调整自己的具体研究问题和研究思路，然后才能开始引言的写作。

（2）拟定提纲。论文中的引言不仅要与论文其他部分的内容有紧密的逻辑关系，其本身也要按一定的逻辑构成一个结构层次清晰的整体。这就需要按一定的逻辑框架去论述，而不是想到哪儿写到哪儿。因此，引言提纲的拟定非常重要。事先想好分几个部分，按什么样的逻辑关系和顺序组织，然后把提纲框架列出来，再按拟好的提纲一部分一部分进行论述，写出来的引言就会有条理有逻辑。

（3）整理文献笔记。在相关文献较多的情况下，引言提纲拟好以后，最好按提纲先整理一遍笔记，看看哪部分的评述和论证需要引用哪些文献，清楚之后再动笔，这样，综述的写作过程就会比较顺畅，且能够保证引用合理。

（4）按照提纲进行写作。完成以上三步的工作之后，就可以按照拟好的提纲进行引言部分的写作了。首先可以按拟好的提纲和整理好的笔记写出引言初稿，然后以第三节介绍的引言内容和作用，以及本节第一部分介绍的写作原则为标尺，检查写好的引言是否合格，基本合格之后再优化语言文字，做到用最严谨、最简洁准确的语言进行表述。

（5）调整。引言的写作始于论文写作之前，终于全篇论文完成之后。这是很多初学者往往忽略的一点。虽然在开始写引言之前，我们已经通过调研和文献工作再次明确了具体的研究问题和研究思路，但这不代表确定的研究问题和思路是完美无缺的。有时候我们会在进一步的研究过程中发现新的问题，作出新的调整，这个时候引言的内容也要跟着调整。否则就会出现前后逻辑混乱，甚至前后矛盾的情况。因此，在整个研究和写作过程中，以及做完研究、完成整个论文的写作之后，都要根据情况回过头来对引言的内容进行调整。保证引言部分与论文其他部分之间相互呼应、逻辑正确。

三、引言案例

论文初学者可以从两方面的训练来提升综述写作能力：一是分析；二是仿写。分析，即分析别人的引言。具体分三个步骤：首先，阅读核心期刊论文的“引言”，结合自己的理解，以及向专业的学者咨询，选择写得比较好的“引言”。然后，对选出的“引言”进行论述框架分析，提炼出其论述框架，就像语文课上给课文分段、概括段落大意一样，先把“引言”分解成几个部分，概括出每个部分评述或论证的主要内容，再分析各部分之间的逻辑关系，把分析得到的框架像拟引言提纲那样写出来。最后，批判性地分析这些“引言”如此论述的优缺点；想想如果自己去写这个引言，怎么写会更好；想想目前自己感兴趣或选好的研究问题，用哪种逻辑框架论证比较好。这样分析一定量的论述框架之后，选择其中比较适合论述自己选题的框架进行仿写。

仿写的过程也要按照上面介绍的写作步骤，首先明确问题和思路，然后套用一种合适的论述框架，列出具体的提纲，再进行写作。这样反复练习就能有所提升。论述框架的提炼可先按如图7.1所示的方法进行归纳和标注，再进一步将其抽象概括为可套用的提纲。

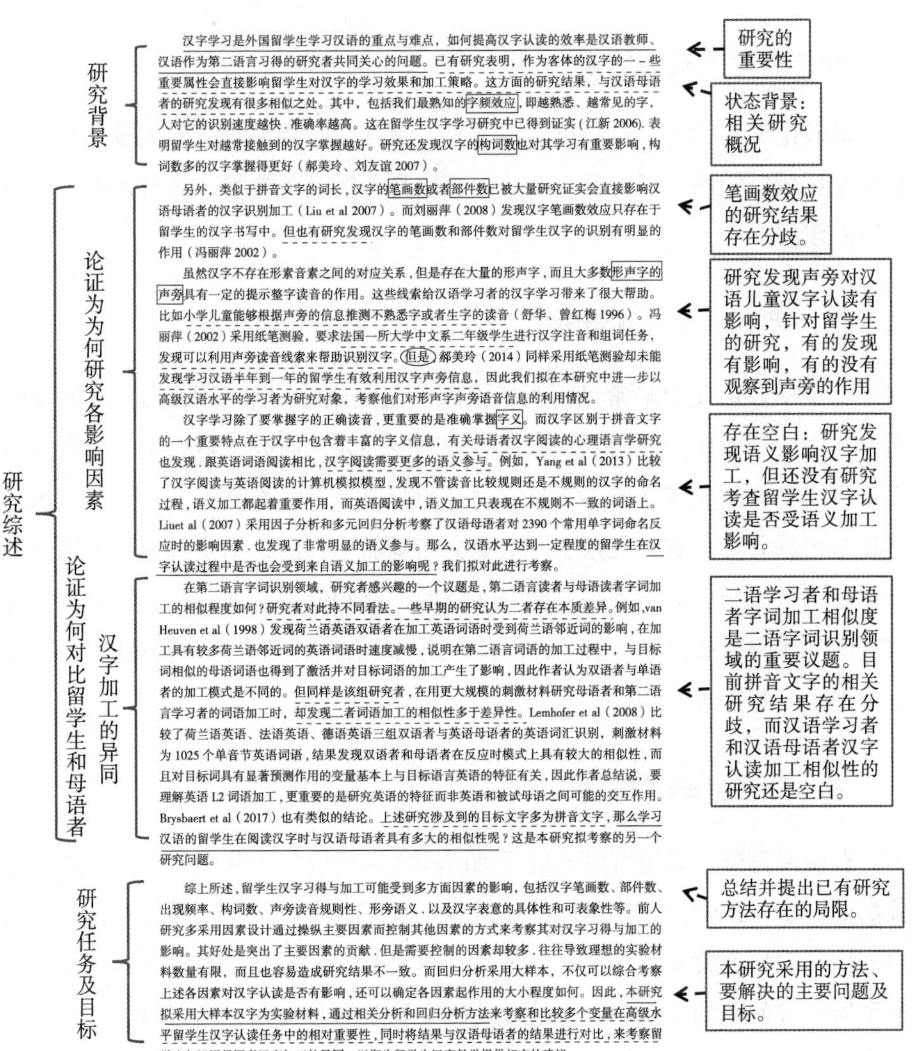

汉字学习是外国留学生学习汉语的重点与难点，如何提高汉字认读的效率是汉语教师、汉语作为第二语言习得的研究者共同关心的问题。已有研究表明，作为客体的汉字的一－些重要属性会直接影响留学生对汉字的学习效果和加工策略。这方面的研究结果，与汉语母语者的研究发现有很多相似之处。其中，包括我们最熟知的字频效应，即越熟悉、越常见的字，人对它的识别速度越快．准确率越高。这在留学生汉字学习研究中已得到证实（江新 2006).表明留学生对越常接触到的汉字掌握越好。研究还发现汉字的构词数也对其学习有重要影响，构词数多的汉字掌握得更好（郝美玲、刘友谊 2007）。

另外，类似于拼音文字的词长，汉字的笔画数或者部件数已被大量研究证实会直接影响汉语母语者的汉字识别加工（Liu et al 2007）。而刘丽萍（2008）发现汉字笔画数效应只存在于留学生的汉字书写中。但也有研究发现汉字的笔画数和部件数对留学生汉字的识别有明显的作用（冯丽萍 2002）。

虽然汉字不存在形素音素之间的对应关系，但是存在大量的形声字，而且大多数形声字的声旁具有一定的提示整字读音的作用。这些线索给汉语学习者的汉字学习带来了很大帮助。比如小学儿童能够根据声旁的信息推测不熟悉字或者生字的读音（舒华、曾红梅 1996）。冯丽萍（2002）采用纸笔测验，要求法国一所大学中文系二年级学生进行汉字注音和组词任务，发现可以利用声旁读音线索来帮助识别汉字。但是，郝美玲（2014）同样采用纸笔测验却未能发现学习汉语半年到一年的留学生有效利用汉字声旁信息，因此我们拟在本研究中进一步以高级汉语水平的学习者为研究对象，考察他们对形声字声旁语音信息的利用情况。

汉字学习除了要掌握字的正确读音，更重要的是准确掌握字义。而汉字区别于拼音文字的一个重要特点在于汉字中包含着丰富的字义信息，有关母语者汉字阅读的心理语言学研究也发现．跟英语词语阅读相比，汉字阅读需要更多的语义参与。例如，Yang et al（2013）比较了汉字阅读与英语阅读的计算机模拟模型，发现不管读音比较规则还是不规则的汉字的命名过程，语义加工都起着重要作用，而英语阅读中，语义加工只表现在不规则不一致的词语上。Liuet al（2007）采用因子分析和多元回归分析考察了汉语母语者对 2390 个常用单字词命名反应时的影响因素．也发现了非常明显的语义参与。那么，汉语水平达到一定程度的留学生在汉字认读过程中是否也会受到来自语义加工的影响呢？我们拟对此进行考察。

在第二语言字词识别领域，研究者感兴趣的一个议题是，第二语言读者与母语读者字词加工的相似程度如何？研究者对此持不同看法。一些早期的研究认为二者存在本质差异。例如，van Heuven et al（1998）发现荷兰语英语双语者在加工英语词语时受到荷兰语邻近词的影响，在加工具有较多荷兰语邻近词的英语词语时速度减慢，说明在第二语言词语的加工过程中，与目标词相似的母语词语也得到了激活并对目标词语的加工产生了影响，因此作者认为双语者与单语者的加工模式是不同的。但同样是该组研究者，在用更大规模的刺激材料研究母语者和第二语言学习者的词语加工时，却发现二者词语加工的相似性多于差异性。Lemhofer et al（2008）比较了荷兰语英语、法语英语、德语英语三组双语者与英语母语者的英语词汇识别，刺激材料为 1025 个单音节英语词语，结果发现双语者和母语者在反应时模式上具有较大的相似性，而且对目标词具有显著预测作用的变量基本上与目标语言英语的特征有关，因此作者总结说，要理解英语 L2 词语加工，更重要的是研究英语的特征而非英语和被试母语之间可能的交互作用。Brysbaert et al（2017）也有类似的结论。上述研究涉及到的目标文字多为拼音文字，那么学习汉语的留学生在阅读汉字时与汉语母语者具有多大的相似性呢？这是本研究拟考察的另一个研究问题。

综上所述，留学生汉字习得与加工可能受到多方面因素的影响，包括汉字笔画数、部件数、出现频率、构词数、声旁读音规则性、形旁语义．以及汉字表意的具体性和可表象性等。前人研究多采用因素设计通过操纵主要因素而控制其他因素的方式来考察其对汉字习得与加工的影响。其好处是突出了主要因素的贡献．但是需要控制的因素却较多．往往导致理想的实验材料数量有限，而且也容易造成研究结果不一致。而回归分析采用大样本，不仅可以综合考察上述各因素对汉字认读是否有影响，还可以确定各因素起作用的大小程度如何。因此，本研究拟采用大样本汉字为实验材料，通过相关分析和回归分析方法来考察和比较多个变量在高级水平留学生汉字认读任务中的相对重要性，同时将结果与汉语母语者的结果进行对比，来考察留学生与汉语母语者汉字加工的异同，以期为留学生汉字教学提供相应的建议。

图7.1　引言论述框架的提炼

第三节　引言写作的常见误区

一、纯背景式的陈述

很多论文初学者，在写论文引言时，常常只有相关背景的大段陈述，而且都是比较空泛的背景内容，缺乏引言应具备的其他要素，没有体现出引言应有的作用。

二、罗列式的文献综述

学生毕业论文中最常见的引言问题就是文献综述采用罗列的方式呈现，通常在引言开头用一段话引出，然后依次罗列相关研究，最后用一段空泛地文字指出已有研究存在诸多不足。这样的引言连笔记都算不上，学术笔记也应该是根据研究内容、视角、方法等分门别类整理的，不是机械地按阅读顺序进行摘抄记录。而引言是在做好充分的阅读和笔记准备，根据选题及其要解决的具体问题进行再加工之后，以论证选题和具体研究问题及思路为目标，有条理、有逻辑地进行综合性论述。

三、缺乏逻辑的陈述

有些引言乍一看还可以，但仔细阅读之后就会发现其内容与内容之间是分离的，缺乏逻辑的，甚至所陈述的观点是存在矛盾的。这样的引言就不能很好地呈现研究背景、相关研究现状、本研究的任务及目的等内容，更无法论证所研究问题的价值、必要性以及研究思路的合理性、研究的进步或创新性等。

四、“迷离”式的论述

有些引言避免了纯背景式和罗列式的误区，形式上很像一个合格的引言，但实际上整个引言都是零散的拼凑，不是一个有逻辑的整体，可能作者也不知道自己写了什么。主要表现为如下几种情况：

（1）“假”综述。对文献进行综述的过程中，有较多文献引用，且没有机械地罗列文献，看起来像是进行分析整合之后的综合性论述，实则不加思考、胡乱拼凑的“假”综述。引用的内容之间、整个综述与研究背景、研究任务和目标之间没有清晰合理的关联。

（2）背景的陈述太宽泛，背景内容与选题没有直接的关系，只是一个“遥远”的大背景。无法体现选题的重要性，也没有说清楚当前研究所要满足的需求，所依托的环境、条件或状态。

（3）引用的文献关系太远。有些引言中引用的文献大多与选题没有直接的关系，无法准确反映所做选题与已有研究的具体关系、选题的价值、创新之处等。整体上就显得空泛，起不到引言应有的作用。

第八章

主体部分的写作

论文主体部分指论文正文中除去篇头、引言以外的部分，理论类论文主体部分的内容结构具体由论题和论证逻辑决定，不好一概而论，而经验研究类论文都有比较固定的框架结构。主体部分一般包括研究方法、研究结果、讨论和结论几大模块，每个模块也遵循一定的公认模式进行论述。可以通过系统的学习快速掌握其形式规范。因此，本章将以经验研究类论文的主体部分为对象进行介绍，其中有些规范与理论类论文也是相通的，例如研究结果的总结、讨论，以及例句和图表的呈现等，是写理论类论文时也可以参考的。

第一节　研究类型及研究方法的写作

学术论文中的研究方法部分介绍的内容主要是具体的数据收集方法和分析方法，而具体的数据收集方法和分析方法因研究类型的不同而有不同的要求。经验研究，尤其是实证研究，对数据的收集方法和分析方法都有一定的要求，因为这些方法直接决定了研究结果和结论的准确性和科学性。因此，经验研究类论文一般都要单独列一章详细介绍这些方法。

本节首先简单介绍研究的类型，以及经验研究的常见数据获取方法，然后介绍论文写作中如何陈述这些研究方法。

一、研究类型和研究方法

（一）研究类型

1. 基础研究与应用研究

科学研究按课题性质可分为基础研究和应用研究。

基础研究指为获得关于现象和可观察事实的基本原理及新知识而进行的实验性和理论性工作。这类研究的主要目的是认识现象，获取关于现象和事实的基本原理的知识，而不考虑直接的应用。

应用研究指针对特定实际目的而进行的研究，这类研究在获得知识的创造性研究中具有特定的应用目的。

一些研究者认为基础研究与应用研究不是截然分开的，而是一个连续体的两端，前者是后者的基础。一个研究往往既有基础研究（即理论研究）的成分，也有应用研究的成分，只是侧重点不同。一般讲的基础研究更偏向理论，而应用研究更偏向实际应用（孙三军，周晓岩，2011）。

2. 质性研究与定量研究

根据使用方法的不同，研究可以分为质性研究（qualitative research）、定量研究（quantitative research）和混合研究（mixed research）（汤茂林，黄展，2020）。

（1）质性研究。

质性研究，也称质化研究或定性研究，是一种在自然探究的基础上建立理论或假设的科学研究方法。它遵循现象学的解释主义（Phenomenological interpretivism），强调在自然的情境下实地体验，或采用开放型访谈、参与性或非参与性观察、文献分析、个案调查等形式开展研究，分析方式以归纳为主（邢红兵，2016）。

（2）定量研究。

定量研究是一种对事物可以量化的部分进行测量和分析，以检验研究者的理论假设的研究方法；它有一套完备的操作技术，包括抽样方法、资料收集方法、数字统计方法等（孙三军 等，2011），是一种基于演绎研究方法的科学研究方法，其研究范式遵循的是逻辑—实证主义（Logical-positivism）。与质性研究相比，定量研究的过程和步骤相对固定（孙三军 等，2011），一般要事先建立研究假设并确定可能具有因果关系的变量，然后使用经过检验的工具对这些变量进行测量，并采用相应的统计分析方法对变量间的因果关系进行分析，来验证研究假设。与定性研究中的自然情境不同，定量研究的情境是经过严格控制的实验情境，研究的对象是客观世界，研究中并不涉及个人的主观态度和状况。运用量化的研究范式探讨社会现象中存在的因果关系，运用抽样与数理统计的方法验证所提出的假设，对研究的严密性、客观性、价值中立性有着严格的要求，以求得到客观事实。

（3）混合研究。

很多研究实际上既有质性的分析，又有量化的研究。多数研究者也认为，质性研究和定量研究是一个连续体，而非泾渭分明。二者可以相互补充，组成混合研究法（如Creswell，2009；孙三军 等，2011；汤茂林，黄展，2020）。目前两者结合的研究越来越多。

3. 探索性、描述性、解释性、评价性和验证性研究

科学研究按研究目的可分为探索性、描述性、解释性、评价性和验证性研究（孙三军，周晓岩，2011）。

（1）探索性研究。

探索性研究（Exploratory Research），也叫先导性研究（Pilot Study），主要指在没有充足的理论和实践基础作为支撑的情况下进行的尝试性研究（邢红兵，2016）。目的是对所研究的对象或问题进行初步了解，以便获得一些初步的印象和感性认识，并为今后的更为周密、深入的研究提供基础和方向。因此，探索性研究也可以看成是一种可行性研究（Feasibility Study）。

（2）描述性研究。

描述性研究（Descriptive Research），又称为叙述性研究。是对某些现象的特征或全貌进行描述的一类研究方法（邢红兵，2016）。描述性研究的目的是描述自然现象或社会现象的特点和规律，包括它们的形式、结构、活动、变化，以及各类现象之间的关系。研究的重点是准确描述某个或某类现象的上述特点，不太注重对产生这些现象的原因的解释。描述性研究包括追溯研究、非干预性的个案研究、相关研究、发展性研究和调查研究等类型，通常采用调查问卷、结构式访谈、标准化的自然观察等方法进行研究，语言和语言习得研究中基于语料库的分析一般也属于描述性研究。与探索性研究的主要区别是，描述性研究更具有系统性、结构性和全面性，且研究的样本规模比较大。

（3）解释性研究。

解释性研究（Explanatory Research），或叫因果性研究。主要探索某种假设与条件因素之间的因果关系。具体来讲就是在认识到现象的形式、结构、

活动、变化以及这些现象与其他一些现象之间关系的基础上，进一步深入探索事物和现象为什么会是这样一种状况。目前因果性研究主要采用实验研究或准实验研究方法进行，通常从理论假设出发，有确定的变量，采用周密的实验设计，收集资料（数据），并通过对资料（数据）的统计分析，来检验假设，最后达到对事物或问题进行理论解释的目的。少数基于语料库或调查问卷的研究，利用实验研究的思路抽取变量并进行因果关系分析的研究，也可以算作解释性研究。

探索性研究、描述性研究和解释性研究的主要特点和区别如下表所示。

表 8.1　探索性研究、描述性研究和解释性研究的主要特点和区别

	探索性研究	描述性研究	解释性研究
对象规模	小样本	大样本或总体	大样本
抽样方法	非随机选取	简单聚集、按比例分层	随机抽取或随机分配被试
研究方式	文献资料分析、观察、无结构的访谈等	调查问卷、结构式访谈、标准化的自然观察	实验、调查、基于语料库的分析等
分析方法	主观的、定性的	描述统计	因果分析
主要目的	形成概念和初步印象	描述总体状况和分布特征	探求变量关系和理论检验

（4）评价性研究。

评价性研究（Evaluation Research）指对某项政策、计划或方法（如教学法）是否达到预期效果进行精确评定的研究。研究结果可为制定、修正或选择具体的方案提供可靠的依据，属于应用研究（孙三军，周晓岩，2011）。

（5）验证性研究。

验证性研究（Confirmatory Research）一般通过寻找证据对某假设、理论或实验结果进行验证。实证研究通常会伴随有验证性研究（孙三军，周晓岩，2011）。

4. 经验研究、实证研究与理论研究

按研究取向的不同，可以将研究分为经验研究、实证研究和理论研究三大类。

经验研究（Empirical Research）是与理论研究相对的一种社会科学研究方法，其对象是实然世界。从方法论的角度讲，经验研究既有采用演绎法的，也有采用归纳法的。一般把采用演绎法的经验研究称为实证研究（positive research）。实证研究主要解决“是什么”的问题，提供有关“是什么”的系统性知识。采用归纳法的经验研究通常从可观察到的事实或数据中得出新的知识。其最常见的形式是从若干个别案例进行概括，得出一般性论述，有时这种论述不一定正确，这是采用归纳法的局限性。语言学本体研究中有很多是采用归纳法的经验研究（汤茂林，黄展，2020）。

理论研究是指不依赖于实验、操控变量或经验证据的研究。理论研究中比较常见的一种研究是规范研究，这类研究主要解决“应该是什么”的问题，提供“应该是什么”的标准的系统性知识。目的是为了创造规范性知识。这类研究对应于应然世界，关心的是用什么判断决策正确与否的标准，具有很强的主观性，仁者见仁智者见智（汤茂林，黄展，2020）。

（二）经验型研究方法

1. 调查研究类方法

（1）问卷调查法。

问卷调查是通过让被调查者（即调查对象）填写由一系列问题构成的调查表，以测量人的行为、经历、态度、看法、知识、特征等的方法，通常研究者先按照研究目的精心编制问卷，然后根据被调查者的回答进行统计分析，在此基础上得出结论。这种调查方法因易于操作且节约时间、费用和人力而被广泛采用（孙三军，周晓岩，2011）[①]。

①封闭式、开放式和半封闭式问卷。

一般按问题的类型将调查问卷分为封闭式（close-ended）、开放式（open-ended）和半封闭式（semi-closed）三类。封闭式问卷主要采用选择题、判断题、测量表等进行调查。封闭式问题易于回答，也易于统计，适合用于量化

① 调查问卷设计方法可参考《语言研究：方法与工具》（孙三军，周晓岩，2011）第118-133页的介绍。

研究。开放式问题一般为简答题，允许被调查者自由表述，通过这类问题往往能得到一些事先未曾预料到的信息，但因需要花费的时间较多，会导致问卷回收率低等问题。半封闭式问卷的问题有选择并简答、判断并简答等类型，既能得到适用于量化分析的数据，又有需要质性描述的资料（孙三军，周晓岩，2011）。实际研究中，常常在问卷中设计多种类型的问题，因而多数问卷总体上讲属于半封闭式的。

②问卷中常用的量表类型。

问卷中常用的量表有李克特量表和语义差异量表。

李克特量表是Rensis Likert于1932年提出的，基本形式是给出一组与某人对某事物的态度有关的陈述，每个陈述有5个答案（非常同意，同意，一般，不同意，完全不同意），针对每一条陈述，回答者根据自己的情况选择其中符合自己的一个答案（孙三军，周晓岩，2011）。

根据研究需要的不同，量表题的答案数量可以是2–11个，目前比较常用的是5级、7级、10级和11级的量表。

语义差异量表由美国心理学家Osgood，Suci和Tannenbaum于1957年提出，其基本形式包括一系列对某事物的形容词或其反义词，在每个形容词及其反义词之间有7个区间，要求回答者选择一个区间，以反映其对某事物的观点或态度。研究者可对每个区间进行赋值，通过回答者各项分值的和来了解其整体态度（孙三军，周晓岩，2011）。

（2）观察法。

观察法是指研究者根据一定的研究目的、研究提纲或观察表，用自己的感官和辅助工具去直接观察被研究对象，从而获得资料的一种方法。科学的观察应具有目的性、计划性、客观性、典型性、系统性、可重复性、敏感性等。观察法可以从不同的角度分为多种类型。

①直接观察与间接观察。

观察法按观察手段一般分为直接观察和间接观察两类。直接观察是指直接运用感官所进行的观察活动。这种方法要求条件最低，最容易实施。间接观察是指借助仪器进行的观察。由于感官的局限性，观察高速运动状态、缓慢变动过程等，就需要借助仪器来进行观察。

②实验室观察与实地观察。

根据观察场景的不同，观察法可分为实验室观察和实地观察两类。实验室观察通常是在有各种观察设施的实验室或者经过一定程度控制的活动室、会议室等场所内，对研究对象进行观察[①]，是一种“人为场景”的观察，需要一定的人为控制和情境设定，从而更好地控制、观察和调整相关变量（蔡宁伟，于慧萍，张丽华，2015）。实地观察是在现实社会生活场景中进行的观察，多为非结构式观察，是一种“真实场景”的观察。摒弃人为控制的因素，更加回归自然状态（蔡宁伟 等，2015）。

③参与式观察与非参与式观察。

按照观察者融入情境的差异，又可以将观察法分为参与式观察（participant observation）和非参与式观察（non-participant observation）两类。

参与式观察，也称局内观察，指研究者深入到研究对象所在的情境中，在实际参与研究对象日常社会生活的过程中所进行的观察。根据观察者身份是否公开，可细分为公开性参与式观察和隐蔽性参与式观察。采用公开性参与式观察的方法，在研究场景中公开观察者身份，适用于不涉及特殊内容、特殊群体、特殊情境的研究。优点是在告知被观察者相关的好处及观察者身份的情况下可以获得一定的理解、配合和支持。局限是被观察者得知自己受到研究者的关注后可能会在被观察的过程中改变自己的言行，导致观察结果不准确。采用隐蔽性参与式观察法，则在研究场景中不公开观察者身份，适合调查一些特殊群体、行业或某些特定的研究情境（蔡宁伟 等，2015）。

非参与式观察，又叫局外观察，使用这种方法进行研究，观察者置于所观察的现象和群体之外，完全不参与观察对象的活动，甚至不与观察对象接触，观察对象不知道自己被观察。实验室观察是典型的非参与式观察。非参与式观察得到的数据一般是客观真实的，观察者以客观平和的视角去观察和分析，往往会获得客观中立的观点或结论（蔡宁伟 等，2015）。

---

① 参考链接：https://www.ixueshu.com/document/bf40960f32b0d405318947a18e7f9386.html

④结构式观察与非结构式观察。

根据观察程度的不同，观察法可分为结构式观察与非结构式观察。结构式观察是事先对要观察的内容进行分类并加以标准化、规定要观察的内容和记录方法，所获得的资料大多可进行定量处理和分析。非结构式观察，即开放式观察，没有事先规定要观察的具体内容，不要求专注于某些特定的行为和现象，而是对该场景下的所有行为和现象都进行观察[①]，可以收集到大量资料，包括丰富的照片、视频、录音、图画等，其记录的文字也常以描述性为主。需要观察者根据经验、目的意图对资料进行筛选[②]。

（3）访谈法。

访谈法是研究者通过与研究对象进行口头交谈的方式收集对方有关心理特征和行为数据资料的一种研究方法[③]，具体来讲，就是通过访问者与被访问者间的交流和互动，搜集有关态度、情感、知觉或事实性材料（蒋国珍，张伟远，2004）。

访谈法是质性研究中很常用的一种方法。采用访谈法收集资料，可以对研究对象的情感、态度、动机等进行详细深入的了解；能够灵活地、有针对性地、简单而快速地收集多方面的信息；通过研究者亲自与受访者互动获得的信息具体而准确；能够了解到短期内直接观察不容易发现的情况；运用访谈的方式适用范围较广。因此，访谈法在社会科学研究中被广泛应用。研究者常常将其与问卷调查、观察等调研方法结合起来使用，实现多种调研方法优缺点的互补，从而提高研究的科学性。

访谈按不同的标准可以分为不同的类型，具体如下：

①结构式访谈、非结构式访谈和半结构式访谈[④]。

根据访谈内容及过程是否有结构，访谈可分结构式访谈、非结构式访谈和半结构式访谈（孙三军，周晓岩，2011）。

---

① 参考链接：https://wenku.baidu.com/view/7c31deaab8f3f90f76c66137ee06eff9aef849e1.html

② 参考链接：https://zhuanlan.zhihu.com/p/60952341

③ 参考链接：https://wenku.baidu.com/view/1a955c39770bf78a64295476.html

④ 参考孙三军、周晓岩（2011）和网上资源：https://wenku.baidu.com/view/1a955c39770bf78a64295476.html

结构式访谈也叫封闭型访谈，是按照一定的结构和统一的设计进行的比较正式的访谈。对访谈对象的选择标准和方法、问题的设计、提问的方式和顺序、受访者的回答方式、访谈内容的记录等都有统一的要求。其优点是便于统计分析，可用于量化研究，局限是灵活性差，难以对问题进行深入探讨。

非结构式访谈，也叫开放型访谈，指按照一个粗线条式的访谈提纲进行的非正式的访谈。对访谈对象的条件和访谈问题只有粗略的基本要求，对提问的方式及顺序、受访者的回答方式、访谈的记录方式、访谈的时间和地点等没有统一的要求，访谈者可以根据访谈时的实际情况及受访者的回答灵活地做出调整。有利于问题的拓展和加深，可灵活处理实现没有想到的新问题或新情况等，但对访谈者有较高要求，且难以进行量化分析。

半结构式访谈，也称半开放型访谈，通常有两种类型，一种是问题有结构，但访谈对象的回答方式没有严格要求，可以自由回答预设的访谈问题，也可以通过讨论的方式作答。另一种是访谈问题无结构，即所提的问题及提问顺序、提问方式等比较灵活，但要求受访者按一定的结构作答。

②直接访谈和间接访谈。

按接触方式可以将访谈分为直接访谈和间接访谈。直接访谈指访谈者和受访者在线下面对面进行的口头访谈。间接访谈是指访谈者通过一定的中介进行的访谈，常见的有电话访谈，以及通过在线聊天软件或电子邮件进行的访谈。间接访谈相对比较便捷，同时比较省时省力。

③个别访谈和集体访谈。

根据受访者的人数，访谈又分为个别访谈和集体访谈两类。前者指访谈者和受访者一对一进行交谈；后者指访谈者与多个受访者进行的交谈。

除上述分类之外，访谈还可以根据正式程度分为正规型和非正规型的方法，可以按访谈的次数分为一次性访谈和多次性访谈等。

（4）田野调查。

田野调查，也称“田野研究”。是指实地参与现场的调查研究工作，通常以访谈和观察作为主要调研手段（戴庆厦，罗仁地，汪锋，2008；杨善华，2020）。田野调查是现在人类学和社会学普遍采用的一种调研方法，最初来自人类学的“田野工作”（field work），是人类学特有的研究方法，20世纪初发展成为社会学研究的主要方法之一，后来普及到社会科学的各个领域[①]，如民族学、民俗学、考古学、生态学、环境科学、地理学、语言学等。

2. 实验类方法

实验研究（experimental study）关心的是变量之间的因果关系。通过系统操纵或改变一个变量，观察这种操纵或改变对另一个变量所造成的影响，在此基础上解释变量之间的因果关系（舒华，张亚旭，2008）。实验方法的语言学研究可采用真实验设计或准实验设计（郭纯洁，2015）。

（1）真实验。

真实验是能随机分派被试，完全控制无关干扰来源，能系统地操作自变量的实验（郭纯洁，2015）。常见的真实验设计有被试间设计（包括单因素被试间设计、两因素完全随机实验设计、三因素完全随机实验设计等）、被试内设计（常见的是单因素、两因素和三因素被试内设计）、混合设计（常见的是两因素和三因素混合实验设计）等（舒华，张亚旭，2008）。常用于心理语言学的研究，如语言理解、语言产出、语言习得等。

真实验设计的控制水平很高，操纵和测量变量要求很精确，对实验者和被试都有较高要求，操作上难度相对较大，因此，语言学领域采用真实验的研究相对于其他实证研究要少很多。

（2）准实验。

准实验是相对于真实验而言的，采用一定的操控程序，利用自然场景，灵活地控制实验变量的研究方法。其主要特点是没有采用随机化程序，被试的选择、编组、处理分配等都不是随机安排的，研究者只能对一部分无关变量进行控制，以说明某变量可能是由另一变量引起的。当实验中存在无法严格控制的被试变量（如无法按性别、母语背景、所处语言环境等进行随机分组）或者存在对人的行为有影响但不可控的环境因素时，可采用准实验设计（孙三军，周晓岩，2011），用来尽可能发挥实验研究的优点，抑制其缺点（徐鹰，2018）。

① 参考链接：http://www.360doc.com/content/15/1029/05/27585871_509110967.shtml

3. 测试法

测试法是通过一定的测量工具对语言使用者或语言学习者语言知识、语言能力或语言水平进行客观评价的方法。这种方法是伴随着语言教学的出现而流行起来的，其历史尚不足百年，但目前在应用语言学研究中已被广泛使用（郭纯洁，2015）。

根据理论取向的不同，语言测试方法可以分为传统语言测试、结构主义语言测试、心理–社会语言学测试和交际主义语言测试（郭纯洁，2015）。根据所测语言技能的不同，可分为分立式测试和综合式测试两类。

（1）分立式测试。

分立式测试是建立在结构主义语言学理论基础上的一种测验，它把语言分解成语素、词汇、语法等不同的语言要素或语言点来测，一道试题通常只测一个语言项目。一般采用客观测试题，如多选题、判断题等进行测试。所测语言项目明确，信度较高。偏向于知识测试。

（2）综合式测试。

综合式测试是同时测量多种语言知识和能力的测试方法，被试在答题时往往需要综合运用某些语言知识或技能。通常采用听写、完形填空、写作、朗读、口语表达等方式进行测试。

在经验型语言研究中，常常将测试法和问卷调查结合起来进行研究，研究所用的问卷中既有一般的调查问题，又有有关语言知识、语言能力或语言水平的测试题。或者在一个研究中，采用问卷收集相关数据，同时采用测试卷对所研究的语言知识、语言能力或语言水平进行测试。因此，也有研究者将测试法归为调查法中的一类（如 郭纯洁，2015）。但事实上一些实验研究中也会采用科学的测试方法获得相关变量的数据。因此，我们还是把测试法视为一种不同于调查法和实验法的研究方法，但它可以与这些方法配合使用，或作为这些方法的辅助手段进行数据收集。

4. 资料分析类方法

（1）语料分析。

语言研究中的语料分为内省语料、诱导式语料、语料库语料等类型。内省语料指语言研究者依靠自己的语感杜撰的例句或对句子的可接受性做出的判断。诱导式语料是通过调查、实验等方式，让多位被试产出的语料（比如造句或翻译）或者让多位被试对某些句子做出判断而产生的数据。语料库语料是由出现在真实语境中的书面或口头语句组成的。

一般内省语料常见于理论研究，经验型研究则以诱导式语料和语料库语料为分析对象进行研究。无论是诱导式的语料分析研究，还是基于语料库的语料分析研究，都有偏质性和偏量化两种研究。一般偏量化的语料分析研究都遵循一定的研究程序，对语料的选取和分析方法等都有比较严格的要求，在论文写作中需对语料的来源、处理和分析方法等进行详细介绍。

（2）文献分析。

文献分析类研究包括文献综述、基于文献资料的计量分析、元分析等，其中，元分析和基于文献资料的计量分析是经验型研究中采用的文献分析方法。

①元分析。

元分析（meta-analysis），也称荟萃分析、整合分析等，主要借助统计方法，对同一问题的、相互独立的大量研究结果进行综合分析与评价，从而概括出其研究结果所反映出的共同效应，即普遍性的结论（毛良斌，郑全全，2005）。由于元分析是基于已有研究的再次分析，因此也被称为“分析中的分析”。

在实证研究中，由于受调查、测试或实验条件及其他因素的影响，针对同一问题所进行的研究，不同的研究者不可避免地会得到不一致的结果。如何将不同的研究结果进行科学的整合以得到一个普遍性的结论，是众多科学研究者关注的问题，元分析就是为了适应这一需求而产生的一种研究方法（毛良斌，郑全全，2005）。

元分析充分利用了定性和定量的分析方法，并以得到普遍性的结论为目的，在文献的检索上引入了严格的筛选机制与标准，要求能够取得研究的原始资料，且不局限于已发表的文献；对研究结果的整合以效果量为基础，整合的结果以平均效果量的形式表示（毛良斌，郑全全，2005）。因此，元分析的分析结果客观性和科学性较强，可以解决部分研究的不可重复性问题。可以很好地运用到语言学实证研究，尤其是心理语言学（如语言习得）研究中。

②基于文献资料的计量分析

还有一些经验型的语言学研究采用的是计量分析方法，围绕某个研究问题，通过对从各类文献资料中收集来的数据进行定量分析得出相应的结论。与元分析的区别在于，前者是以实证研究文献为数据来源，针对这些研究的结果进行的再分析。基于文献资料的计量分析研究则对研究数据的文献资料来源没有具体的限制，可以是来自不同类型研究文献的资料，也可以是其他类型的资料，如工具书、词表、大纲、数据库等。

需要注意的是，论文中研究方法的介绍，是要在明确研究类型的基础上介绍具体的数据收集和分析方法，而不是研究类型的简单概述。有时在方法的介绍中我们甚至不提“质性研究”“定量研究”等研究类型，但在写研究方法之前，我们自己必须明确我们的研究属于哪种类型，因为研究类型决定了数据收集和分析方法，以及对这些方法的要求、陈述的规范等。只有先明确研究类型写出来的研究方法才符合其所属研究类型对数据性质和收集方法以及分析方法的要求。

二、论文中研究方法的介绍

经验型研究论文要在研究方法一章详细阐述研究设计的相关内容，陈述要清晰、翔实，尤其是实证研究论文，研究方法部分的写作要达到的目标是保证研究的“可重复性”（张林，刘燊，2020），即保证读者读完这一章后，可详细了解整个研究过程，并能够依据作者的描述重复此项研究（文秋芳，俞洪亮，周维杰，2004）。

一般实证研究论文的方法部分主要内容概括起来包括：（1）被试（或研究对象）；（2）研究设计；（3）变量的观测方法及相关的工具、仪器和材料；（4）研究程序。每部分的标题因具体研究方法的不同而略有差异，但概括起来基本上包括这些要素。除此之外，很多研究还会在研究方法部分详细介绍统计分析工具及具体分析方法，还有些研究需增加对所研究变量的操作定义、预研究、相关伦理问题等内容的介绍。下面以目前语言学研究中常见的经验型研究为例具体介绍研究方法部分的写作。

（一）调查研究类方法的介绍

调查研究主要采用问卷调查、观察、访谈等方式从一个样本中收集资料，并通过对收集到的资料进行分析来认识现象及规律（孙三军，周晓岩，2011）。调查研究根据调查设计和结果的分析方式，可区分为质化和量化两种，质化的调查研究主要介绍调查对象、调查设计（问卷设计、观察方法、访谈方法等）、调查过程。量化的调查研究除了这三个要素，一般还要介绍统计分析方法。

1. 问卷调查

调查研究一般主要采用调查问卷进行研究，这类研究的“研究方法”部分必不可少的三要素（如图8.1所示）：一是调查对象；二是研究工具（问卷设计）；三是调查过程。

二、研究方法及过程
2.1 研究对象
调查对象是中国一所大学学习汉语的留学生及其任课的汉语教师。完成问卷调查的留学生共194人，其中男生81人，女生113人；平均年龄22.2岁，学生来自日本、韩国、俄罗斯、美国、葡萄牙、泰国、德国、哈萨克斯坦等15个国家或地区。其中日本和韩国学生共132人，占总数的78%，留学生分别在初、中、高三个层级学习，学习汉语的时间从3个月到4年不等。完成调查问卷的汉语教师共67人，其中男教师14人，女教师53人；平均年龄35.9岁；平均教龄9.9年。汉语教师中既有专职教师，也有兼职教师，还有任助教的语言学及应用语言学、汉语国际教育专业的研究生。在教师的专业背景中，语言学及应用语言学和汉语国际教育专业的教师为34人，汉语语言学、中国文学、历史、外语、经济等专业的教师共33人。
2.2 研究工具
调查问卷包括三个部分，第一部分是学生和教师的基本信息，第二部分是用莱克特5度量表表示的21个封闭性问题。21个项目的一小部分题目参考了Schulz（2001）和Brown（2000）的问卷，其余大部分科目则是根据Hendreickson（1978）所提出的课堂纠错反馈的5个基本问题设计的，具体如是否应该纠错、谁来纠错、纠正什么错误、什么时机纠错、如何来纠错。这个部分的内容主要用于定量分析，比较汉语师生纠错反馈信念和态度的差异。
第三部分是三个半开放性问题。分别是：1）你对纠错反馈的信念主要来自什么影响？2）你喜欢纠正什么语言错误？为什么？3）你喜欢的纠错反馈策略是什么？为什么？这个部分的答案主要用于定量和定性研究，理解汉语教师和学习者纠错反馈信念的来源和理由。
考虑到汉语学习者汉语水平的不同，由三位以英语、日语和韩语为母语的汉语语言学及应用语言学专业的研究生把中文问卷翻译为英语、日语和韩语。调查问卷采用双语的形式。
2.3 研究过程
调查问卷分为学生卷和教师卷两种，除了个别信息有所不同以外，问卷的内容基本相同。学生问卷首先在高级班30个学生中进行了试验性调查，然后研究者对问卷的一些项目做了调整和修改。正式的调查问卷在不同水平的12个汉语班级发的。共发放调查问卷220份，收回有效问卷104份，有效率为88%。由于学生是在课堂上完成问卷的，一定程度上保证了问卷的回收率和答题质量。教师问卷则采用了当面发放和电子邮件发送两种形式。发出问卷67份，收回67份，有效问卷100%。
收回有效问卷后，研究者首先对第二部分的21个封闭问题进行了数据处理。先对教师和学生的各项得分用SPSS20进行了均值和标准差的统计，并对教师组和学生组的均值进行了独立样本的t检验，考察汉语教师和学习者之间的均值是否存在着统计学意义上的显著差异，确定显著性的p值为0.05，然后对师生均值具有显著差异的项目按照同意/非常同意、不确定、不同意/完全不同意的标准分为三类。考察教师和学生对纠错反馈的信念和态度的具体分布情况，最后对问卷第三个部分的三个多项选择题也进行统计，对两个开放问题答案则进行了分类和归纳。

图8.1 一般问卷调查研究方法写作案例（祖晓梅，马嘉俪，2015）

“调查对象”中必不可少的信息是“调查对象”的数量，其他信息一般根据研究问题来确定。例如图8.1是有关汉语国际教育课堂教学中课堂纠错反馈的信念和态度的研究，通常学生的性别、国别、汉语水平等因素都会影响其对课堂反馈的信念和态度，教师的性别、专业背景等会在一定程度上决定其所采用的课堂纠错方式，因此该论文在“调查对象”部分详细地介绍了这些信息及对应的数据。

“研究工具（问卷设计）”是用来介绍调查问卷的具体设计，直接决定着研究的科学性、可重复性，以及研究结果的信度和效度，这部分内容的介绍要做到条理清楚、内容全面、表述严谨。主要内容有：（1）问卷的框架。即问卷包括哪几部分内容，需要注意的是，问卷的框架介绍是要经过概括的，而不是把问卷内容照搬过来。（2）题型。调查问卷的题型有很多种，包括选择题、判断题、封闭性的问题、开放或半开放性的问题、量表等，不同的题型适合调查不同的问题，因此题型的选择很关键，也是必须在“研究工具”部分表述清楚的。问卷中涉及的所有题型都要分别加以说明，一般要交代的内容是：题型（可以分别举一个例子，而不是把所有题目列出来）；该题型的调查内容和目的；选用该题型调查这些内容和目的的原因或依据等。如果涉及多种研究工具，也要分别进行介绍（如图8.2）。

“调查过程”主要介绍调查问卷的形式、发放方式或途径，以及具体的操作过程等。问卷调查一般可以纸质问卷或电子问卷的形式发放。纸质问卷的发放和完成一般有两种方式：一是发给研究对象带回去做，不限定时间、地点等，做完以后交回即可；二是在固定的场所（例如教室）发放，并要求在限定时间内完成。通常选用第二种方式，因为第一种方式不可控的因素较多，会影响调查结果的真实性。电子问卷的发放途径则很多，例如可以利用“问卷星”等在线调研工具发放，或者直接通过邮件、QQ、微信等社交平台发送。采用不同的形式和发放方式/途径，都会给研究结果带来不同的影响。因此需要逐一进行介绍。

除了上述必不可少的三大要素，量化的调查研究中结果的统计分析方法也很重要，用不同的统计分析方法，对调查结果的显著性、结论的深度等方面的把握有直接的影响，并且统计分析本身也属于研究方法中的一部分，因此很多调查研究的论文也会加上统计分析工具及分析方法的介绍（如图8.2所示）。

2 研究方法
2.1 被试
2.2 研究工具
2.2.1 人口统计学变量调查表
2.2.2 母亲生活事件量表
2.2.3 Alabama 教养问卷学前版（Alabama parenting Questionnaire–Preschool Version）
2.2.4 儿童行为问卷简版（Children' s Behavior Questionnaire–Short Form）
2.2.5 儿童长处和困难问卷（Strengths and Difficulties Questionnaire, SDQ）
2.3 研究程序
2.4 数据处理

图8.2 来自郝叶芳等（2019）

图8.2的例子中，"2.4数据处理"部分详细介绍了该研究的数据分析工具和分析方法，以及分析方法的优点。

2. 观察研究

采用观察法进行研究，应介绍观察对象、观察内容、观察方式（参与性观察还是非参与性观察、结构性观察还是非结构性观察、连续性观察还是非连续性观察、自然观察还是实验观察）、观察的施行（使用的仪器或设备、具体观察过程、观察内容的记录）、观察资料的整理和分析方法等。

由于观察法受时间、观察对象、观察者等因素的限制，一般只能观察到外表现象且不适用于大规模的调查研究，很少有研究仅靠观察法得出结论，而是将其与问卷调查、访谈等方法结合起来进行研究（详见下文表8.3中的研究设计内容提纲案例）。

3. 访谈研究

同问卷调查类似，用访谈的方式进行研究需要介绍的"研究方法"三要素是：（1）访谈对象；（2）访谈设计；（3）访谈过程。其中，访谈对象主要介绍与研究相关的受访谈者信息。访谈设计中应详细介绍访谈的目的与相关变量、访谈问题的设计（包括访谈问题的形式、具体访谈问题的编制、访谈问题反映方式的设计）等。访谈过程主要介绍访谈形式（如电话访谈、面对面访谈等）、访谈的时间地点、访谈记录方式（如笔记、录音、录像）等。

除了这三个要素，如果对访谈者有较高要求的访谈研究，应增加与研究内容关系密切、会影响到研究结果的访谈者信息及培训情况等。必要时还需对访谈结果的整理和分析方法进行补充说明。访谈研究的方法部分内容提纲案例如表8.2所示。

表 8.2 访谈设计的内容提纲案例

篇名（作者，发表时间）	研究方法部分的内容提纲
基于不同居住类型的双语态度实证研究（邬美丽，2015）	（一）调查对象的选择 （二）受访者基本情况 （三）资料收集方法 （四）数据分析
对英语专业学生小组电子翻译作业的在线访谈研究（张秋云，朱英汉，2015）	研究准备与设计 一、访谈目的 二、访谈方式 三、访谈对象 四、提问提纲 五、访谈步骤 六、可能遇到的问题 七、设想解决的途径 八、访谈涉及的工具 / 仪器

因访谈法具有对访谈者要求较高、费时费力、资料难以量化等局限，故只用访谈法进行的研究越来越少，一般与问卷调查、观察等方法配合使用。在研究方法的介绍中应对问卷设计、观察设计及访谈设计都进行详细说明，如表8.3的案例。

表 8.3 多种调查方法配合使用的研究设计内容提纲案例

篇名（作者，发表时间）	研究方法部分的内容提纲
移动学习视域下“百词斩”对大学生英语单词学习影响的调查研究（曹进，邓向姣，2019）	3 研究设计 3.1 研究问题 3.2 研究对象 3.3 研究方法 （分别介绍问卷设计和访谈设计） 3.4 数据分析

（续表）

篇名（作者，发表时间）	研究方法部分的内容提纲
“立体化教材 + 互联网资源”驱动的大学英语教学设计研究（杨港，2019）	3　研究设计 3.1 研究问题 3.2 研究对象 3.3 研究方法与工具 （分别介绍问卷设计、访谈设计和观察设计）
多媒体课件在幼儿园语言教学活动中的应用现状研究——以胶州市某幼儿园为例（杜宜展，邱慧，2021）	（二）研究方法 1. 问卷法 2. 课堂观察法 3. 访谈法

（二）实验类方法的介绍

上文中介绍了实验法包括真实验设计和准实验设计，无论是真实验设计，还是准实验设计，在论文写作中都须按学界公认的规范详细介绍被试、实验设计、实验材料、研究仪器和程序。“被试”的介绍同调查研究中“调查对象”的介绍一样，除了被试数量，其他具体介绍哪些信息取决于研究问题。实验设计主要介绍具体的研究设计、相关的变量等。“实验材料”具体介绍实验所用材料的类型、数量、特征及相关数据等，具体信息由“实验设计”决定。“仪器和程序”部分主要介绍实验所用仪器（包括仪器名称、型号等信息）及软件（名称、版本等）、实验场所（包括场所名称、特点等）、被试要做的任务和要求、实验的具体程序等。

3. 研究方法
3.1 被试
42 名 XXX 大学学生，母语为汉语，普通话水平均在二级甲等以上；男女比例为 9:33；年龄分布为 17–36 岁（平均 24 岁）；方言背景随机，基本覆盖七大方言区；视力、听力均正常。
3.2 实验设计
实验采用 2×2×2 三因素被试内实验设计。因素一为音节的邻域密度（A），分高、低两个水平（A1、A2）；因素二为载字量（B），分高、低两个水平（B1、B2）；因素三为音节频率（C），也分高、低两个水平（C1、C2）；因变量为正确率和反应时。
3.3 实验材料
实验材料包括 160 个成词真音节和 160 个假音节。真音节是汉语中存在的音节，假音节为结构符合汉语音节的声韵组合和拼读规则，但汉语普通话音节中不存在的语音结构，如 kan2 等，由声母 k 和韵母 an 加上 2 声构成，符合汉语音节的声韵组合和拼读规则，但汉语中不存在这个音节。真音节的数据如表 1 所示。

表 1　实验分组材料的平均值和例子（括号内为标准差）

组别	邻域密度（个）	载字量（个）	频率（万分之）	例子
A1B1C1	22.25（2.59）	17.95（13.69）	17.08（15.73）	chang2
A1B1C2	21.1（2.73）	13.65（5.43）	3.54（1.82）	bang4
A1B2C1	22.3（3.51）	5.55（2.16）	14.76（12.23）	chang3
A1B2C2	20.55（2.44）	3.2（1.91）	2.41（2.26）	kang4
A2B1C1	10（1.9）	16.6（9.38）	18.12（11.27）	yang2
A2B1C2	9.1（2.42）	12.75（3.02）	2.85（2.19）	liang2
A2B2C1	9.7（1.78）	5.65（1.87）	21.35（11.97）	cong2
A2B2C2	9.35（1.98）	3.05（1.88）	1.89（2.36）	qiang3

对真音节邻域密度进行方差分析，邻域密度组别主效应显著，$F(7, 152)=460.735$，$p<0.0005$。多重比较结果显示，高邻域密度的四组音节邻域密度分别显著高于低邻域密度的四组音节（均为 $p<0.0005$）。高邻域密度的四个组两两之间邻域密度差异不显著（分别为 $p=0.823$，$p=1.000$，$p=0.375$；$p=0.789$；$p=0.997$；$p=0.337$）；低邻域密度的四个组两两之间邻域密度差异不显著（分别为 $p=0.959$；$p=1.000$；$p=0.995$；$p=0.995$；$p=1.000$；$p=1.000$）。对载字量进行方差分析，结果显示，载字量组别的主效应显著，$F(7, 152)=18.925$，$p<0.0005$。多重比较的结果显示，高载字量的四组音节载字量分别显著高于低载字量的四组音节（都在 $p<0.05$ 的范围内）。高载字量的四组两两之间载字量差异不显著（分别为 $p=0.404$；$p=1.000$；$p=0.175$；$p=0.602$；$p=1.000$；$p=0.315$）；低载字量的四组两两之间载字量差异不显著（分别为 $p=0.942$；$p=1.000$；$p=0.920$；$p=0.928$；$p=1.000$；$p=0.903$）。对频度进行方差分析，结果显示，音节频率的主效应显著，$F(7, 152)=16.096$，$p<0.0005$。高频的四组音节频度分别显著高于低频的四组音节（都在 $p<0.05$ 范围内）。高频的四个组两两之间频度差异不显著（分别为 $p=0.993$；$p=1.000$；$p=0.828$；$p=0.945$；$p=0.528$；$p=0.959$）；低频的四个组两两之间频度差异不显著（分别为 $p=1.000$；$p=1.000$；$p=0.999$；$p=1.000$；$p=1.000$；$p=1.000$）。自变量值的分布符合该实验设计

邻域频度和邻域载字量为控制变量，组间差异均不显著（均为 $p>0.05$）。另外，八组材料间的音节长度、结构的分布也大致相当。160 个真音节和 160 个假音节进行随机排列，并确保相邻音节之间不构成词。所有变量的值和相关因素得到了很好控制。

所有真假音节的音频均来自汉语普通话水平为一级乙等（96 分）的女发音人，均为在隔音的录音室用专业设备录制的 wav 语音文件。

3.4　仪器和程序

用 E-Prime1.1 呈现听觉刺激并记录被试的反应信息，实验仪器为 Thinkpad T440 笔记本电脑，情声 QS-2691 头戴式大耳罩耳机。

实验采用个别施测的方式，在安静的房间里进行。被试在电脑前坐好以后，要求其把左手食指放在贴着"×"的 F 键上，用来对假音节作判断，右手食指放在贴着"√"的 J 键上，用来对真音节作判断。具体的实验过程如图 1 所示。

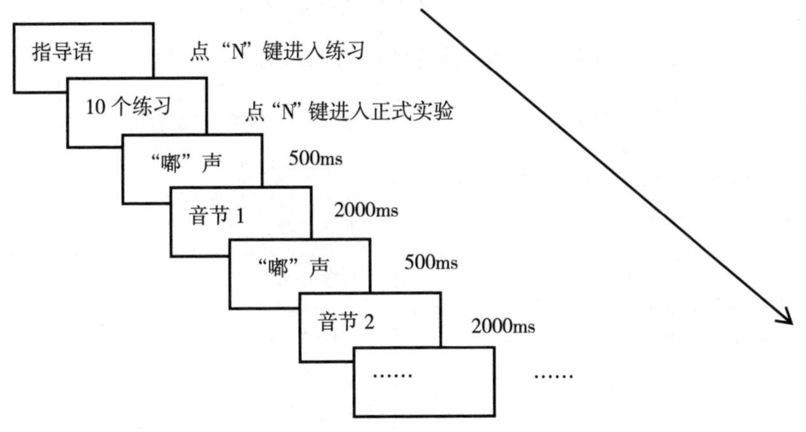

图1 练习和正式实验过程

实验过程中，要求被试又快又准地对目标刺激做出按键反应，被试做出反应后立即跳到下一个音节，若没有在 2000ms 之内做出反应，系统会自动记录为没有反应（统计中将记为错误反应），并跳至下一个刺激。所有被试在正式实验前要进行 10 个练习，练习的正确率达 80% 以上才能进入正式实验。每名被试要判断完全部 320 个刺激，实验时长约 12 分钟。

图8.3　实验研究方法写作案例（来自李梅秀，2015）

（三）资料分析类方法的介绍

1. 语料分析的方法介绍

（1）质化的语料分析方法介绍。

一些质化的语料分析研究侧重于理论分析，研究者通过观察大量不同来源的语料，发挥创造性思维，利用自己的直觉，将具体的发现升至理论层面，并用实际语例进行举证。其研究过程无论在语料收集还是分析上都没有事先规定的严格程序，许多采用质化语料分析方法的研究不单独介绍研究方法，而是直接在呈现分析结果时给出真实语例加以说明或论证，如果语料有特定的出处，例如来自文学作品、语料库等，则一般在语例末尾加上其出处。

另一些质化的语料分析则侧重语言现象的描述分析，例如某些语言现象的分布规律、某种体裁的语言特征等。这类研究虽然属于质化分析，但语料来源，相关属性的标注，以及分布比例、频率等数据统计分析方法，都直接影响到研究结果的科学性。因此，应系统介绍研究方法，包括语料来源、语料处理和分析方法等要素。相关案例如表8.4所示。

表 8.4　质化的语料分析研究方法内容提纲案例

篇名（作者，发表时间）	研究方法部分的内容提纲
现代汉语通感隐喻的映射模型与制约机制（赵青青，黄居仁，2018）	二 语料搜集与标注 2.1 语料来源与搜集标准 2.2 语料标注
语料库驱动下现代汉语“一起”的义项分立研究（曹蓉，2019）	2. 研究方法 2.1 语料介绍 2.2 研究对象 2.3 研究步骤
中高级阶段韩国留学生汉语篇章第三人称回指的习得研究（李榕，王元鑫，2021）	二 中高级水平韩国留学生中介语语料收集与标注 2.1 语料收集及学生信息 2.2 语料的鉴定与标注

（2）量化的语料分析方法介绍。

量化的语料分析研究中，研究方法的介绍应包括相关变量的操作定义及测量工具、语料来源、语料处理、数据分析等要素。

①操作定义及测量工具。

操作定义是指对一个变量根据测定它的程序所下的具体的、明确的定义（舒华，张亚旭，2008）。量化的语料分析研究往往涉及一些测量指标、通过语料统计获得数据的变量或通过公式进行计算的变量等，这些指标或变量在研究方法部分应给出具体的操作定义。例如，吴继峰（2016）有关英语母语者汉语写作词汇丰富性发展的研究中根据测定方法给词汇复杂性下的操作定义是“每篇作文中使用《大纲》甲、乙、丙、丁四级词及《大纲》未收录词的形符（token）总数分别占每篇作文形符总数的比例”。

一些研究中会使用特定的测量工具测定相关的变量，也需要在研究方法部分进行介绍，例如，很多文本质量研究中的词汇丰富性指标一般采用Jarvis（2002：59）的Uber index计算公式测定，这些研究在介绍词汇丰富性指标时都详细介绍这个公式。

②语料来源。

语料来源一般有两种：一种来自现有的语料库，另一种是研究者自己收集的语料。如果研究使用的语料来自现有的语料库，需介绍语料库基本信息（包括语料库名称、规模、包含语料类型、特点、相关链接等）、语料的抽取方法、抽取的语料数量等。如果语料是研究者自己收集的，需介绍语料收集方法（包括采集语料的对象、采集方案、采集过程等）、语料数量等。

③语料处理。

一般情况下，无论从现有的语料库中提取语料，还是自己收集语料进行研究，都要根据研究的需要对提取或收集的语料进行筛选、标注、评价等，也要在研究方法部分详细进行介绍。

④数据分析。

在量化的语料分析中，数据的统计分析方法恰当与否，直接决定了研究结果的科学性，因此，对处理后得到的语料数据，采用什么工具和方法进行统计分析也应交代清楚。有些研究未在方法部分对数据分析方法进行介绍，则在结果的报告中进行说明。

以上是量化的语料分析研究在研究方法部分应该介绍的关键要素，除此之外，可根据具体的研究问题添加其他与研究方法相关的内容。量化的语料分析研究方法写作内容框架如表8.5所示。

表 8.5　量化的语料分析研究方法内容提纲案例

篇名（作者，发表时间）	研究方法部分的内容提纲
不同颗粒度句法复杂度指标与写作质量关系对比研究（吴继峰，陆小飞，2021）	二、研究设计 （一）研究问题 （二）测量指标及操作定义 1. 粗粒度指标 2. 细粒度指标 （三）语料来源和学生分级标准 （四）写作评估方法 （五）语料分析步骤 （六）数据分析步骤
英语母语者汉语写作中的词汇丰富性发展研究（吴继峰，2016）	二、研究设计 2.1 研究问题 2.2 语料来源和学生分级标准 2.3 词汇丰富性测量工具 1）词汇变化性测量工具 2）词汇复杂性测量工具 3）词汇密度测量工具 4）词汇错误测量方法
词语混淆中母语影响的综合性探证方法——语料库、语言测试、回顾性访谈的三角检测（张连跃，郑航，2021）	二、英语者特异性混淆词语的语料库探查 2.1 理论依据 2.2 语料来源 2.3 操作步骤 2.3.1 筛选英语者易混淆词语 2.3.1.1 查检全部误例，提取成对混淆词语 2.3.1.2 提取高频混淆词语 2.3.1.3 合并单双向误用词语 2.3.1.4 依据常用度和混淆分布确定易混淆词语 2.3.2 甄别英语者特异性混淆词语 2.3.2.1 依据词语混淆共核度筛选特有混淆词语 2.3.2.2 依据其他方式

2. 文献资料分析的方法介绍

上文中已经提到过，文献分析类研究包括文献综述、元分析、基于文献资料的计量分析等。其中元分析和基于文献资料的定量研究属于经验型研究，应详细介绍所研究的文献资料、具体的研究方法及研究过程等。

（1）元分析的方法介绍。

元分析的方法部分要介绍的基本要素有研究文献、文献的选取、文献编码和分析过程，其他内容根据具体的研究增减。参考提纲如表8.6所示。

表 8.6　元分析的方法内容提纲案例

篇名（作者，发表时间）	研究方法部分的内容提纲
汉语二语阅读中词汇附带习得研究的元分析（侯晓明，2018）	三、元分析实施程序 3.1 确定研究问题 3.2 搜选原始文献 3.3 进行文献编码 3.4 数据汇总分析
中国背景下自我效能感与心理健康的元分析（李松 等，2019）	2 对象与方法 2.1 文献检索 2.2 文献选取的标准 2.3 文献编码 2.4 元分析过程

（2）基于文献资料的定量分析方法介绍。

基于文献资料的定量研究方法的介绍要素主要有文献资料和分析方法。文献资料的介绍包括文献名称、来源、特点等；分析方法包括分析内容的提取、分析手段或分析工具、具体的分析步骤等。

第二节　研究结果的写作

一、什么是研究结果

研究结果是通过科学的研究方法观察到的现象、特征、规律等，学术论文的结果部分直接、明确地呈现出该研究所得的各项结果，是实证研究报告的主要内容之一（中国心理学会，2016）。

二、研究结果的写作原则和步骤

（一）研究结果的写作原则

1. 全面原则

在论文的研究结果部分，要把经过分析和总结归纳之后获得的所有与研究问题相关的重要结果都报告出来，包括针对研究问题获得的结果，以及新的发现等，不能遗漏或故意隐藏不符合预期的或不好解释的结果。

2. 概括原则

在报告研究结果时，要遵循全面原则，但这里的全面是针对分析和总结归纳获得的结果而言。对于研究获得的个人分数、原始分数等原始数据，除了举例的需要之外，则不应一一列出。例如，报告通过问卷调查得到的结果时，不能依次具体报告每个研究对象的答案，也不能一道题一道题进行答题情况的统计和报告，而是按事先设计好的调查内容，报告每一类内容的答题情况；在报告实验研究的结果时，也不能一个被试一个被试列出实验结果，也不能一个任务一个任务详细地报告数据，而是根据事先提出的问题，按变量对数据进行分类汇总，然后通过恰当的统计分析方法分析得出描述性统计结果以及变量之间的关系、各变量效应的显著性等，再报告分析得到的这些描述性结果、关系、显著性等。

原始数据、研究材料的具体内容或详细数据、研究对象的属性等比较重要，但不需要一一在文中报告的内容，可以附录的形式附在文章末尾，参考文献之后。

3. 准确原则

研究结果的报告，无论是以数字、符号、逻辑关系式、图形还是表格的形式呈现，都要做到准确清楚（具体的呈现规范详见第十章）、数据等完整无误。另外，在定量研究中，如果研究方法部分没有介绍统计分析方法，那么在呈现研究结果之前，要先介绍对应的具体统计分析方法，在具体结果的报告中，应报告统计量的精确值及其附加信息，如t值、F值、显著水平等（张林，刘燊，2020）。

另外，要准确地表达统计含义与专业含义（张林，刘燊，2020）。统计含义是指统计结果所体现的逻辑含义，专业含义是指从所研究专业角度来讲统计结果所表现的具体含义。例如，在教学方法实验中，对A班采用传统方法进行生词教学，对B班则在传统方法的基础上，融入了新的教学手段，两个班生词测试成绩的独立样本t检验结果显著，且B班平均分高于A班，那么这个统计检验结果的统计含义是“B班的生词测试成绩显著高于A班”，专业含义是“融入新的教学手段有效提高了生词教学效果”。

4. 直接原则

在结果的报告中，应直接呈现分析归纳得到的结果，即研究结果是“A”，就应该报告“A”，不能报告成“A’”或“B”。通常实证研究，尤其是实验研究，结果的写作都遵守“如实”汇报的基本原则（张林，刘燊，2020）。文字表述尽可能采用通过字面意思传达的方式进行陈述，文字无法说清楚的，尽可能配合符号、逻辑关系式、图形、表格等，以非常直观的方式呈现出来。另外，也不应报告对研究结果的详细解释、评价或推论，以及相关的建议等，这些内容应在讨论部分进行论述。

（二）研究结果的写作步骤

研究结果的写作可以参考以下步骤：

第一步，根据研究问题或研究假设，分析并归纳整理出结果。

第二步，综合分析整理出的结果，确定多个结果之间的关系以及重要性等。

第三步，按照整理好的关系或重要性拟定报告提纲（参考本节“研究结果的组织结构”部分）。

第四步，按照拟定的提纲依次进行报告。

第五步，检查文字及数字、符号、逻辑关系式、图形、表格是否规范，内容是否准确，报告是否清晰易懂，整体结构是否合理，并针对有问题的地方进行修改。

三、研究结果的组织结构

一项研究一般会得到若干项结果，在研究结果的报告中，应合理地安排报告的顺序，做到重点突出、层次分明、组织清晰（张林，刘燊，2020）。一般有按内容进行组织和按分析方法进行组织两种。

（一）按内容组织

1. 按研究问题的顺序报告对应的结果

通常一个研究会分解成几个子问题进行研究，每个问题会得到一个对应的结果，在报告这样的研究结果时，可以按前文所陈述的问题顺序，依次报告对应的研究结果。

2. 按结果之间的逻辑关系排序

有些研究所得结果之间存在一定的逻辑关系，有时一个结果是在另一个结果的基础上得到的，或者在认知上对一个结果的理解需要建立在对另一个结果的理解基础上，那么要按结果间的逻辑关系或认知顺序进行排列。

3. 按重要性排序

有些研究结果之间可能没有明显的逻辑关系，但有重要程度的区别，例如有些结果是用来检验核心假设或回答核心问题的，而有些是顺带的发现，或附属性的分析结果，那么应该先报告前者，再报告后者。

（二）按分析方法组织

一般既有描述统计结果又有推论统计结果，那么应该先报告描述统计结果，后报告推论统计结果；有相关分析和回归分析的结果，那么相关分析在回归分析前；如果有单变量的描述统计结果和多变量关系的描述统计结果，那么一般单变量的描述统计结果在前。有些研究结果总体上就分为上述类型中的两种分析结果，那么研究结果的报告就先报告描述统计、相关分析或单变量的描述统计结果。这本质上也是按研究结果之间的逻辑关系进行的排序（张林，刘燊，2020）。如郝美玲（2018）的研究，结果部分的提纲如下表所示。

表 8.7　按分析方法组织的研究结果案例

三　数据分析与结果
3.1 描述性统计与相关分析
3.2 多元线性回归分析

以上是结果部分常见的组织结构，总体上讲，结果报告的顺序应与问题

提出和讨论的表述顺序或思路相协调（张林，刘燊，2020），从而保证全文能够前后呼应，逻辑清晰。

四、研究结果的呈现形式

研究结果的呈现形式有文字（含例句）、数字、符号、公式、表格、图形等，文字是最基本的形式。在计量研究中要报告一些数据，通常以数字的形式呈现，还有语音等方面的研究会涉及相关的符号，甚至语言学研究中会得到一些公式型的结果需要用公式的形式展现出来，经验类研究中则常常涉及到表格和图形，表格包括数据类表格和非数据类表格，图形则包括插图、关系图、流程图、数据图等。大部分的实证研究都会用到数据类表格或数据图。公式、表格、图形等能够帮助我们用很直观的方式将研究结果呈现给读者。例句、公式、表格、图形等在学术论文中的呈现规范将在第十章详细介绍，此处不予赘述。

第三节 讨论部分的写作

一、讨论部分的重要性

“讨论”（或“综合讨论”），是论文中至关重要的一个部分，“讨论”的质量在某种程度上决定了论文的高度和深度。“讨论”部分也是论文中除去“引言”（含文献综述）以外最难写、最能体现作者学术功底和论文写作能力的一个部分。

二、讨论部分的特点

（一）针对性

论文的“讨论”是针对本研究的研究问题、研究目的、研究方法和所得结果进行的深度分析、解读和评价，讨论涉及的任何内容都应紧紧围绕本研究课题的上述内容而展开。

（二）关联性

1. 背景关联

研究的讨论需把当前的研究融入相关的背景中去分析和阐释，让读者明白我们是在什么样的背景、什么样的“对话”环境中探讨这些问题。一般通过重述研究背景[①]或在讨论中以间接论述的方式来反映相关研究背景。好的“讨论”应该能让没有完整读过“引言”的读者也能够通过“讨论”部分的阅读了解到相关背景。

背景关联的主要目的是限定讨论的范围。我们在进行语言交流的过程中，每一句话的意义和功能通常是由相关的语境决定的，与此类似，研究是否有价值、观点成立与否往往取决于研究和讨论的背景范围。例如，我们在不限定任何背景范围的情境下去分析一个未成年个体的肥胖原因，是没有什么学术价值的，但我们把它放在医学、营养学或社会学领域，在当前未成年人的肥胖已成为普遍问题并且需要解决的背景下去谈论，那么这个问题就有了一定的学术价值，最后通过研究得到的结论、相关的建议等也只有在这个背景下才有意义。

2. 文内关联

“讨论”的文内关联体现在两方面：一是“讨论”的内容均与本研究的研究问题、研究目的、研究方法、研究结果等紧密相关，在“针对性”特点中已有详细论述，此处不再赘述。二是“讨论”与“引言”相互呼应。“引言”主要是提出问题和解决思路，具体来讲是论证为什么要研究这个问题、为什么用这样的思路方法进行研究。“讨论”主要是回答“引言”提出来的问题，具体来说是通过对研究所得客观结果的分析、推理和评估，科学地回答“引言”中提出的问题。以去医院看病为例，首先通过患者看病的目的、症状的描述、可能与症状相关的生活事件和医生的判断，初步确定要用哪些方法、

① 一般在“引言”部分就有研究背景的介绍，因此“讨论”中是重述。

针对哪些可能的问题进行检查，这个过程虽然医生不会像论文“引言”那样，通过大量的文献或相关资料的引用来论证自己的假设和诊断思路，但分析判断的过程大致相似。然后患者按医生的指示进行血常规化验、B超等各类检查，这个过程相当于具体研究的实施过程。接着，患者拿着各种检查结果来找医生，这时候医生会告诉患者检查结果中显示哪些身体部位或哪些化验指标有明显的问题，这是医生对检查结果的客观描述，相当于研究中的“结果”部分。再接着，医生可能重申一遍里面明显有问题的结果，针对这些结果，结合自己的医学知识和患者事先描述的症状来分析病情、致病原因，在此基础上提出治疗方案、患者需要注意的事项、需要进一步检查的项目等，这个过程相当于论文的“讨论”部分。最后给患者提供一个有关其病情的总结性结论，这个部分相当于“结论”。

在上述例子中，医生分析病情和致病原因并提出相关建议的过程，就是科学回答初步诊断中提出的问题，在内容上和逻辑上都是与第一步中提出的问题和相关论述相互呼应的。例如对结果的分析是结合最初患者提供的症状进行的，关于致病原因的分析也是结合患者开始时提到的生活情况进行的，如此等等，这些分析在内容上与最初问题的提出和诊断方案的确定都是相呼应的。同时，在分析的过程中，问题和答案之间是有严密逻辑关系的，否则就会得出错误的结论，因此，在逻辑上也是前后呼应的。学术论文中的“讨论”大至也是以这样的思路分析并回答“引言”中提出的问题。

3. 研究或理论关联

在讨论的过程中，还要将当前的研究与已有相关研究或理论结合起来进行讨论。目的有二：一是定位当前研究；二是对当前研究进行理论升华。

定位当前研究，就是告诉读者当前研究处在什么样的位置：①当前研究处在该论题研究的什么阶段或水平上？与已有相关研究相比，有哪些新的进展？在理论上有什么新的贡献？等等。这是纵向的定位。②填补了已有研究的什么空白？与已有研究或相关理论有什么样的关联？等等。这是横向的定位。通常，讨论中要进行纵向和横向的综合对比分析，对当前研究及所得结果作出综合的定位。

这与引言部分对选题的定位是相互呼应的，引言中主要是对研究问题进行定位，以明确研究问题依托的“大环境”、在相关研究中的位置、出发点和问题走向等。讨论部分则是针对整个研究，尤其侧重对研究成果（结果、贡献）的定位。

在讨论中，我们还要站在理论的高度去解读和审视研究结果，将研究问题上升到理论的高度，挖掘现象背后的本质，而不是就现象论现象。

（三）综合性

“讨论”与“引言”（或文献综述）一样，也具有综合性。通过对研究结果进行纵横交错的对比、多维度的分析来得出结论，并结合相关的研究和理论对当前研究进行科学的评价。

讨论部分的写作最能体现作者的综合学术水平，包括对相关研究和理论的把握、知识的广度和深度、逻辑思维能力、批判性思维能力和论文写作水平等，都能在“讨论”中体现出来。

（四）评价性

“讨论”部分的对比分析、结果解读、推论、研究的评价、展望等处处都包含了评价。对比分析中包含了对相关研究和当前研究的评价，结果的解读中包含了对结果说明什么问题、所得结论是否能够科学回答提出的问题等方面的评估，本研究的优点（价值、创新点等）和局限的分析本身也是一种评价。

三、讨论部分的主要内容及作用

“讨论”是论文中不可或缺的内容，与论文中各个部分都有紧密的关联，是与各部分相互呼应的。但从内容的完整性上讲它又是一个独立的完整体。好的“讨论”应该能让读者完整地掌握当前研究主要解决的问题、解决的方法及得到的主要结果；对所得结果作者是如何解读以及放在何种“语境”下解读的；当前研究是站在什么样的位置上做，与相关研究或理论的关系如何；研究的亮点和意义是什么；研究的不足及改进的办法；需进一步解决的问题或研究前景等。概括起来主要应该包含以下几方面内容：

（一）重申研究问题，总结主要结果

在进行具体的讨论之前，首先要明确讨论的是什么问题，针对什么结果来讨论。虽然一般在“引言”部分已经明确提出了研究问题或研究假设，在“研究结果”部分已经对所得结果进行了客观详细的介绍，但有时候读者是在没有完整阅读前文内容的情况下直接阅读“讨论”的，即使读了前文的内容，也有可能对问题和结果的把握不太清晰。因此，在讨论开始之前，再一次用简洁明了的语言概括研究问题和主要结果是必要的。这样就省去了读者自己查阅和总结概括的麻烦，同时有利于读者抓住讨论的思路，集中注意理解讨论的重点内容，最终有助于作者和读者之间的“互动交流”，从而将自己的核心观点、研究亮点、结论的科学性等完美地呈现给读者。

这部分内容的呈现通常用简短的一个自然段完成。问题的重申要简洁明了，结果的呈现要高度概括、重点突出，一般总结主要结果，包括用以回答研究问题的结果，以及其他相关的重要发现。例如“本研究利用语音编辑合成技术和言语理解实验，考察了不同背景噪音对汉语母语者和二语学习者言语理解的影响，发现：无论是对于哪种被试，背景噪音的干扰作用都没有表现出从能量掩蔽到信息掩蔽的简单梯度效应；背景噪音所包含的词汇语义信息对母语者和二语学习者的言语理解都会带来明显干扰，但其所包含的整句语义信息并不会对二语学习者的言语理解带来额外影响；初级和高级汉语水平学习者仅在词列句条件下的差异不显著，其他条件下的差异都显著。研究结果表明背景噪音对二语学习者言语理解的影响既受到噪音本身所包含信息类型的制约，也受到学习者汉语水平的调节”（张林军，2017）。

（二）研究结果的解读

实证性的研究得到的结果往往是一些通过数据反映出来的客观规律或特点，它们是不能直接用来回答研究问题的。这就好比患者从医院拿到的“什么指标偏高”“什么指标偏低”一类化验结果不能直接作为诊断结论，医生必须要结合自己的知识和经验、患者的症状等进行综合分析，对化验结果作出

患者能听懂的解读，之后给患者指出“你这是身体哪里哪里出问题”“你得了什么什么病”，才真正回答了患者“我得了什么病”“我的身体出了什么毛病”一类的问题。与此类似，论文的“讨论”中，我们要经过合理的分析和逻辑推理、表述方式的转换等，以读者能够理解的思路来回答我们的研究问题。

（三）综合性的关联分析

综合性的关联分析主要从当前研究与已有研究的纵横对比、与相关理论的关联、相关问题的多维探讨等方面进行。

（1）与已有研究的纵横对比。

与已有研究的对比一方面从纵向上进行，通过纵向的对比告诉读者，我们是站在什么样的研究阶段或水平上往前走的。另一方面是从横向上进行比较，告诉读者在目前研究现状的这一平面上，我们处于什么样的平面位置，具体来讲就是通过本研究结果与已有研究结果的对比告诉读者，我们解决了当前的什么争论，在已有研究基础上有什么进展，或者以“拼图”的方式建立当前研究与已有研究的“拼接”关系，来告诉读者我们填补了哪些空白。这一部分的讨论除了客观上告诉读者上述信息，还间接地凸显了当前研究的贡献和创新性。

例如：

> 本研究还发现留学生在加工汉字的时候能够利用声旁读音信息，这与以前汉语儿童的研究结论一致（舒华，曾红梅，1996）。（郝美玲，2018）
>
> 本研究还发现留学生在进行汉字命名的时候同样也受到汉字语义的影响。以往的研究表明深层文字比浅层文字中的词汇命名任务更多地受到语义的影响。比如，Roman & Baluch（2001）发现……。Shibaharaetal（2003）也有类似发现……。Shibaharaetal（2003）同时还发现……。Liuetal（2007）也发现……。本研究采用语义具体性指标，发现留学生在进行汉字命名时同样存在语义效应。（郝美玲，2018）

（2）与相关理论的关联。

经验研究与理论研究也不是截然分开的，往往需要相应的理论作为指导思想，对研究结果的讨论和解读，一般也需上升到理论层面。因此，经验型研究的讨论部分，常常会借助相关理论去解读研究结果，或根据研究结果去反思某些理论，这就是与相关理论关联的讨论。这样的讨论一方面能够加深我们对当前研究及所得结果的理解，另一方面，也能够提升论文的理论高度。

（3）相关问题的多维探讨。

除了与已有研究和相关理论进行关联，讨论部分还可以根据具体的研究问题、研究结果等从多种维度进行讨论，例如实践方面的思考和建议、相关现象的关联等。

（四）研究的评价

讨论部分一般要包含研究者对自己所做研究的评价，一般从创新性、研究意义、研究的局限、展望等方面进行，一方面在“研究结果的解读”和“综合性的关联分析”中间接体现，另一方面主要从研究意义的评估、研究局限的分析、研究展望等几个方面来直接体现出来。研究的创新性一般以第一种方式体现出来，研究意义可以通过第一种方式在“解读”和“关联分析”过程中分散评价，也可以在“解读”与“关联分析”之后集中陈述，或者既有分散评价，又有集中表述。

（1）创新性的评价。

研究的创新性一般来讲取决于其在现有研究中的位置，以及相关领域专家的评价，而不是研究者自己主观决定的。但研究者依然有必要在论文综述部分的论证中涉及创新性的论证，因为价值和创新性是决定一个研究是否值得做的两个前提。在讨论部分还需对研究的创新性加以陈述，因为一个研究的创新性不仅取决于选题、研究思路、研究方法等方面的创新，同时还体现在研究的结果中（即研究的新发现），以及我们对研究结果的解读中，前者通常在“引言”中进行论证，而后者要在研究结果出来后，在讨论部分的“结果解读”与“关联分析”基础上进行评价。

研究的创新性体现在很多方面，每一方面的创新性都是在与相关内容的关联中体现出来的。例如，研究视角的创新性要在本研究所选视角与已有相关研究视角的对比中体现出来，需要研究者在论文的写作中通过总结归纳将已有研究所选视角陈列给读者，并将所选研究视角及其与已有研究视角的关系表述清楚，读者才能清楚地了解该研究的视角创新在哪儿，并且深信不疑。研究方法的创新性要在本研究方法相较于已有研究方法的进步或不同之处体现出来，也需要通过类似的方法呈现给读者。研究的新发现要在与已有研究发现的对比中体现出来，这就需要在讨论中分析本研究的发现与已有研究的发现有什么不同，或者相比之下有什么新的突破。而对研究结果的解读以及相关观点的创新性要在具体的解读视角、观点的对比中体现出来。同样的结果可以从不同的角度去解读，可以得出不同的观点，如果自己的解读视角不同于别人，并且这种解读视角相较于别人的解读视角有更好的启发性、能看到不同的问题或者具有某种进步性，那也是一种创新。而这种创新要在有条不紊的解读和分析中体现出来，并且要说清楚具体的创新点体现在哪儿。例如“本研究采用了更大样本（1200个汉字），同时考察了多个变量的作用，因此得到的效应更为稳定和可靠”（郝美玲，2018）。

（2）研究价值的评价。

与创新性类似，研究价值一方面在引言部分呈现，另一方面在讨论部分体现。引言中对研究价值的论证实际上是结合现实与研究现状对研究的理论贡献、应用价值等的设想，而讨论部分是在研究已经做完之后，针对研究结果对具体研究价值的“落实”。在引言部分对选题进行论证时，我们设想的有些贡献或价值，最后我们可能达不到，而在论证选题时没有想到的有些贡献或价值，可能在做完研究之后得以发现。因此，在讨论部分一般也要对研究的贡献进行评估。

研究价值同样也是通过间接反映和直接陈述两种途径来体现。某些方面的研究价值在“关联分析”的过程中就已经间接体现出来，有些重要的研究价值可以在“关联分析”之后进行总结说明。

研究价值的直接陈述如“本研究可为第二语言教学和自然语言处理提供一定的理论参考。举例来说，通过对语素所表达的贡献进行感觉类别划分，可方便留学生对状态形容词词义的习得。形容词所表达性状的感觉类别划分，也可应用于计算机对通感隐喻的自动识别与理解”（赵青青，2021）。

研究价值的间接陈述可以在讨论过程中从多种维度体现，最常见的是通过结合现实情况的讨论或应用方面的建议来体现。

例一：

无论何种语言的二语学习者都有这样的直观体会：在非常安静的环境下，甚至借助耳机进一步屏蔽外来干扰时（比如在语音教室上听力课或者是听力考试），外语的听力理解并不是很难，但一旦摘掉耳机并转移到开放环境，听力理解能力就会大大降低。日常言语交流大都伴随有各种背景噪音，会对言语理解产生不同类型和程度各异的干扰，仅进行理想状态下的听力理解训练不足以提高学习者真实环境中的言语理解能力，这在本研究中也得到了证实。显然，目前的课堂教学在这方面还有很多可以进一步改进的地方。比如，在课堂教学过程中，某一特定时间一般只有一位说话人（教师或者学生），其他人都是听话人。也就是说，第二语言课堂提供的主要是一种相对安静的交流环境，这不利于学习者噪音环境下言语理解能力的训练和提高。在课堂教学过程中提供更多的练习机会，将有助于提高学习者噪音环境下第二语言的言语理解能力，比如，在综合课的教学中适当增加类似真实场景的角色扮演和小组讨论，在听力课的录音材料中模拟真实的交际环境等。当然，对于在目的语国家求学的二语学习者来说，提高噪音环境下言语理解能力最为有效的方法是克服心理障碍和最初的困难，增加在真实环境中言语交流的机会。（张林军，2017）

例二：

鉴于以上发现，我们认为在进行留学生汉字教学和教材编写过程中，应该体现出这些特点。关于汉字在留学生教材中的复现率

> 已引起相关专家的关注，他们呼吁教材编写中应注重字词的复现率（邓恩明，1998）。我们看到还存在其他途径，即增加汉字的熟悉性也可以通过增加构词数来实现（郝美玲、刘友谊 2007），这样，一方面可以增加留学生对汉字的熟悉性，另一方面可以增加留学生的词汇量，从而在心理词典中建立词素与词语、含有同一词素的词语之间的表征与联结，优化心理词典的结构，促进字词加工的效率。另外，在汉字教学过程中，可以适当地突出汉字的形旁和声旁信息，甚至可以进行形旁或声旁的家族式教学。（郝美玲，2018）

（3）研究局限的论述。

讨论部分的关键作用是通过多维度的、深入的解读和分析来科学回答事先提出的问题或证明事先提出的假设。换句话说，就是分析研究结果是否能够回答事先提出的问题或者论证事先提出的假设，如何回答这些问题或证明这些假设，多大程度上能够回答这些问题或证明这些假设，以及可能的偏差有多大等。在这个过程中就能客观、清晰地知道所做研究存在的不足。

几乎所有研究都会存在一定的局限。例如，有些重要的因素没有纳入其中，以至于不能较全面地、深入地了解某些现象的本质，或只能回答所提问题的一部分；可得的被试或材料数量不足，或者它们的属性不够理想；研究方法或研究过程中存在的一些细小的不足等。这些一般要在讨论部分进行分析，并且要具体到不足之处是什么、为什么、如何解决等。因为要清楚不足之处在哪儿，才可能客观、科学地回答所提的问题或证明所提的假设，最后所得的结论和观点才是客观科学的。

所陈述的研究局限首先不能"伤害"到当前研究的价值。如果一个研究因为某方面的局限而失去了研究的价值，或者因为某个局限而不能得出明确的结论。那么这个研究本身就是失败的，也就没有写成论文的必要。因此，如果我们发现自己的研究中存在这样的不足，就应该做出相应的调整，重新去做这个研究，而不是通过承认不足而求得谅解。

其次，所陈述的不足必须是当前研究中无法解决的。如果有些不足是当前研究中可以解决而没有解决，那是研究的失误，在写成论文之前应该重新去解决，而不是将错就错。

再次，研究局限的陈述要做到客观、具体。具体的不足是什么、为什么存在这样的不足、可以怎么解决等，要针对自己的研究方法、研究过程、研究结果等进行具体的分析和陈述。

初学者在陈述自己研究的不足时应避免两种极端，第一种是过度空泛。很多学生在论文的最后写上“由于时间、精力和个人能力的限制，研究还存在很多不足……”之类的话，就算是很诚实地对自己的研究不足做出了交代，甚至企望因此而得到“原谅”。实际上，论文中对研究不足的反思和陈述的真正目的是为了进步，即通过反思和分析提升自己的水平以及未来的研究，同时可以为读者提供一些启发，指明未来相关研究可以避免的一些误区，甚至是与读者进行讨论，而不是为了推脱责任或者得到谅解。

第二种极端是尽可能多地逐条罗列研究的不足。少则五六条，多则十多条，里面甚至有很多是当前研究中应该解决而且是可以解决的问题。这样的陈述首先会使当前研究显得毫无价值。既然研究还存在那么多的不足，那为什么还要写成论文来发表？发表的价值在哪儿呢？这样的罗列实际上间接反映出研究者的不严谨，降低了研究的可信度。

研究局限的陈述还有一种误区是只提出局限，而对这些局限不去评估，也不提解决的办法。这间接反映出作者对这些局限并没有进行认真、深入地思考，或者缺乏进行科学研究和分析问题的能力，同样会降低研究的价值和可信度。

（4）展望。

展望，即对未来研究方向的论述。局限是实事求是地总结当前研究的不足，而展望是基于当前研究的发现对未来研究的一种预想（张林，刘燊，2020）。因此，展望的陈述要紧密结合当前研究，并尽可能具体。例如“本研究可为第二语言教学和自然语言处理提供一定的理论参考……然而，如何对语言形式所表达的感觉类别进行更客观科学的标注，需要更多精细化的操作以及实证研究的验证，这也是我们下一步研究的方向”（赵青青，2021）。也可以在有具体研究点的展望的同时，适当拓展到较大范围研究方向的展望，例如“在对V+P结构的句法功能做定量考察描写的基础上，根据分布比例我们还可以尝试为V+P结构的句法分布特征确立原型性特征模式。此外，该结构的语义和语用等方面的特点及词汇化趋势，以及对外汉语教学等都是值得深入研究的问题”（张海涛，2018）。

研究局限和展望可以分两个层次来论述，即先陈述研究局限，再写研究展望。但大部分时候，二者是融合到一起来写的，因为对于有些研究局限的解决方案的设想，实际上也是一种展望。而有的研究局限，实际上说的是通过当前研究认识到应该深入研究但当前研究无法兼顾的研究问题，其解决方案的设想就是对未来研究方向的展望。例如：

> 还有一些值得进一步深入研究的问题。由于被试人数的有限，如果再进一步分成汉字文化圈与非汉字文化圈，难以得到稳定的结果；再加上近些年的一些研究提出，高级水平学习者的词语加工方式更灵活，与母语者的相似性更大，因此本研究没有将被试按照母语文字类型做进一步的区分。在今后的研究中，我们拟扩大被试范围，比较不同母语文字类型的学习者从不熟练读者向熟练读者发展的过程中，各预测因素的动态变化情况，深入了解母语文字类型、汉语水平等学习者个体因素是如何与汉字特征交互作用来影响汉字加工的。其次，囿于篇幅，本研究只分析了留学生汉字命名的反应时和正确率数据，而没有对命名错误情况进行分析。实际上，对命名错误类型进行细致分析，也能揭示留学生在进行汉字命名任务中的心理机制。我们粗略地看了一下他们的错误类型，除了前面提到的可能受发音的影响而产生的错误外，留学生的常见错误有字形相似错误，比如把‘环’读成‘坏’、‘扛’读成“红”，选择错误，比如把“澡”读成“洗”、“伞”读成“雨”和语义错误，比如把“砍”读成“切”。我们拟专文分析被试的错误类型及产生错误的心理机制。（郝美玲，2018）

总之，讨论部分包含的要素主要有重要结果、结果的解读、综合性关联讨论和研究的评价性讨论几个方面，其中，综合性关联讨论一般应包含与已有研究的关联分析，其他方面的关联分析根据具体研究来决定。

四、讨论部分的写作原则

（一）主线中心原则

讨论部分的主线是“从不同角度分析研究结果从而引出研究结论”（王萍等，2016）。因此，讨论部分的内容无论从哪些角度展开，都要以这一主线为中心，紧紧围绕研究的核心论题和所得结果，确保论点明确，层次分明，重点突出。

（二）一致原则

前文已提到，讨论部分应具有清晰的文内关联，即讨论部分的内容要与本研究的研究问题、研究目的、研究方法、研究结果等紧密关联，前后呼应。因此，在讨论部分的写作中，应确保讨论的内容在范围、核心论题等方面与前文的这些内容保持一致，而不是天马行空地想到哪儿说到哪儿。

（三）客观原则

讨论要实事求是（王萍等，2016）。所有讨论的内容应基于研究所得的结果，进行有针对性的讨论和合理的演绎，不宜夸大，也不应缩小。对研究结果的定位和解读，以及对整个研究的评价都应做到客观中立，不贬低自己或前人的研究，也不夸大自己研究的价值和创新性。

（四）递进原则

讨论部分要总结和提炼主要的研究结果，但不是对研究结果的重复性描述；要与已有研究成果和相关理论进行关联分析，与引言相互照应，但也不是对引言中综述内容的重复，而是对主要研究结果的多维解读和讨论，对研究论题的适度深化和演绎。

（五）前瞻性原则

讨论部分除了分析解读研究结果，得出研究结论，评价研究价值，凸显研究的创新性，还有提示后续研究方向的作用。因此，讨论的内容应尽量与该课题的前沿问题相关联，以开拓性的眼光审视研究所得的结果，在讨论中融入有前瞻性的见解，并在讨论的总结部分简要陈述后续值得进行的研究内容或研究方向。

五、讨论部分的写作步骤

讨论部分的写作可以按如下步骤进行：

（1）整合研究结果，提炼要点。

在开始进行讨论部分的写作之前，作者要根据研究结果部分的报告，再次整合研究结果，思考其中哪些点需要或值得深入讨论，重点从哪些方面进行讨论等。

（2）拟定讨论提纲。

整理好研究结果，并提炼出讨论要点，确定讨论的思路之后，拟定具体的讨论提纲。一般可以结果总结、结果解读、关联分析、研究评价为宏观论述框架，再根据讨论的重点和内容，将结果解读、关联分析、研究评价等进一步分解为多个层面（可参考前文“讨论部分的主要内容及作用”），如关联分析可分为与已有研究的关联分析和与相关理论的关联分析，研究评价分为创新性评价、价值评价、不足与展望几个层次。当然，一般写得好的讨论，会包含这些要素，但不是这样机械地一个模块一个模块堆砌。通常会把结果解读、关联分析、创新性和价值的评价等整合起来按一定的逻辑进行论述，因此这些内容从形式上讲是以交叉关联的形式呈现出来的，即在论述某一内容的同时，兼论或凸显了其他内容，例如研究的创新性和价值往往在结果解读和关联分析中体现出来。

初学者如果不能灵活把控这种综合式、交叉式的论述技巧，那么可以先学着分模块进行论述，保证讨论部分内容要素齐全，重点要素得到深入细致的讨论。然后再慢慢学着把其中一些紧密相关的要素整合起来进行论述。

（3）根据提纲进行写作。

拟好提纲之后，就可以按提纲一点一点进行有重点的、深入的讨论。写作过程中要注意，研究问题及结果的重申应具有概括性，并突出重点，而不是逐字或详细重复前面的内容。在与已有研究的关联讨论中，应抓住讨论的要点，言简意赅地进行论述，不宜详尽地回顾相关文献（区别于文献综述）。在进行结果解读、关联分析、创新性评价、价值评价、研究局限的论述中应尽量客观，做到相关论述有理有据。

（4）调整和修订。

写完讨论之后，应根据讨论部分的特点、主要内容及作用，检查所进行的讨论是否符合要求，并有针对性地进行修改。另外，还需通读全文，根据全文内容再次进行修改。

讨论部分是论文的核心，一般也是审稿人和读者重点关注的内容，在很大程度上决定着论文的深度和理论高度，也是论文中最能体现作者知识和学术水平的部分。这部分一般是写论文时修改最多的部分，建议初学者也多在这部分的写作上下功夫。

由于讨论部分的写作需要作者充分发挥思辨能力、逻辑组织能力，并充分调用相关的知识，能从专业角度和理论层面进行思考。因此，对于学术新手来说，多练习讨论部分的写作，在实际写作过程中多对这部分内容进行反复修改，不仅能提高论文写作水平，还有助于训练批判性思维能力、逻辑思维能力，提高综合运用知识的能力，提升学术素养。

第四节　结论的写作

一、什么是研究结论

研究结论是指经过理性思维，对研究得到的客观结果进行推理、判断、归纳而产生的更高层次的专业性成果或观点。从结论中我们能够了解到研究结果说明了什么、应该怎么办等。从形式上讲结论部分并非学术论文必不可少的组成部分（张林，刘燊，2020），一般可以在讨论部分进行陈述。但目前大部分实证研究都会将其作为论文中最后的一个独立的章节写出来，以方便读者快速掌握研究得到的主要观点。

二、结论与结果的区别

在学术论文中，结果是指通过科学的研究方法观察到的现象、特征、规律等，结论是指针对研究观察到的现象、特征、规律等作出的最后论断。以去医院看病为例，血常规化验、CT等检查发现的具体现象，例如哪些指标明显高于或低于正常水平、观察到身体中哪些部位有何种异常等，属于检查结果，“得了什么病”“是否严重”等是医生结合自己的知识和经验，根据检查结果及患者的症状推出的结论。

在实证研究中，结果部分只是呈现通过对实验、调查等获得的数据进行统计分析得到的结果，而结论一般是结合多种研究结果（当前研究的结果和已有研究的结果）、通过多层验证（当前研究所做的验证、前人的验证、多个研究的验证）、相关的知识和理论等得出的综合性论断。我们在讨论部分对研究结果进行专业的解读，把当前研究与已有研究和相关理论进行关联和比较，对研究进行客观的评价，在很大程度上也是为得出科学的结论而进行的推导。

三、结论的写作技巧

研究结论要在充分讨论和分析研究结果的基础上进行概括，而不是简单地重复研究结果。因此，在写结论之前，应再次阅读研究结果及讨论，在充分掌握主要结果和相关推论的基础上进行提炼。

在语言表述上应做到准确、客观、言简意赅、清晰明了。

例一：

> 汉语普通话老年人前注意阶段声调感知存在语言领域特殊的衰退和保留：在特定汉语普通话声调范畴知识加工能力上存在领域特殊的衰退，而在更广泛的语音音调加工能力上存在领域特殊的保留，保留和衰退反映了受补偿机制调节的，老年化的不同阶段，本研究表明语言加工老年化具有领域特殊性。（肖容，梁丹丹，李善鹏，2020）

例二：

> 本研究通过2个情感启动实验，得到了三条结论：
>
> （1）否定加工的结果是以消极情绪来表征的，或者说否定可以通过消极情绪来实现具身化。
>
> （2）否定的情绪表征具有时间上的稳定性，不随语义加工深度增加而变化，稳定地表现出消极情绪表征。
>
> （3）否定加工中的消极情绪表征表现出自动化倾向。（高志华，鲁忠义，2019）

第九章

篇尾及相关内容的写作

第一节　注释

学术论文的篇尾指附在正文之后的各类相关内容，一般包括注释（尾注）、参考文献、附录、致谢等内容。其中，注释不止“尾注”一种形式，还有插入文中的夹注，放在页脚的脚注；参考文献涉及文内引用和文后参考文献列表。为了方便理解和查阅，本章将篇尾以及与之相关的夹注、脚注、文内引用等放在一起介绍。

一、什么是注释

注释是对文章篇目、作者及文内某一特定内容作必要的解释或说明（引自《中国高等学校社会科学学报编排规范》）。与参考文献有本质的区别，具体来讲，论文中的注释主要用于对文章中的某些观点、不常见的专用名词、术语等做必要的解释或补充说明，这种解释或说明如写入正文，可能打断正文中行文的流畅，造成读者理解上的困难。而参考文献是用来标引引文具体出处的。在一篇学术论文的诸多构成要素之中，注释不是必须存在的，它只是在“不得不说”和“不能不说”的情况下才会出现。而参考文献是学术论文必不可少的要素。

二、注释的形式分类及加注方法

学术论文中常见的注释按位置可分为脚注、尾注、夹注等。

（1）脚注是指置于同页末的注释（国家新闻出版广电总局，2015），一般在被注释内容处插入注释序号，将内容置于同页页脚位置。在WPS office文档或者Microsoft office Word文档中都可以在工具栏中通过“引用”→“插入脚注”的步骤插入脚注。

（2）尾注是指置于本篇文章后面的注释（国家新闻出版广电总局，2015），学术论文中尾注的内容一般置于论文正文末尾，参考文献之前。在

WPS office文档或者Microsoft Office Word文档中都可以在工具栏中通过“引用”→“插入尾注”的步骤插入尾注。

点击脚注和尾注工具栏模块右下角的对话框标识，即可在弹出的对话框中设置注释的位置和格式。如图9.1和9.2所示。

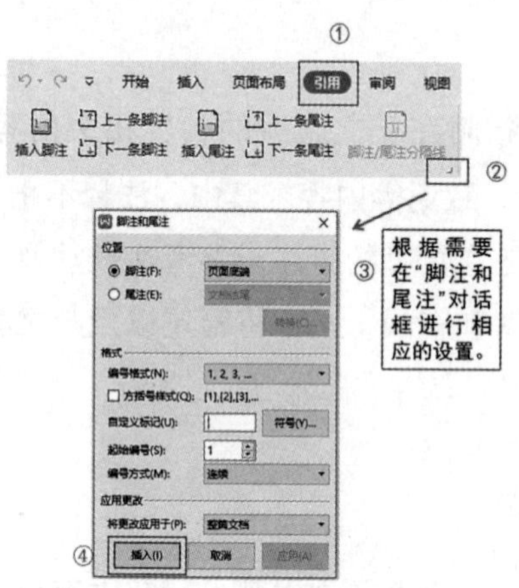

图9.1　WPS脚注或尾注的设置和插入步骤

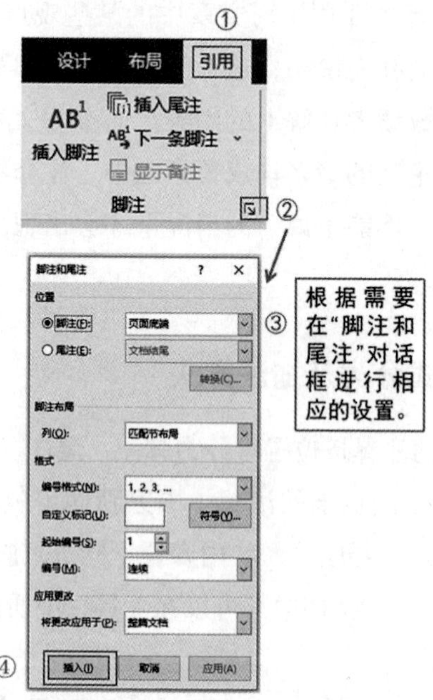

图9.2　Microsoft office word 2019脚注和尾注设置和插入

（3）夹注是指置于行文中的注释。夹注的注文要紧接被注释内容，并置于圆括号中，注文本身有圆括号时应改为方括号。若被注释项为完整句，注文应放在句号后，注文为完整句，则注文后（后括号前）应加句号；若被注释项为非完整句，注文句末（后括号前）不加标点，省略号、叹号、问号除外；注文可以是一个词、一句话或几句话、一个自然段或几个自然段，都用一对圆括号标明起止（国家新闻出版广电总局，2015）。例如：

朱德熙（1980）把汉语形容词分为性质形容词（形容词的简单形式）和状态形容词（形容词的复杂形式）……（罗琼鹏，2018）

相当一部分具有等级性的形容词还会导致累积悖论（Sorites Paradox）（又称"连锁推理悖论"）。比如，一粒麦子自然不是一堆麦子；增加一粒麦子也不是一堆麦子（即 n+1 粒麦子不会产生一堆麦子），但是依次增加到 99999 粒，结果得到了一堆麦子。（罗琼鹏，2018）

虽然国家新闻出版广电总局（2015）的注释规范中注明夹注的注文可以是一个自然段或几个自然段，但一般注文较长时不建议采用夹注，而是采用脚注或尾注的形式进行注释，以保证正文内容在形式上的连续性。

另外，论文中篇名、作者注一般置于当页的页脚。文内有关内容的注释可采用夹注形式，也可采用脚注或尾注，序号一般采用带圆圈的阿拉伯数字表示（如"①"）。如果没有特定要求，较长的注文建议采用脚注，既不影响文内主要内容的表述，又方便读者查阅。

三、注释的目的及功能

1. 释疑

释疑性注释是用来对正文中的某些内容进行解释说明，为读者解惑，扫清阅读障碍。一般包括以下几种类型（刘进，2014）。

（1）概念注释释疑。

概念注释用来对正文中的某一概念进行解释说明。一般针对那些多数读者不熟悉、定义不明确或不统一的概念。例如（韩畅，荣晶，2019）：

> 韩语（Chaegsang e meonji ga ppoyahge anjda."桌子上落了一层灰"）、西班牙语（EL vinagre se ha revuelto，déjalo que se siente."这醋已经变得浑浊，你让它沉淀一下"）的动词"坐"可以表示〈落、积、沉淀〉。维吾尔语的"olturmak"有〈（太阳）落下，没落〉（kün olturdi "太阳落了"）和〈沉淀〉义（qayning xamisi piyalining tegigə olturdi"茶叶末沉到了碗底上"），该词的共同态[⑥]形式"olturuxmak"共词化了〈下沉、下降、下陷〉义（Tamolturuxup kətti"墙基下沉了"）。印地语和俄语的"sidet"均有〈（船因载重而）吃水〉义，而"sest'"则可用于表示"太阳落山"（solntse tol'ko chto selo）、"房屋下沉"（dom sel）、"河里水位降低"（voda v reke sela）等。普通话"坐"可用于表示〈建筑物由于基础不稳固而下沉〉，如"这房子向后坐了"；蒙古语（baĭshin suukh"房基下陷"）也有类似引申。
>
> ⑥ 共同态：维吾尔语五种语态之一，表示两个或两个以上的主体共同或协作完成的动作。

图9.3 概念注释释疑案例

（2）判断注释释疑。

判断注释用来对正文中的某一判断进行解释说明。判断是对某一事物是否存在、是否具有某种属性或事物之间是否具有某种关系的肯定或者否定。科学研究的重要目的之一是发现某些未知的事物或现象，或者探索某些事物的属性或现象背后的某种机制，或者挖掘事物或现象之间的关系。因此，学术论文中常常包含许多判断性的段落或语句。

学术论文中的判断，有些是基于本研究的结果做出的判断，一般会在呈现本研究结果的基础上进行论述，不需要外加注释；有些是基于相关文献做出的判断，一般以文献引用的方式，在文中标注相关文献，并在参考文献列表中附上相应文献条目即可；还有一些是基于客观现实做出的判断，这种判断是研究者根据自己对客观现实的调查、考证得出的，一般不属于论文的核心论点，也不属于常识，读者可能不知道或者会有疑惑，对这样的判断就需要添加注释。例如（薛超，李政，2013）：

尽管本文的实证结果不支持城商行在经济和金融发展水平更高的地区设立分支机构，然而，当城商行经营达到一定发展水平后，可以考虑将本行产品研发等人力资本密集型的部门设立在北京、上海等金融中心城市，从而充分利用当地丰富的金融资源提高自身的经营管理能力[①]。

①目前已有区域性股份制银行如此设置，比如恒丰银行总部设在烟台，而其研究发展及市场等部门则在上海。

图9.4　判断注释释疑案例

正文首先提到其实证结果不支持城商行在经济和金融发展水平更高的地区设立分支机构，但后面又说“当城商行经营达到一定发展水平后，可以考虑将本行产品研发等人力资本密集型的部门设立在北京、上海等金融中心城市……”，作出了与前面的结论不同的判断，这可能会使读者感到疑惑，因此，作者加了注释，以恒丰银行在异地设立分支机构的事例，证明被注项的判断言之有据。

（3）材料注释释疑。

材料注释是用来对正文中的某一材料进行解释说明的注释。例如（辛平，2014）：

甲级双音节动词一共 108 个，排除以下几类动词：

1. 只能带谓词宾语的动词，9 个：

进行、希望、认为、继续、开始、打算、感到、觉得、以为

2. 表示关系的动词，3 个：

例如、不如、好像

3. 动词特点不明确的动词，1 个：

为了[①]

①《汉语水平词汇与汉字等级大纲》（2001）"为了"标为动词、介词，而第五版《现代汉语词典》只标为介词。

图9.5　材料注释释疑案例一

文中陈述研究中排除的材料，包括“为了”，并将其作为“特点不明确”一类，为排除读者的疑惑，作者在注释中对为何将“为了”作为“特点不明

确的动词”排除进行了解释。

再如（谢建文，傅舒婷，2020）：

王家新（1999：173）常用“黑暗”一词表达自己阅读策兰诗歌的感受，叶芝的诗句“攀登入我们本来的黑暗”（王家新，1997：244）对他也有启发。他1995年创作的长诗《乌鸦》综合体现了“黑暗”一词的复杂指涉：在最后一节中，诗人采用了西方传统中的诗歌资源等，其中包括对策兰诗句“为了在死后呼吸”[①]形成的互文。

①策兰原诗为：“我们死了但能够呼吸”(Erinnerung an Frankreich)。

图9.6　材料注释释疑案例二

正文所引译诗与原译文不同，为避免读者阅读时产生疑惑误解，特意加注说明，给出诗句原文和原来的译文。

2. 举证

举证性注释是在注释中为被注项的观点提供必要的立论依据，以增强学术论文的可信度。举证的方式或用文献资料，或用考据方式，或用学术成果，或用实存事例（刘进，2014）。

（1）用文献资料举证。

一般采用比较有权威的文献资料为被注释项提供依据。例如（李博，2018）：

特别是同为“忄”旁的“怅（悵）”和“恨”。“怅（悵）”有“望恨”义[⑤]，和“恨”意义相关，且形又相近，更易讹误……

⑤《说文解字·心部》：“怅，望恨也。”

图9.7　用文献资料举证的注释案例

文中提到“怅”有“望恨”义，和“恨”意义相关，作者为“怅”有“望恨”义添加了注释，在不打乱原文论述的情况下，用《说文解字》中的解释为该释义提供了科学的依据。

（2）用考据方式举证。

论文中有些论断不加解释说明也不会影响读者对相关内容的理解，但没有相关依据则无法令人信服。应本着“实事求是”、“无证不信”的治学原则，通过考证对这样的论断提供相关依据。例如（王挺斌，2018）：

> 反过来说，文字对语言也是有影响的。尤其是汉字字形的反作用，过去一直提得比较少。有些学者虽然也注意到了，但是仍然只是局限在字形对词义的提示作用方面，并没有深入展开研究。孙常叙（2005）对此问题讨论较早而系统。[①]他提出：“(汉字)在一定条件下，有的可能对它所写的词起反作用，使词的音或义发生变化”。
>
> ①孙常叙的《古—汉语文学语言词汇概论》早于1961年就在东北师范大学校内作为教材刊印，1985—1987年持续对此书进行修订，1994年作者病逝，2005年由上海辞书出版社首次出版。

图9.8　用考据方式举证的注释案例

王挺斌（2018）通过加注介绍孙常叙相关著作的刊出时间，所作的修订情况等，增强了文中“孙常叙（2005）对此问题讨论较早而系统”这一论断的可信度。

（3）用学术成果举证。

论文中有些论断需要相关成果来举证，但简单的引用不足以举证，给出详细内容则打乱原文的陈述，这类情况就适合使用注释的方式进行举证。例如（杨炎华，2021）：

> 这就是说，在“√纸（张）”“√（粉）碎”“√机”这三者的合并过程中，汉语在语法上允许“√（粉）碎”先与“√机”合并生成名词性的“（粉）碎机”，再在整体上接受“√纸（张）”的修饰，最终生成“纸（张）（粉）碎机”[13]，所以，单从语法方面讲，“纸张粉碎机”和“纸碎机”都是合法的。
>
> ⑬在生成语法之外，张伯江（2011）基于“参照体－目标”语用关系的分析也支持这一层级结构切分。另外，王灿龙（2012：248）基于隐喻或转喻对新异黏合语的研究表明，汉语复合词的情况也许极为复杂，如其所说“如果从形式上来看，我们不妨将现代汉语里的黏合语看作是多式综合语形式的高度凝练，它直接省略了一些词。省略后近乎词的指称形式完全摆脱了完整形式所体现出的那种临时状态，词的特征和功能更加突显和稳固”。

图9.9　用学术成果举证的注释案例

有相关研究成果可对文中有关“纸（张）（粉）碎机”合并生成机制过程的解读提供相关依据，但需要详细说明相关内容，不宜插入正文中，因而采用注释的方式，列出支持该解读的相关成果。

3. 申说

申说是指在注释中对被注项涉及的问题作必要的拓展或补充说明，以增强学术论文的深度（刘进，2014）。例如（王灿龙，2019）：

> 学界及时追踪国外前沿研究动态、全面理解和准确把握国外语言学理论精髓有了较为充足的客观条件。尤其值得一提的是当时中国社会科学院语言研究所的两位海归语言学博士陈平和廖秋忠[10]，他们利用国外语言学理论所做的汉语语法研究开拓了人们的学术视野，他们的教学与讲座也影响和带动了一批人，特别是语言研究所的年轻语法学者，比如张伯江、方梅、徐赳赳的功能语法研究和篇章语法研究以及话语分析等都深受陈平与廖秋忠的影响。
>
> ⑩ 陈平早年跟随吕叔湘攻读硕士研究生学位，后到国外深造，学成归国在中国社会科学院语言研究所工作一段时间后定居国外，在大学从事教学和研究工作。

图9.10　申说型注释案例一

王灿龙（2019）通过加注陈平的学习和工作经历，从而加深了读者对陈平等语言学博士在“追踪国外前沿研究动态、全面理解和准确把握国外语言学理论精髓”“开拓人们的学术视野”等方面贡献的理解。

再如（叶晓锋，陈永霖，2018）：

> 根据俞敏（1999）的梵汉对音谱，泰部字韵尾为-s，“敝”是并母泰部字，上古音可以构拟为*bas；“昔”上古为心母铎部字，上古音为*sak。因此，“敝昔”上古音为*bassak。[①]其实“扁鹊”、“敝昔”是个来自印度-伊朗语支的词语。
>
> ①在翻译过程中可能是后一音节的声母 s-发音比较长，所以又成了前一音节的韵尾。这种情况在上古翻译中很常见，如佛教里的 namo，对应的汉语是“南无”*namm，显然在当时汉语听者听感上 namo 中的 m 比较长，不仅是后一音节的声母，也是前一音节的韵尾。

图9.11　申说型注释案例二

叶晓锋和陈永霖（2018）在介绍“敝昔”的上古音时，加了注释，以佛教词namo的对应汉语“南无”为例，介绍了上古翻译中后一个音节因发音较长而成为前一音节韵尾的普遍现象，在拓展了读者视野的同时，也使其对“敝昔”上古音的形成有了更好的理解。

4. 提供信息来源

论文中有些内容并非来自普通的参考文献，不适合以引用文献的方式标明出处，但其来源信息对论文信度有影响，且读者可能用得到或想知道，这时可以采用注释的方式提供其来源信息。例如（曹蓉，2019）：

> 本文使用的是由国家语言文字工作委员会自 1990 年开始构建的大型国家级语料库——“国家语委现代汉语通用平衡语料库”（CNC）[①]。该库语料主要为 20 世纪初以来的现代汉语语料，内容涉及教材、人文与社会科学、自然科学、应用文等。
>
> ①“国家语委现代汉语通用平衡语料库”在线使用平台网址 http://cncorpus.org/CpsSearch.aspx

图9.12　信息来源注释案例

5. 关系注释

关系注释主要用来标注研究者相关信息（如作者简介）、研究资金来源、正文内容以外的补充信息等。一般在公开发表的论文中需要标注这些信息，通常用脚注的方式标注出来。序号位置一般以“*”作为标记，区别于正文内容的注释序号。

以上是注释的主要目的及功能，对注释的认识和使用要注意几点：第一，虽然我们将注释分为不同功能类型来介绍，但实际上一个注释往往有多个功能，例如有些用于申说的注释同时也有一定的举证或释疑的功能。第二，必要时才使用注释。虽然注释有释疑、举证、申说等多种功能，但并非学术论文必不可少的组成部分，因此要在“不得不说”和“不能不说”的情况下才添加注释，不要为了“炫富”而过度注释，更不要添加多余的或堆砌的注释。第三，注释要准确。首先，注释位置要准确，夹注要紧接着被注释项，脚注或尾注的序号要置于被注释项末尾（中间不能被其他内容隔开）；其次，注文的内容要准确无误，否则会起到反作用；再次，被注释项和注文的关系要明确，二者的关系有“注文为被注释项的解释”“注文为被注释项的补充说明”“注文为被注释项的论据”等，不能出现注文是被注释项的重复，或者注文与被注释项缺乏内在联系等情况。第四，注释要该繁则繁，该简则简，一般尽可能精炼、简短，尤其是夹注，内容不宜太长。

第二节　参考文献

一、什么是参考文献

参考文献是作者在撰写论文或论著的过程中引用的期刊论文、图书等有关文献资料，是学术论文必不可少的要素。在论文或论著中，凡是引用前人或他人的观点、数据或材料等，都要在文中标明作者和发表时间等信息，并在文末或书末列出参考文献（张林，刘燊，2020）。

参考文献的引用一方面反映了作者对他人研究成果的尊重，另一方面，也对论文内容起到支持、佐证和解释其信息来源的作用，同时，也是评估论文水平和衡量作者吸收利用信息能力的指标[①]。

学术论文中的参考文献规范主要涉及文内引用和文后参考文献著录。文内引用的标注、文后参考文献著录的内容和格式等都有固定的规范，在论文写作中，都应按学界公认的规范引用和陈列。

（一）文内引用

任何一项研究都与已有知识存在不同程度的关联，这些知识代表了许多研究者随着时间的推移所取得的成就。论文中要交代清楚我们所做的研究是在什么背景下进行、与已有研究有什么样的关联，读者才能准确判断我们的研究是否有价值，是否有进步或创新。因此，在写作过程中要引用那些与我们的研究有直接关系的文献，包括提供关键背景信息的研究、对自己的研究有直接影响的观点或理论、提供科学的定义或关键数据资料的成果、支持自己的观点或理论的研究，或者与自己的观点或理论相左的研究等。在引用了相关文献内容的地方，都要标明文献的出处（如文献作者、出版或发表时间

① 参考链接：https://mp.weixin.qq.com/s/PT8w24NihU5Jm_BUlUKrSg

等），根据第一章第三节关于科研诚信与学术规范的介绍，不加引注或说明地使用他人的观点、数据、图片和音视频资料、研究方法、研究内容、文字表述等，或者不加引注或说明地使用自己已经发表的成果，都属于学术剽窃。因此，在论文中引用相关成果时，都要按学界公认的规范进行引注。

（二）文后参考文献著录

文后参考文献著录是论文中陈列正文所引参考文献详细信息的部分，是一篇完整的学术论文不可或缺的部分。主要提供文献的主要责任者、题名、来源（出版者、期刊）、发表时间、获取途径等相关信息。文后参考文献列表中列出的文献应与正文中引用的一致。

（三）参考文献著录的目的和作用

文内引用时的文内标注和文末参考文献的工作一般统称为“参考文献著录”，著录文献的目的和作用主要有以下几点（张林，刘燊，2020）：

（1）为研究提供依据，提高研究的科学性。通过对已有相关研究的整合、分析与述评，提供研究的背景、原由、目的等，反映出研究的起点、科学性、深度等，反映出研究者的科学态度，从而为读者对研究价值、创新性、科学性等方面的评估提供真实而广泛的科学依据，在主客观等多个层面保证了研究的科学性。

（2）指明研究的原创性。虽然学术论文主要报告的是自己的研究成果，但在引言部分的阐述和论证、讨论部分的讨论过程中都少不了对前人研究成果的引用，有时在正文中也需要引用一些文献。著录参考文献可以很好地将作者自己的成果与已有相关研究成果区别开来，既体现了作者对他人研究成果的尊重，同时也指明了自己研究的原创性，避免了抄袭或剽窃他人成果的嫌疑（张林，刘燊，2020）。

（3）为读者提供索引。按一定的规范著录参考文献，在文内只简单标注作者和时间等信息，详细引文信息在参考文献列表中陈列，既节省了论著篇幅，保证正文行文的精简流畅，又为读者和科技情报工作者提供了详细的索引，方便读者查阅相关文献资料，了解引文的详细信息，并有助于科技情报工作者进行情报研究和文献计量研究（张林，刘燊，2020）。

二、参考文献著录的格式类型

（一）GB/T 7714-2015格式

GB/T 7714-2015《信息与文献参考文献著录规则》（下文简称“GB格式”）是中国国家标准化管理委员会发布的参考文献著录规则。该标准规定了各个学科、各种类型信息资源的参考文献著录项目、著录顺序、著录用符号、著录用文字、各个著录项目的著录方法以及参考文献在正文中的标注方法（中国国家标准化管理委员会，2015）。

1.“GB格式”的文内引用规范

“GB格式”主要规定了文后参考文献著录的规则，没有明确规定文内引用的格式，目前采用“GB格式”的期刊，文内引用的文献标注一般采用上角标或与APA体例一样的标注格式。若用上角标格式，则按引用顺序进行编序，序号使用阿拉伯数字加“[　]”的格式，如“参考文献是论文的重要组成部分[1]”“按照汉语的传统分析方法，汉语音节可以分析成声母、韵母和声调几个部分[1][2]”。这种引用格式使用范围相对较小，且与注释之间容易混淆。文后参考文献列表中的引文序号与文中引用序号一致，并按序号从低到高的顺序排列。若采用APA等文内标注格式，则不严格要求按引用顺序排列，一般按姓氏首字母“A→Z”的顺序排列。

2. 参考文献类型标识代码

“GB格式”的一大特点是为不同文献类型和文献载体进行了编码，在参考文献著录中，每条文献都要用标识代码标出文献类型。具体文献类型或文献载体及对应的标识代码如下表所示：

表 9.1　文献类型和文献载体标识代码（中国国家标准化管理委员会，2015）

	参考文献类型	文献类型标识代码
文献类型和标识代码	期刊	J
	普通图书	M
	会议录 / 论文集	C
	学位论文	D
	报纸	N
	汇编	G
	报告	R
	标准	S
	专利	P
	数据库	DB
	计算机程序	CP
	电子公告	EB
	档案	A
	舆图	CM
	数据集	DS
	其他	Z
电子资源载体和标识代码	电子资源的载体类型	载体类型标识代码
	磁带	MT
	磁盘	DK
	光盘	CD
	联机网络	OL

3. 常见文献类型的文后参考文献著录

（1）著录内容及著录格式。

①期刊论文。

著录格式：作者. 文题. 刊名，出版年，卷号（期号）：起止页码①.

示例：

① 中文作者列出全名，如示例[1][2]；英文作者按姓在前名在后的顺序，列出姓的全拼和名的首字母均大写，如示例[3]。

[1] 邢红兵.第二语言词汇知识的构成与发展[J].华文教学与研究，2020，(02):39–46.

[2] 杨群，张清芳.口语产生中词频效应、音节频率效应和语音促进效应的认知年老化[J].心理科学，2015，38(06):1303–1310.

[3] CROSSLEY S A, SALSBURY T, MCNAMARA D S. Assessing lexical proficiency using analytic ratings: a case for collocation accuracy.Applied Linguistics,2016,36(5):570–590.

②普通图书。

著录格式：作者．书名[M]．版本（第1版不标注）．出版地:出版者，出版年:起止页码．

示例：

[1] 黄伯荣，廖序东.现代汉语[M].北京:高等教育出版社，2007.

[2] 林焘，王理嘉.语音学教程[M].北京:北京大学出版社，1992:100–110.

[3] 常敬宇.汉语词汇文化[M].增订本.北京：北京大学出版社，2009.

[4] 哈里森，沃尔德伦.经济数学与金融数学[M].谢远涛，译.北京:中国人民大学出版社，2012：235–236.

[5] 符淮青.现代汉语词汇[M].增订本.北京:北京大学出版社，2004.

[6] BYBEE J L. Frequency of Use and the Organization of Language[M]. Oxford: Oxford University Press,2007.

[7] SUSAN M G, Larry S. Second language acquisition: an introductory course[M]. 3th ed.New York: Routledge，2008.

③论文集。

著录格式：作者或编者．论文集名[C]．出版地:出版者，出版年:起止页码．

示例：

[1] 邢红兵.汉语测试、习得和认知研究[C].北京:中国书籍出版社，2015:128–129.

[2] BOGAARDS P, LAUFER B. Vocabulary in a Second Language: Selection, Acquisition and Testing[C]. Amsterdam: John Benjamins, 2004.

④论文集中析出的文献。

著录格式：作者．文题[C]//论文集编者．论文集名．出版地:出版者，出版年:起止页码．

示例：

[1] 李梅秀.汉语音节领域对二语学习者语音感知的影响[C]//邢红兵.汉语测试、习得和认知研究.北京:中国书籍出版社，2015:128-141.

[2] BOERS F, DEMECHELEER M, EHCKMANS J. Etymological elaboration as a strategy for learning figurative idioms[C]//BOGAARDS P, LAUFER B. Vocabulary in a Second Language: Selection, Acquisition and Testing. Amsterdam: John Benjamins, 2004：53 - 78.

⑤学位论文。

著录格式：作者．文题[D]．保存地点:保存单位，撰写年:起止页码．

示例：

[1] 雷立娜.常用双音节形容词与其后置名词搭配研究[D].北京：北京师范大学，2008.

[2] 金多荣.基于语料库的汉韩“获得类”动词动宾搭配研究[D].山东：山东大学，2014:10.

[3] GYLLSTAD H. Testing english collocations: developing receptive tests for use with advanced Swedish learners[D].Swedien:Lund University,2007.

⑥专利文献。

著录格式：专利所有者．专利题名：专利国别或所属地区，专利号[P]，公告日期．获取或访问路径．

示例：

[1] 胡陈粤. 儿童教育机器人：重庆市．CN306579157S[P]，2021-06-01.

[2] 朴致衍，金逸桓，李暻懋，金南勋，李在原. 用于使用语法模型执行话音识别的方法和设备：韩国. CN107112010B[P]，2021-06-01.

⑦报纸中析出的文献。

著录格式：作者．题名[N]．报纸名，出版日期（版次）．

示例：

[1] 丁文祥.数字革命与竞争国际化[N].中国青年报，2000-11-12(7).

⑧电子文献。

著录格式：作者．电子文献题名[文献类型标识/文献载体标识]．出版地:出版者，出版日期（更新或修改日期）[引用日期]．获取和访问详细路径．

示例：

[1] 萧钰.出版业信息化迈入快车道[EB/OL].(2001-12-19)[2002-04-15]. http://www.creader.com/news/20011219/200112190019.html.

若为网络电子图书、论文集等文献，按图书、论文集等著录格式写出所有信息，在文献类型标识码后加上"/文献载体标识"，并在最后加上"[引用日期]．获取和访问详细路径．"。例如：

[1] 侯文顺．高分子物理:高分子材料分析、选择与改性[M/OL]．北京: 化学工业出版社，2010:119[2015-12-25]．http://apabi.lib.pku.edu.cn/usp/pku/pub.mvc?pid=book.detail&metaid=m.2011 1114-HGS-889-0228.

[2] ROBERSON J A .BURNESON E G.Drinking water standards,regulations and goals.[M/OL]//American water works association. Water quality & treatmen: a handbook on drinking water. 6th ed.New York: Mcgraw-Hill,2011:1.1-1.36[2012-12-10].http://lib.myilibrary.com/Open.aspx?id=291430.

（2）参考文献列表的编排。

"GB格式"参考文献列表可以按顺序编码制组织，也可以按著者出版年制组织。引文参考文献既可以集中著录在文后或书末，也可以分散著录在页脚（中国国家标准化管理委员会，2015）。若集中著录在文后或书后，一般段落格式采用"悬挂缩进2个字符"。

①顺序编码制：文献按正文部分引用的顺序进行编序，按顺序列出[①]。如：

[1] 黄伯荣，廖序东.现代汉语[M].北京:高等教育出版社，2007.

---

① 有些期刊采用按作者姓氏从"A-Z"的顺序排列，并依次添加序号的方式编排。

[2] 邢红兵.第二语言词汇知识的构成与发展[J].华文教学与研究，2020，(02):39-46.

[3] 杨群，张清芳.口语产生中词频效应、音节频率效应和语音促进效应的认知年老化[J].心理科学，2015，38(06):1303-1310.

[4] 林焘，王理嘉.语音学教程[M].北京:北京大学出版社，1992:100-110.

[5] 常敬宇.汉语词汇文化[M].增订本.北京：北京大学出版社，2009.

②按著者出版年制组织：先按语种集中，可分为中文、日文、西文、俄文、其他文种5部分。然后每个分别按著者字序和出版年排列。例：

常敬宇.2009.汉语词汇文化[M].增订本.北京：北京大学出版社.

黄伯荣，廖序东.2007.现代汉语[M].北京:高等教育出版社.

邢红兵.2020.第二语言词汇知识的构成与发展[J].华文教学与研究，(02):39-46.

杨群，张清芳.2015.口语产生中词频效应、音节频率效应和语音促进效应的认知年老化[J].心理科学，38(06):1303-1310.

CROSSLEY S A, SALSBURY T, MCNAMARA D S.2016. Assessing lexical proficiency using analytic ratings: a case for collocation accuracy.Applied Linguistics,36(5):570-590.

GYLLSTAD H. 2007.Testing english collocations: developing receptive tests for use with advanced Swedish learners[D].Swedien:Lund University.

（二）APA格式

1. APA格式简介

APA格式是美国心理学会出版手册（Publication Manual of the American Psychological Association）中规定的论文撰写格式，是一个为学界，尤其社会科学领域广为接受的研究论文撰写格式，目前全世界数百万人都在使用这种论文撰写格式，应用范围涉及心理学、护理、通信、教育、商业、工程以及其他学科领域（American Psychological Association，2019）。

“APA手册”的前身是1929年在《心理期刊》（Psychological Bulletin）上发表的一篇长达七页的文章——稿件准备指南（Instructions in regard to preparation of manuscript）（Bentley et al., 1929）。此后，为了响应社会和行为科学、医疗保健、自然科学、人文科学等领域的研究人员、学生和教育工作者的需求，出版手册在遵循原作者初衷的基础上，范围和长度不断增加。目前最新的版本是2019年10月出版的第7版（Publication Manual of the American Psychological Association–7th Edition），全部内容包含在内长达700多页（American Psychological Association，2019）。

“APA手册”按照研究者撰写论文的顺序逐章编写，详尽而系统地介绍了论文的结构、各个部分的内容及写作规范、文献引用和参考文献等内容。作为社会科学学术论文写作的基本规范，深刻地影响了无数来自世界各地的心理学、教育学以及其他社会科学学者。

2. APA文内引用规范

（1）引用格式与位置。

APA格式参考文献的文内引用一般采用两种形式，第一种是叙述型引注（Narrative citation），将引用的文献作为句子的一个成分插入相应的位置。引用出处使用括号加注的办法，由文献作者加时间构成。如果引用内容为直接引用，一般要在年份之后加上冒号，在冒号后标出页码。例：

Siepman（2005）认为搭配通常由两个元素组成……

Poulsen（2005）从隐喻理论的角度考察了break等词项搭配的认知理据……

按照Greenbaum（1970）的观点，只有符合一定语法组合关系的组合才算搭配……

继Halliday（1961）提出节点词、搭配词、跨距等概念，在搭配研究中引入了量化指标之后，Sinclair（1996）增加了偶然搭配、显著搭配等概念……

第二种引用方式是括注型引注（Parenthetical citation），将文献作者和时间放在句子末尾标点符号之前的括号中，不作句子成分。作者和时间之间用逗号隔开，不同文献之间用分号隔开。如果引用内容为直接引用，一般要在年份之后加上冒号，在冒号后标出页码。例：

多数学者主要从语法、语义、逻辑等方面对搭配进行界定，但至今尚无统一的定论（李斌，2011）。

按照汉语的传统分析方法，汉语音节可以分析成声母、韵母和声调（胡裕树，1995；黄伯荣，廖序东，2001）。

为了不占篇幅，不影响读者的阅读，文内引用一般主要采用以上两种方式呈现，两种引注形式都是只标注作者和时间，不写文献名（论文题目、文章或资料标题、书名等）。初学论文写作的学生往往不注意这个公认的规范，把文献名甚至更多的信息写到论文正文中，是不符合论文写作的形式规范的。

需要特别注意的是，无论采用哪种格式，如果需要引用作者的原话或者直接翻译过来的内容，需要在引用内容上加双引号，并在引用时加上原文所在页码或页码范围。如：

Kjellmer（1987：133）将搭配定义为“符合一定的语法规则且在文本语料中以相同形式出现过一次以上的词序列”。

短语学传统的搭配研究受20世纪40年代俄国短语学研究的影响（Cowie，1998），基本在句法和语义框架下进行分析。因此，学界将该传统的研究对搭配的定义方法统称为“短语学方法（phraseological approaches）”（Nesselhauf，2004：12），或“以意义为导向的方法（significance oriented approach）”（Herbst，1996：380）。

若无特殊要求，页码或页码范围的标注一般采用以上这种在时间后加冒号添加页码或页码范围的格式，也有一些期刊在格式上有不同的要求。在投稿时，要参阅相关期刊的投稿指南，毕业论文则根据学校有关毕业论文的引用规范进行标注。

目前，学界绝大多数论文和论著，无论文后参考文献著录采用“GB格式”还是APA格式，都采用这两种文内引用标注格式。

（2）作者和年份的排序①。

在引用文献时，会遇到有多位作者的文献，或者索引内容来自相同作者的多个文献，此时在作者和年份的书写和排序上应遵循以下规范：

①1位作者。

引用只有一位作者的一个文献，按“作者（时间）”或者“（作者，时间）”的格式呈现，如：李四（2019）；Nation（2015），或（李四，2019）；

① 本部分中文参考文献案例参考《心理学报》的文献引用规范。

（Nation，2015）。

一位作者的两个文献，时间按从远到近排序，中间用逗号隔开，例如：Ellis（1997，2001）；李四（2003，2014）；（Ellis，1966，1971）；（李四，2003，2014）。

一位作者同一年份的多个文献，在年份后以“a、b、c……”编序，并按“a→z”的顺序排列，例如：李斌（2011a，2011b）；（李斌，2011a，2011b）。

②2位作者。

二位作者的文献，“作者（时间）”的引用中，作者之间用“和”连接（英文论文用“&”连接），若有多个文献，时间的编排与一位作者的编排相同，例如：刘群和李素建（2004）；Durrant和 Doherty（2007）；刘群和李素建（2004，2019）；Durrant和 Doherty（2007a，2007b）。

采用“（作者，时间）”的格式进行引用时，一般中文作者之间用逗号隔开，英文作者之间用“&”隔开（英文论文中则无论中文文献还是英文文献，一般均用“&”隔开）。例：（张三，李四，2008；Durrant & Doherty，2007）；（张三，李四，2007，2018；Durrant & Doherty，2007a，2007b）。

③3–5位作者。

第一次引用一般要给出所有作者姓（名），“作者（时间）”格式的引用中，要在最后一位作者与前一位作者之间用“和”连接，前面的作者之间中文用顿号隔开，英文作者用逗号隔开，例如：张三、李四和王五（2020）发现了……，与Ellis，Frey和Jalkanen（2009）的研究结果一致。在“（作者，时间）”格式的引用中，所有中文作者之间用逗号隔开，所有英文作者中间也用逗号隔开，并且在最后一位作者之前加“&”隔开。例如：（张三，李四，王五，2019；Ellis，Frey & Jalkanen，2019）。若引用相同的几位作者的多个不同时间的文献，时间的排序同1位作者时的排序。

第二次及其后的引用只需写第一位作者的姓（名），后面用“等”或“et al.”。例如：李四等人（2003）发现了……，这个结果在后来的许多研究中得到了验证（张三 等，2010；Nation et al.，2015）。在“（作者，时间）”格式的引用中，作者姓名和“等”之间要空一格，以免将“等”混淆为作者姓名的一部分。

④6位或6位以上的作者。

只需写第一位作者的姓（名），并在其后写上“等”或“et al.”和出版年，但是在文后的文献列表中，所有作者都要列出来。格式同“3–5”位作者的第二次及其后的引用。

3. APA文后参考文献著录格式

（1）著录项目及著录格式。

几种常见参考文献类型的APA著录格式如下：

①期刊论文。

著录格式：作者.（年份）.论文题目.*期刊名*，*卷*（期），页码范围.

例：

赵荣，王小娟，杨剑峰.（2016）.声调在汉语音节感知中的作用.*心理学报*，48(8):915–923.

李姝雯，邢红兵，舒华．（2016）．小学生写作能力发展常模研究．*语言文字应用*，(3),50–60.

Crossley, S. A., Salsbury, T., & Mcnamara, D. S.（2016）. Assessing lexical proficiency using analytic ratings: a case for collocation accuracy.*Applied Linguistics*,36(5),570–590.

要特别注意，APA格式的期刊论文著录中，期刊名和卷号要用斜体，如果没有卷号，则直接在期刊名后写“(期)”；英文作者姓在前，名在后，且姓用全拼，名只给出大写的首字母；英文文献若有两个或两个以上作者，最后两位作者之间要用“&”连接，中文文献则不需要加“&”，也不需要加“和”；另外，与“GB格式”不同，APA格式期号和页码之间是逗号，不是冒号。

已被录用但尚未正式刊出的期刊论文，使用的著录格式为“作者.（印刷中）. 论文题目. *期刊名*，*卷*（期），页码范围.”，文内引文采用“作者（印刷中）”或“（作者，印刷中）”的格式。例如[①]：

张三．（印刷中）．“当作”类判断动词的句法语义框架和主观性差异考察．*海外华文教育*．

文内引用格式：张三（印刷中）；（张三，印刷中）

Pachur, T., & Scheibehenne, B.（in press）. Unpacking buyer - seller differences in valuation from experience: A cognitive modeling approach. *Psychonomic Bulletin & Review*.

文内引用格式：Pachur & Scheibehenne（in press）；（Pachur & Scheibehenne, in press）

②书籍。

专著著录格式：作者．（出版年份）．*书名*（版本或版次）．出版地：出版者．

例：

冯奇．（2007）．*核心句的词语搭配研究*．上海：复旦大学出版社．

符淮青．（2004）．*现代汉语词汇*（增订本）．北京：北京大学出版社．

Burgess, R.（2019）. *Rethinking global health: Frameworks of power*. Routledge.

Carroll,D.W.（1998）.*Psychology of language*（3rd ed.）.American: Cole Publishing Company.

编著著录格式：作者（编）．（出版年份）．*书名*．出版地：出版者．

例：

梅家驹（编）．（2013）．*同义词词林*．上海：上海辞书出版社．

Cowie, A. P.（Ed.）（1998）. *Phraseology: Theory, analysis, and applications*. Oxford: Oxford University Press.

Bogaards, P., & Laufer, B.（Eds.）.*Vocabulary in a second language: Selection, acquisition and testing* . Amsterdam: John Benjamins.

① 英文例子来自American Psychological Association.(2019).Publication Manual of the American Psychological Association(7th Edition).https://1lib.net/book/5339365/8e8e45

注意，在引用英文文献时，如果只有一位编者，标注“Ed.”，如果有两位或两位以上编者，标注“Eds.”。

译著著录格式：作者.（出版年份）. *书名*（译者姓名，译）. 出版地：出版者.（原著出版时间）

例：

加扎尼加，艾弗里，曼贡.（2016）.*认知神经科学——关于心智的生物学*.（周晓林，高定国 等，译）.北京：中国轻工业出版社.（原著出版于2009年）

文内引用：加扎尼加，艾弗里和曼贡（2009/2016）;（加扎尼加，艾弗里，曼贡，2009/2016）

Piaget, J., & Inhelder, B. （1969）. *The psychology of the child* （H.Weaver, Trans.; 2nd ed.）. Basic Books. （Original work published 1966）

文内引用：Piaget and Inhelder（1966/1969）;（Piaget & Inhelder, 1966/1969）

英文参考文献列表中，译著的作者姓名仍然采用姓的全拼在前，名的缩写在后的格式，而译者姓名采用名的缩写在前，姓的全拼在后的格式。

③论文集中的论文或书籍中的章节。

著录格式：论文或章节作者.（年份）. 论文题目或章节标题. 见 论文集或书籍编者（编/主编）. *论文集或书名*（页码范围）. 出版者.

英文中，编者前加“In”，一个编者后加“Ed.”，两个或以上编者后加“Eds.”，与论文集或书名之间用逗号隔开；为区分著者和编者，英文中著者姓前名后，编者姓后名前，姓都要全拼，名只给出首字母，中文的编者仍是姓前名后。

例：

吴芳妍.（2015）.儿童生造词与留学生偏误合成词对比分析.见 邢红兵（编）.*汉语测试、习得与认知研究*（pp.160–179）.中国书籍出版社.

石高峰，杨彩影.（2017）.基于正字法与学习者认知视角的对外汉字教学.见 王瑞烽，邢红兵（编）.*汉语进修教育研究*（第一辑）（pp.161–178）.中国书籍出版社.

Boers, F., Demecheleer, M., & Eyckmans, J.（2004）. Etymological elaboration as a strategy for learning figurative idioms.In P. Bogaards , & B.Laufer（Eds.）, *Vocabulary in a Second Language: Selection, Acquisition and Testing*（pp.53–78）. John Benjamins.

④学位论文。

著录格式：作者.（年份）. *论文题目*[学士/硕士/博士学位论文]. 学位论文单位，城市名.

如果学位论文单位中包含城市名，则不需列出城市名。英文中学士学位论文写"bachelor's thesis"，硕士学位论文写"master's thesis"，博式学位论文写"doctoral dissertation,"一般未发表的学位论文前面要加"Unpublished"。

另外，需要注意的是，第7版以前的APA格式中，论文题目后面的学位信息用"( )"标示，第7版APA格式改成了"[　]"（详情请参阅American Psychological Association，2019），目前国内很多期刊的参考文献著录格式要求还未按第7版做出修订。如果发表在网上（而不是收录在文献数据库中），则需在后面加上获取链接，并将学位论文单位写在"[　]"中。

例：

李芬芬.（2008）.*留学生甲级形容词句法功能的统计分析*[硕士学位论文]. 北京语言大学.

申修瑛.（2007）.*现代汉语词语搭配研究*[博士学位论文].复旦大学，上海.

Gyllstad, H.（2007）.*Testing English collocations:Developing receptive tests for use with advanced Swedish learners*[Doctorial dissertation].Lund University,Swedien.

Hutcheson, V. H. （2012）. *Dealing with dual differences: Social coping strategies of gifted and lesbian, gay, bisexual,transgender, and queer adolescents* [Master' s thesis, The College of William & Mary]. William & Mary Digital Archive.https://digitalarchive.wm.edu/bitstream/handle/10288/16594/HutchesonVirginia2012.pdf

以上是语言类学术论文常引文献类型的APA文后参考文献格式，其他文献类型的参考文献请参考American Psychological Association（2019）。若在American Psychological Association（2019）中找不到所引用文献类型的格式说明，则可参照最接近的文献类型来书写。若无相近文献类型可参考，则尽可能多地列出所引用文献的相关信息。

（2）参考文献列表的编排。

写中文论文时APA格式的参考文献列表，一般中文文献在前，外文文献在后，并分别按作者姓氏的首字母“A→Z”的顺序排列（如果责任人为机构，或者文献条目以其他内容开头，那么按文献条目第一个单词的首字母排序）。所有文献段落格式为悬挂缩进两个字符。写英文论文时，所有文献条目用英文，统一按作者姓氏首字母“A→Z”的顺序排列。例如：

申修瑛.（2007）.*现代汉语词语搭配研究*[博士学位论文].复旦大学，上海.

石高峰，杨彩影.（2017）.基于正字法与学习者认知视角的对外汉字教学.见 王瑞烽，邢红兵（编）.*汉语进修教育研究*（第一辑）（pp.161–178）.中国书籍出版社.

吴芳妍.（2015）.儿童生造词与留学生偏误合成词对比分析.见 邢红兵（编）.*汉语测试、习得与认知研究*（pp.160–179）.中国书籍出版社.

Bogaards, P., & Laufer, B. (Eds.).*Vocabulary in a second language: Selection, acquisition and testing* . Amsterdam: John Benjamins.

Cowie, A. P. (Ed.) (1998). *Phraseology: Theory, analysis, and applications.* Oxford: Oxford University Press.

Gyllstad, H.(2007).*Testing English collocations:Developing receptive tests for use with advanced Swedish learners*[Doctorial dissertation].Lund University, Swedien.

（三）MLA格式

1. MLA格式简介

MLA（Modern Language Association）是美国现代语言协会（The Modern Language Association of American）制定的一套论文写作指导格式和文档标准。自1951年第一个正式出版的版本（the MLA Style Sheet）问世以来，MLA的主

要目标基本保持不变，即“建立统一的文献和引文标准，鼓励作者广泛采用这些标准，并指导学生”（The Modern Language Association of American,2021）。目前最新版本是2021年出版的MLA Handbook（9th edition)（下文简称“MLA手册”)。本书中列举的参考文献案例均参考第9版的格式。

“MLA手册”系统地介绍了论文的结构和排版、行文规范和技巧、学术道德规范、参考文献著录规范、注释和附录等方面的内容，为学术论文写作提供了详细的指导信息。MLA文献著录格式在英文论文写作中非常常用，美国语言和文学研究领域的很多期刊都采用该格式。

2. MLA文内引用规范

MLA常用的文内引用格式是在引用内容末尾的标点符号前标注“（页码）”或“（作者 页码）”[①]，一般在引用内容前面提到作者姓名（有时也提到文献题名），则只需标注“（页码）”。引用句子中未提及作者或文献题名，则需标注“（作者 页码）”。如果在同一段内多次引用同一文献的多个内容（没有插入其他文献），那么第一次引用内容后标“（作者 页码）”，后面的引用内容后只标“（页码）”。例如：

Octavia Butler’s works assert that “humans, as a species, won’t behave more decently toward each other . . . until we have literally no other choice” (Canavan 150–51). Accordingly, readers will find “no manifestos or utopias” in Butler’s writings (4).（来自The Modern Language Association of American, 2021）[②]

或者统一在段末句号前用“（作者 页码范围）”标注，例如：

Octavia Butler’s works assert that “humans, as a species, won’t behave more decently toward each other . . . until we have literally no other choice.” Accordingly, readers will find “no manifestos or utopias” in Butler’s writings (Canavan 150－51, 4).（来自The Modern Language Association of

① “（作者 页码）”中“作者”只写作者的姓氏，如作者是“Baron,Naomi S.”,那么只写“Baron”，作者是“Gao Xingjian”,那么只写“Gao”。

② 这段话中有关Octavia Butler言论的内容均引自Canavan这个作者的同一个文献。

American,2021）

3. MLA文后参考文献著录规范

（1）著录项目及著录格式。

语言学领域常见文献的MLA文后参考文献著录格式如下：

①期刊论文。

一位作者的著录格式：姓，名．“论文题目．”*期刊名*，卷，期，发表时间，页码范围[①]。如果作者只有一个名，则姓和名均用全拼；如果作者有中间名（即除了姓，名字有两个单词），那么中间名（即名的第二个单词）只写首字母，其他用全拼（MLA格式所有的作者名字书写都采用该规则）。

另外，如果能查找到具体发表时间，那么MLA格式的期刊论文发表时间一般还要具体到月或季，例如：

Schmitt,Norbert. “Vocabulary in Language Teaching.” *Tesol Quarterly*, vol.36, no.2, 2000, pp.235–236.

Baron, Naomi S. “Redefining Reading: The Impact of Digital Communication Media.” *PMLA*, vol. 128, no. 1, Jan. 2013, pp. 193–200.（该例来自The Modern Language Association of American,2021）

如果有2位作者，则第一位作者姓名为姓前名后（姓和名之间用逗号隔开），第二位作者名前姓后（姓名中间不用逗号），两个作者中间用逗号加“and”连接。例如：

Batia, Laufer，and Nation Paul . “Vocabulary Size and Use: Lexical Richness in L2 Written Production.” *Applied Linguistics*, no.3,1995,pp.307–322.

如果有3位或3位以上作者，则只列出第一位作者的姓名，后加“et al.”。例如：

Fossetti, Alessandro, et al. “Assessing near vision function: The Italian version of the Radner Reading Chart.” *Perception*， no.41,2012,pp.204–204.

Crossley,Scott A., et al. “Assessing lexical proficiency using analytic ratings:

① MAL格式的文后参考文献著录与APA类似，书名、剧本名、报纸名、期刊名、杂志名等均用斜体。

a case for collocation accuracy." *Applied Linguistics*,vol.36,no.5,2016, pp.570–590.

上述的作者姓名书写格式适用于不同文献类型的文后参考文献著录，下文中其他类型著录格式的介绍不再赘述。

②书籍。

专著著录格式：作者．*书名*．出版者，出版时间．

例：

Tomasello, Michael. *Constructing a language: A usage-based theory of language acquisition.*Harvard University Press,2003.

编著著录格式：作者，editor/editors．*书名*．出版者，出版时间．

只有一位作者时作者后加"editor"，两位或以上作者时加"editors"。

Gilbert, Sandra M., and Susan Gubar, editors. *The Female Imagination and the Modernist Aesthetic*. Gordon and Breach Science Publishers, 1986.

译著著录格式：原作者．*书名*．Translated by 译者，出版者，出版时间．

Oe, Kenzaburo. *A Quiet Life*. Translated by Kunioki Yanagishita and William Wetherall, Grove Press, 1990.（该例来自The Modern Language Association of American,2021）

电子书著录格式：作者．*书名*．电子书标识，出版者，出版时间．

例如：

Crystal, David. *Making a Point: The Persnickety Story of English Punctuation.* E–book ed., St. Martin's Press, 2015.（该例来自The Modern Language Association of American,2021）

需要注意的是，MLA格式规定，引用书籍时，书籍的出版时间写所参考版本的出版时间，即书籍封面显示的出版时间或版权页上显示的时间中离现在最近的时间（The Modern Language Association of American,2021）。

③论文集中的论文或书籍中的章节。

著录格式：论文或章节作者．"论文题目或章节标题．"*论文集或书籍名*，edited by 编者，出版社，出版时间，PP．页码范围．

David, Middleton, and Derek Edwards. "Introduction." *Collective Remembering*, edited by David Middleton and Derek Edwards, Sage Publications, 1990,PP.40–56.

④学位论文。

学位论文著录格式：作者. *论文题目*. 年份. 论文单位，学位缩写 dissertation.

例：

Njus, Jesse. *Performing the Passion: A Study on the Nature of Medieval Acting.* 2010. Northwestern U, PhD dissertation.

（2）参考文献列表的编排。

MLA格式的文后参考文献列表排序与APA格式的排序要求相同，都是按文献条目第一个单词的首字母"A→Z"的顺序排列（开头作者姓的首字母、机构名称第一个单词的首字母等）。开头单词相同的文献按第二个单词排序，以此类推。对于以机构名或文献标题开头的文献条目，在按字母顺序排列标题时，忽略开头的冠词（A、An、The 或其他语言中的等价词）（The Modern Language Association of American, 2021）。

段落格式同样采用悬挂缩进两个字符的格式，如：

Njus, Jesse. *Performing the Passion: A Study on the Nature of Medieval Acting.* 2010. Northwestern U, PhD dissertation.

Tomasello, Michael. *Constructing a language: A usage-based theory of language acquisition*.Harvard University Press,2003.

Schmitt,Norbert. "Vocabulary in Language Teaching." *Tesol Quarterly*, vol.36, no.2, 2000, pp.235–236.

三、参考文献的引用原则和技巧

（一）引用原则

1. 重要性原则

论文中引用的文献应该是最重要和必要的文献，即与所研究论题高相关的、前沿的、经典或权威的，而不是详细罗列所有与研究相关的文献。

2. “一手”原则

在搜集文献的时候要尽可能遵守“一手”原则，引用文献时更要以引用“一手”文献为主，以免出现引用错误。如果实在找不到原始文献，但又不得不引用的内容，应标明转引自什么文献。

3. 质量原则

所引用的文献应该是质量比较高的文献，例如发表在级别较高的期刊上、引用频次较高的论文，出版社比较专业的专著、译著、编著等。

4. 准确性原则

文内引用的内容必须准确无误，不能断章取义，文内标注及参考文献著录中的文献信息也必须准确无误。引用参考文献是为了论证自己的研究、支撑自己的观点、方便读者查阅等，若在内容的引用、文内引用的出处标注以及文献著录中呈现的信息上出现错误，就达不到参考文献应有的作用，甚至会误导读者。

5. 规范性原则

在引用参考文献的过程中，首先，文内引用和著录格式都要严格遵循相应的规范，另外，文内引用的文献和参考文献著录中列出的文献要一致，即参考文献著录中列出的必须是文内引用过的文献，不能随便罗列作者没有亲自阅读过、文内也没有引用过的文献；文内引用过的文献在文后参考文献著录中不能有遗漏。

（二）引用技巧

在严格遵守学术伦理的基础上，具体引用文献时可以参考以下技巧：

（1）采用释义法引述相关内容，即在引用他人的成果时，结合当前的论述思路，尽量用自己的话转述需要引用的内容，而不是直接复制原话，同时还要按文内引用的规范标注所引内容的出处。用释义法引用观点时，要特别注意语言的组织，以确保转述内容的准确性。通常，论文中引用文献最多的是引言部分，其次是讨论部分。这两部分都是根据一定的逻辑层次和条理来论述，而不是罗列文献，因此，一般都是结合整体内容的组织进行引用，若机械地复制相关文献的原文内容，反而打乱论述的逻辑和结构，以及行文的流畅性和连贯性。这是最自然且合适的引用方式，但很多初涉论文写作的学生，往往不善整合，需要有意识地训练。

（2）在不得不引用原话时，必须用双引号引注原文内容，按规范的格式在相应的位置标明出处，并在标出作者和发表时间的同时，标明引用内容所在页码。这样虽然符合引用规范，但也要避免大段引用原文。需要引用大段内容时一般用释义法重新组织语言。

（3）引用内容中如果涉及图表，一般要根据情况重新进行调整，并标明其来源：在被引用的图表标题上标注其出处（如作者、发表时间和页码等信息）；正文文字表述中提到引用的图表时，在图表序号上也要标注图表出处。

第三节　附录

一、附录的作用

附录是指附在正文后面与正文有关的补充内容，不是论文必备的部分，一般必要时才列出。有些与论文相关的重要资料，由于篇幅过长、内容较琐碎复杂或因某种原因不便编入正文中，就有必要将其作为附录放在正文后面（张林，刘燊，2020）。这样，可以在避免割裂全文重要内容的情况下，方便读者查阅或分析。具体而言，附录的作用主要有：

（1）帮助读者评估研究过程的合理性和研究结果的科学性。一个研究的合理性，除了问题和研究方法的合理性，还要看研究工具的设计、研究材料的选择等的合理性，这些内容的合理性决定了研究结果的科学性。例如，使用调查问卷进行的研究中，问卷设计的合理性就很重要；实验研究中实验材料的选择是否合理也很重要。但是由于篇幅的限制以及重要内容之间合理衔接的需要，不可能把整个调查问卷放到研究方法部分，也不可能把所有的实验材料在方法部分呈现出来。因而一般作为附录附在正文之后，方便读者查阅，从而做出较准确的判断。

（2）有利于进行重复研究。在实证研究尤其是实验研究中，研究的可重复性也很重要。一些研究得到的结论、构建的理论等，要得到承认，都必须能被他人在同等条件下重复，这是科学研究的基本原则之一。而要保证其他研究者能够顺利重复一项研究的条件就是让其充分掌握这项研究的具体设计以及相关材料的详细信息。因此，在实证性研究中，将重要的相关材料附在正文之后是必要的。

二、常见的附录类型

常见的附录有问卷、访谈提纲等调查工具，或实验材料、测试卷、大型表格、词表、数学证明、计算机程序等。在语言学研究中，一般主要有问卷等调查工具、测试卷、实验材料、词表等。

三、附录的编排

一篇论文可以有多个录，只有一个附录时，以“附录”作为一级标题（与正文中的一级标题同级），然后将附录内容放在标题下方即可。若有多个附录，则需进行编序，如“附录1”“附录2”“附录3”……，或“附录A”“附录B”“附录C”……，同时为每个附录提炼一个题目，然后依次列在一级标题“附录”之下。

第十章

正文的形式规范

第一节　章节标题和序号的规范

一、章节标题的规范

（一）章节标题的设计

实证类论文由于内容框架基本一样，一般包括引言、研究方法、研究结果、讨论和结论几个部分。因此，一级标题基本上是固定的，研究方法部分的二级标题也大同小异，其他二级标题和三级标题则因研究内容的差异而不同。理论类论文和实证研究以外的经验研究论文，则各级标题均因研究内容的不同而不同。

一般除了论文中固定部分的标题（如所有论文的引言、参考文献、附录等部分的标题，实证论文的一级标题和研究方法部分的部分二级标题），其他的标题在设计时应体现下述特点：（1）具体。章节标题的表述应该非常具体，不能含混笼统；（2）简短凝练。章节标题是对对应章节内容的概括，因此要通过总结归纳，提炼出核心内容，并用最简洁凝练的文字表述出来，使读者能够快速通过标题大致清楚这部分主要介绍什么内容。（3）准确。与全文标题类似，章节标题的表述也要做到准确无误，不能有歧义，更不能出现语言表达的错误，要准确地传达本部分的主要内容。（4）题末不用标点符号（问号、叹号、省略号除外）。

（二）标题的关系

在写论文时，首先就要做到全文结构安排合理，逻辑准确，层次分明；然后在设计每一部分的章节标题时，在文字表述上也要体现出恰当的层次关系。做到同级标题处于并列关系（不要有互相包含或交叉的关系）；上下级标题之间则要有清楚的包含与被包含的关系，即下级标题的范围不能超出上级标题的范围。

二、章节序号的编排

常见的论文章节序号形式有三种，其中第一种是国际通用的形式。我们统计了语言学CSSCI（2021-2022）来源期刊（共25个期刊）的章节序号使用形式，具体使用比例如下表所示（表中“语言学CSSCI（2021-2022）来源期刊使用比例”简写为“使用比例”）。

表 10.1　语言学论文章节序号形式及中文核心期刊的使用比例

	形式一	形式二	形式三	其他形式
形式样例	1 XXX（一级标题） 1.1　XXX（二级标题） 1.1.1 XXX（三级标题）	一 XXX（一级标题） 1.1　XXX（二级标题） 1.1.1 XXX（三级标题）	一 XXX（一级标题） （二）XXX（二级标题） 1.XXX（三级标题）	
使用比例	52%	24%	12%	12%

总的来看，目前国内语言学CSSCI（2021—2022）来源期刊采用“形式一”的最多，其次是形式二，采用第三种及其他章节序号形式的期刊较少。有些期刊一级标题序号后加标点符号（阿拉伯数字序号后加“.”，中文数字序号后加顿号“、”。大部分期刊一级标题序号后空一格，不加标点符号。另外要注意，标题层次不宜过多，通常论文设置三级标题，不提倡使用三级以上标题，最多不超过5级。

第二节　例句的规范

一、例句的序号

论文中例句的序号一般采用阿拉伯数字加圆括号的格式，并且通篇统一编号。无论例句是在同一章节中出现，还是不同章节中出现，均按出现的顺序依次编序。例如：

例

（1）……

（2）……

（3）……

（4）……

……

如果论文中一共有20个例句，那么例句的序号按所呈现的顺序编为（1）—（20）。

如果需要分组给出例句，那么每一组的序号用阿拉伯数字加圆括号的格式，每一组中的单个例句用小写的字母编序。例如：

例

（1）a.……

b.……

（2）a.……

b.……

……

二、例句的字体

通常论文正文的字体采用宋体，为了与正文内容有所区分，方便读者查阅，例句的字体一般设置为楷体。

三、例句的格式与标记

例句的基本呈现原则是清晰明了。具体来讲，要注意以下几点：

（1）一般独立成段。对于较长的例句，一般从序号开始，一个例句一个段落，如图10.1所示。

现代汉语中的“说是”在共时层面上形成了一个异质的层次复杂的集合，集合内的成员处于“跨层共现—固化结构—词汇形式”多级连续统的不同位置。例如：

（1）问她是谁把孩子送回来的，她说是一个陌生的女人。[①]（电视访谈《对话·女记者与大毒枭刘招华面对面》）

（2）这是今天最好的玫瑰，叫“红衣主教”，说是从云南运来的。（安顿《绝对隐私》）

（3）何建国给她三千说是不用找了，剩下的算是跑腿费。（电视剧本《新结婚时代》）

图10.1　独立成段的例句（来自 李冬梅，施春宏，2020）

如果是成组的例句，一般一组占一个段落，每个例句的编号在组编号的反括弧之后位置对齐，如图10.2所示。

另一方面，一般在概括词法和句法的结构类型基本一致时，都是从主谓、述宾、述补、联合、偏正这五种来考虑的。如果扩大考察的类型，就会发现新的问题。例如：

(2)a. 元世祖还没有丢掉招降的幻想，决定亲自劝降文天祥。(CCL)

b. 宗翰派了一名金将跟郭振民一起到开封，劝宗泽投降。(CCL)

其中的“劝降”和“劝宗泽投降”常常分别被视作兼语式复合词和兼语式短语。然而，对复合词而言，“劝”的客体（“文天祥”）和“降”的主体（“文天祥”）整合后出现在宾语位置；而对短语而言，“劝”的客体（“宗泽”）和“投降”的主体（“宗泽”）整合后出现在两者的中间，形成了一种隔开式的表达。如果说兼语式复合词来自于兼语式短语的话，这个过程中显然还有一些需要特别说明的地方。有时句法结构和词法结构虽然表面上指同样的结构关系，而在实际相关语义成分的句法安排上并不一致。

图10.2　成组的例句（选自 施春宏，2017）

（2）标注关键信息。有时候我们在例子中重点展示的只是一个字、一个词、一个短语或某个构式，只是需要将其放在句子中进行展示，以便解释相关信息，这时候要根据举例的目的把核心内容用着重号、下划线、括号等标注出来，甚至加粗，来凸显要展示的核心内容。如图10.2例（2）中作者要说明的是“劝降文天祥”和“劝宗泽投降”这两个结构，故把这两个部分标注出来。另外，作者要分析的是这两个短语的结构，因而按句法结构用不同的符号对不同的结构成分进行标注。

（3）成组的具有结构性或顺序性的例句，要用公式化的或者结构化的形式直观地展示出来。如图10.3所示。

> 有的研究试图在不同类型的定语与不同的句法位置之间建立起对应关系，如王远杰（2008）将汉语多项定语抽象为三个槽位，按照语序为：
>
> （8）定位槽位 > 定量槽位 > 定类槽位
>
> （9）［定位昨天桌子上他那］［定量三个］［定类大瓷］［核心名词杯子］

图10.3　结构化的例子（唐正大，2018）

（4）多个例句的多种属性可用表格列出。如果要呈现多个例句的多种属性，或者对比一组例句的多个属性，可放在表格中呈现，并标注出要点。这样显得更加工整直观。

（5）错误的例子前面加“*”，存疑的例子前面加“？”，可以分别用“？”“？？”“？？？”代表不同程度的存疑。如图10.4所示。

> 主语是单数还是复数⑤会对“感觉”类动词的叙实性产生较大的影响，具体来说就是：当主语为单数时，“感觉”类动词的叙实功能会比主语为复数时要低。例如：
>
> （8）a. 赵辛楣觉得方鸿渐喜欢苏文纨，其实鸿渐根本不喜欢她。
>
> b. ？大家都觉得方鸿渐喜欢苏文纨，其实鸿渐根本不喜欢她。
>
> c. ?? 所有人都觉得方鸿渐喜欢苏文纨，其实鸿渐根本不喜欢她。
>
> d. *所有人都知道方鸿渐喜欢苏文纨，其实鸿渐根本不喜欢她。

图10.4　错误或存疑的例句（来自 李新良，2018）

（6）例句出处在句末用圆括号标注。一般基于真实语言材料的研究，在举例时应把例子的出处标出来，如图10.1和图10.2中的例子，图10.1中标注了例句所在文本，图10.2是从语料库中提取的例句，因此标注了语料库[①]。

① 例子中的CCL是指北京大学CCL语料库检索系统。网址：http://ccl.pku.edu.cn:8080/ccl_corpus

第三节　图表和公式的规范

一、表格的规范

（一）表头

学术论文中每个表格都必须有一个表头，表头由表序和表题构成。下面分别对表序和表题的特点和规范加以说明。

1. 表序的编排

表序一般用“表+序号”的形式呈现，序号可以用不同形式的数字，如：表1、表2、表3……，表一，表二，表三……，或以章节序号与表序号组合的方式呈现，如：“表1–1，表1–2，表1–3……”或者“表1.1，表1.2，表1.3……”。一般学术论文采用前一种形式呈现，若无特殊要求，一般用“表1、表2、表3……”这样的格式，并且通篇统一编序。学术著作中的表序一般采用第二种形式，按章节编排，每一章从1开始重新编序。如，第一章中的表序为“表1–1，表1–2，表1–3……”或“表1.1，表1.2，表1.3……”，第二章中的表序为“表2–1，表2–2，表2–3……”或“表2.1，表2.2，表2.3……”，依此类推。

需要注意的是，同一篇论文或同一章内表序必须连续，不得跳缺。即使全文只有一个表格，也要有表序，即“表1”。如果是按章节编序，某一章即使只有一个表，也同样要编序，即“表1–1”或“表1.1”。

2. 表题的特点

（1）标题式，简短精确。一般在15个字以内为宜。

（2）内容上要体现表格的主要内容和要呈现的目的。

3. 表头的格式和位置

表头一般格式为表序后空一格写表题，整体居中放在表格上方。如图10.5

所示。

表 1 示出了四种搭配的 12 种词语组合形式。需要说明的是，在动宾搭配、主谓搭配和介动搭配中，动词之后既可衔接动词、形容词等实词，如“学到”“斟满”，也可衔接助词、趋向动词等虚词，如“唱着”“找回来”，由于这些词语多位于动词之后，用于对动词的状态、方向和结果进行补充说明，且可叠加使用，本文在描述动宾、主谓、介动搭配中的词语组合形式时，将其统称为“后缀词”。

表 1　四种通用搭配类型的形式

搭配类型	词语组合形式	示例
动宾搭配	动词 + 宾语	喜欢 看书
	动词 + 后缀词 + 宾语	唱 着 歌；提 上 日程；斟 满 酒
	动词 + 后缀词 1 + 后缀词 2 + 宾语	学 到 了 技术
主谓搭配	主语 + 谓词（动词/形容词）	歌曲 流行
	主语 + 谓词 + 后缀词	中国 经历 了
	主语 + 谓词 + 后缀词 1 + 后缀词 2	戒指 找 回来 了
定中搭配	形容词 + 名词	著名 大学
	形容词 + 的 + 名词	卑鄙 的 人
	名词/动词 + 名词	专业 书籍；改进 方法
状中搭配	副词 + 动词	突然 改变
	副词 + 地 + 动词	有效 地 提高
	副词 + 形容词	非常 漂亮

（二）汉语特有搭配类型

1. 量名搭配

汉语中的量词位于数词或指示代词与名词之间，用于表示事物或动作的数量单位，可以分为名量词和动量词。无论是表示个体事物数量还是动作次数，一些名词和动词都要求特定的量词进行修饰，名词、动词与量词之间构成了一种约定俗成的惯性表达。

图10.5　标题的格式和位置（来自 胡韧奋，肖航，2019）

（二）表格

表格的制作和编排主要注意以下几点：

（1）表格内容必须与对应的文字内容有直接联系；

（2）保证表中数据正确无误，工整清晰；

（3）数字空缺的空格加“–”，占两个数字的宽度。否则读者无法判断空缺处是书写遗漏还是没有数据。也不能写成“0”，因为在一些展示百分比的数据表中，“0”的意义和数据空缺的意义是不同的。例如一个展示学习者正确率的表格中，“0”表示没有偏误，即产出内容均正确，而“–”代表学习者没有相应的产出。

（4）表内文字上、下或左、右相同时，采用通栏处理方式，可以通过合并单元格的形式或者重复书写的方式呈现，不能用“同上”之类的写法。

（5）实证性研究中，采用SPSS等统计工具得到的数据一般用三线表格来呈现。如表10.2所示。

表 10.2　三线表格示例（来自李梅秀等，2020）

	口语产出	单音节朗读	双音节朗读	短文朗读
口语产出	1.000			
单音节朗读	.453**	1.000		
双音节朗读	.539**	.870**	1.000	
短文朗读	.592**	.500**	.486**	1.000

（6）表格的位置：一般在离相关文字表述最近的地方居中放置，表格上方一般为引出表格内容的文字，下方为解读表格内容的文字。如图10.6所示。

研究以克伦巴赫 α 系数作为量表的内部一致性指标来考察量表信度，同时对双变量进行了相关分析，信度系数和各个分量表与总量表的相关系数与显著性分析结果如表 1 所示：

表 1 量表信度检验

量表		信度系数	双变量分析
总量表		0.926	——
分量表	认知策略	0.691	0.845（p<0.01，非常显著）
	补偿策略	0.690	0.743（p<0.01，非常显著）
	记忆策略	0.720	0.788（p<0.01，非常显著）
	元认知策略	0.842	0.849（p<0.01，非常显著）
	社会策略	0.716	0.831（p<0.01，非常显著）
	情感策略	0.737	0.797（p<0.01，非常显著）

由上表 1 可见，该量表适用于测量外国留学生将汉语作为第二语言的学习策略，具有比较好的内部一致性。双变量相关分析结果表明该量表也具有较高的同质性。

图10.6　表格与文字的匹配（来自 张利蕊，万莹，2019）

（7）尽量不要跨页，若不得不跨页，则作如下处理：表格在下页接写时，表头应重复书写，并在右上方写“表xxx（续）”或“表xxx（完）”。多项大表可以分割成块多页书写，接口处必须注明接下页、接上页、接第X页字样。

二、图的规范

（一）图的类型

学术论文中可能用到的图有插图、流程图、关系图、思维导图、数据图等，一般最常用的是数据图。包括柱形图、条形图、折线图、饼图、散点图、面积图、雷达图等，其中常用的是柱形图、折线图、散点图。

需要注意的是，有些数据既可以画成柱形图，也可以画成条形图或折线图。在论文中加入图表时，需根据数据的特点和呈现的目的来选择合适的数据图。

（二）图标题

与表格类似，论文中的图标题也由图序和图题构成，以下分别进行说明。

1. 图序的编排

图序的编排与表序要求基本相同，一般用“图+序号”的形式呈现，序号可以用不同形式的数字，如：图1、图2、图3……，图一，图二，图三……，或以章节序号与图序号组合的方式呈现，如：“图1–1，图1–2，图1–3……”或者“图1.1，图1.2，图1.3……”。一般学术论文采用前一种形式呈现，若无特殊要求，一般用“图1、图2、图3……”这样的格式，并且通篇统一编序。学术著作中的图序一般采用第二种形式，按章节编排，每一章从1开始重新编序。如，第一章中的图序为“图1–1，图1–2，图1–3……”或“图1.1，图1.2，图1.3……”，第二章中的图序为“图2–1，图2–2，图2–3……”或“图2.1，图2.2，图2.3……”，依此类推。

图序也必须连续，不得跳缺。如果是全文统一编序，即使全文只有一个图，也要有图序，即“图1”。如果是按章节编序，某一章即使只有一个图，也同样要编序，即“图1–1”或“图1.1”。

2. 图题

图题的要求与表题一样，要采用标题式的表达，做到言简意赅，一般15

个字以内为宜。要体现图的主要内容和要呈现的目的。

3. 图标题的格式和位置

图标题的形式为序号后空一格写图名，居中放在图的正下方，这是与表头不一样的地方。

（三）图的格式和质量

论文中的图主要注意以下几点：

（1）图片质量方面，线条类的图应保证线条清晰，粗细均匀，比例适当；其他图片应图像清晰，层次分明，反差适度。图片内容简洁清晰，重点突出。

（2）图中文字一般相当于宋体6号字。

（3）较大的单个图片一般居中放置，需要同时展示的成组图片，根据图片的关系、大小等，以清晰工整为原则编排。

三、公式的规范

语言学研究中有时候也会涉及到一些公式，公式一般独立于其他段落（放在与之内容相关的两个段落之间）居中放置，公式后面用圆括弧标注序号，一般用“（1）（2）……”的格式，通篇统一编序。例如：

$$\mathrm{P}(Z \mid Y)=\frac{P(Y \mid Z)P(Z)}{P(Y)} \qquad (1)$$

有时按所在章节编为“（1–1）（1–2）……”的格式，例如：

$$\mathrm{P}(\mathrm{Z}\cap\mathrm{Y})=\mathrm{P}(\mathrm{Y}|\mathrm{Z})\,\mathrm{P}(\mathrm{Z}) \qquad (2\text{–}1)$$

无论涉及到的公式为以上这类数学公式，还是文本型的公式（如：偏误率=偏误数÷总搭配数），均以上述格式呈现为宜。

第十一章
学位论文的排版与修改

第一节　学位论文的排版

作为科学研究成果的书面记录，学术论文在呈现形式上应体现科学研究的严谨性和规范性。因此，学术论文的排版十分重要，尤其是学位论文，通常需要学生按学校给定的详细排版要求自行完成排版工作。本节以Word2019为例，着重介绍学位论文排版中最基础的几项排版操作。其他版本的Word及WPS文字的操作与Word2019中的操作大同小异，学会Word2019中的操作之后，使用任何一个版本进行论文排版工作都将得心应手。

一、命名与保存

在开始撰写论文之前，首先需要创建一个新的word文档，这里我们建议直接采用学校提供的毕业论文模板。因为学校提供的模板一般已经有设计好的论文封面、原创声明与版权说明页，并规定了中文摘要和关键词、英文摘要和关键词、正文、参考文献、附录以及致谢的位置和顺序，可以直接按模板设计好的布局填写相应的内容，这样既省事又能保证写出来的论文整体布局符合学校有关学位论文排版的要求。具体步骤如下：

第一步，打开学校提供的模板，点击“文件”→“另存为”，选择要保存的文件夹，更改文件名。若学校对论文文件名的格式有要求，就按学校的要求命名，若没有具体要求，建议文件名的格式设为“学号+姓名+论文题目”，保存类型选“word 97-2003文档”，这样可确保发给老师或同学修改时，对方即使用较低版本的word也能打开。如果学校没有提供模板，则新建一个空白文档，按上述步骤保存即可。

第二步，设置自动保存。在撰写论文和排版过程中，最重要的是保存。一般可以边排版边通过“Ctrl+S”快捷保存或点击工具栏左上角的保存图标进行保存。但在写作和排版过程中我们常常会忘记这一重要的操作，一不小心就可能丢失编辑好的内容。为保险起见，在开始写论文之前最好通过“文件”→“选项”→“保存”，在“保存”窗口中设置自动保存时间（如图11.1）。一般word默认的自动保存时间间隔是10分钟，建议改成5分钟，这样既不会在出现意外时损失过大，又不会使电脑因为频繁自动保存而卡顿。

图11.1　自动保存间隔时间设置

第三步，进一步的设置和撰写。做好上述命名和保存工作之后，可先设置好页面布局、样式等（详见下文中有关页面布局与样式使用的介绍），再填写相关信息。封面只在需要填写信息的地方填入相关信息，字体、字号一般采用默认的设置即可（不用自己设置），其他内容保持原样。专业、学号、姓名等信息，一般建议以居中的格式在其所填位置呈现，这样比较美观。原创声明与版权说明页保持不动。然后，在正文位置进行正文的撰写，之后分别在中文摘要和关键词页撰写中文摘要和关键词，在英文摘要和关键词页撰写英文摘要和关键词，并添加参考文献、附录、致谢等。

二、页面布局的设置

页面布局包括字体、字号、颜色、纸张大小、纸张方向、页边距、页面边框、分栏、文字方向、背景等内容的设置。在开始撰写正文之前，建议先设置好纸张大小、方向和页边距，然后在样式设置中设置字体、字号等内容（见下文“样式的使用”）。一般纸张大小和方向采用默认的格式（A4，纵向）即可，页边距则根据学校有关学位论文排版规范中的要求设置。

设置方法为：点击页面上方工具栏中的“布局”→“页边距”，然后在下拉菜单中选择合适的设置，若默认设置中没有与学位论文要求一致的设置，则可点击下拉菜单中最下方的“自定义页边距”（如图11.2），打开图11.3所示的窗口，在窗口中相应的位置进行设置。

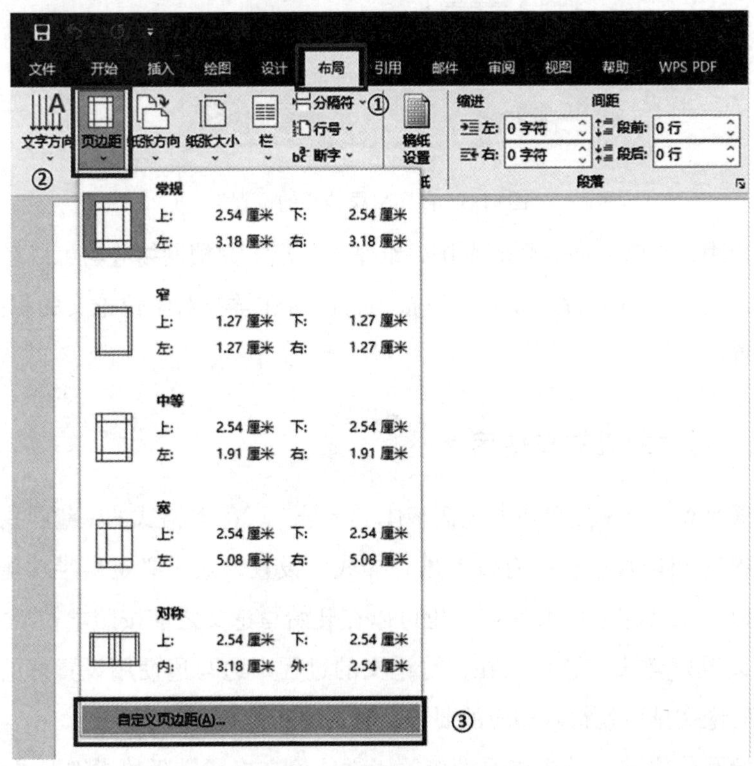

图11.2　页边距的设置

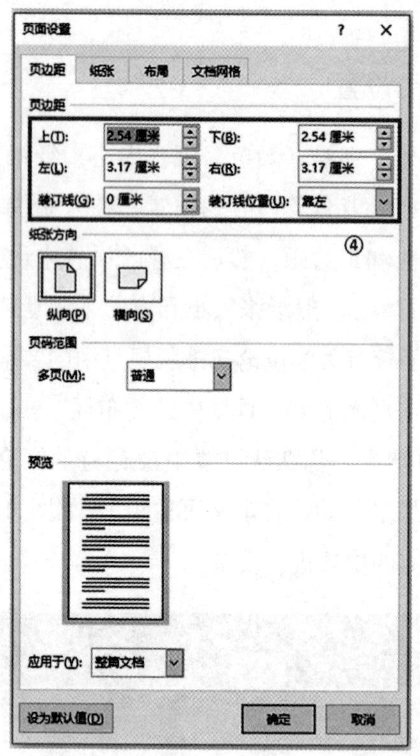

图11.3　自定义页边距的设置

页边距、纸张方向、页码范围、纸张、布局、文档网络等均可以在图11.3所示的窗口中进行设置，读者可以根据自己所在学校对学位论文的相关要求进行设置。

三、样式的设置与使用

样式是Word或wps文档中包括字体、字号、段落等格式的一组排版设置。在论文撰写和排版过程中有效应用“样式”设置，效果必定事半功倍。“样式”可以在论文完成以后使用，也可以在开始写论文之前按照学校规定的排版格式设置好样式，这样，在撰写论文的过程中边写边使用设置好的样式，写出来的论文排版就符合相应的要求，省去重新排版的麻烦。

开始写作之前，首先查看学校关于学位论文格式排版的详细要求，然后按照具体要求逐项设置。下文将以图11.4中有关正文和各级标题的格式要求为例，介绍如何创建、修改和设置样式（下文中“生成多级列表”也以此图中的格式要求为例）。

正文段落：宋体小四号，两端对齐，段落首行左缩进 2 个字符，行距为固定值 20 磅。
一级标题：编号采用“一”“二”的格式，文字采用黑体小三号加粗，居中书写，单倍行距，段前空 24 磅，段后空 18 磅，编号与标题之间空一格。
二级标题：编号采用“（一）”“（二）”的格式，文字采用黑体四号加粗，左缩进 2 个字符，段前空 24 磅，段后空 6 磅，行距为固定值 20 磅。
三级标题：编号采用“1.”“2.”的格式，文字采用黑体小四号加粗，左缩进 2 个字符，段前空 12 磅，段后空 6 磅，行距为固定值 20 磅。

图11.4　正文与标题格式要求案例

Word的样式库中一般已有“正文”“标题”等样式，理论上可以直接按所需格式修改已有样式，但直接修改系统默认的“正文”样式会有一定风险。因为样式里面的标题样式、公式样式等所有的默认设置都是基于正文样式设置的。贸然修改原来的正文样式，会牵一发而动全身，出现一系列的问题。而标题样式则可以通过“修改”套用已有样式进行设置，不存在与“正文”样式类似的风险，并且可以省去重新修改“属性”设置的麻烦。因此，建议“论文正文”样式采用“创建样式”的方式设置，“标题样式”采用修改系统默认标题样式的方式进行设置（见下文“设置标题样式”），这样比较方便快捷，同时可以避免因设置失误而影响目录生成等操作。

（一）创建“论文正文”样式

第一步，点工具栏中的“开始”，即可看到靠右侧的“样式”工具栏，然后点击右侧下拉菜单图标（小三角）（如图11.5）。

图11.5　点击“样式”右侧下拉菜单图标（小三角）

第二步，在下拉菜单中点击“创建样式”（图11.6），打开“创建样式”窗口（图11.7）。

图11.6 点“创建样式”打开窗口

第三步，在“创建样式”窗口中将“名称”改为“论文正文”（如图11.7），点击“修改”进入修改设置的窗口。

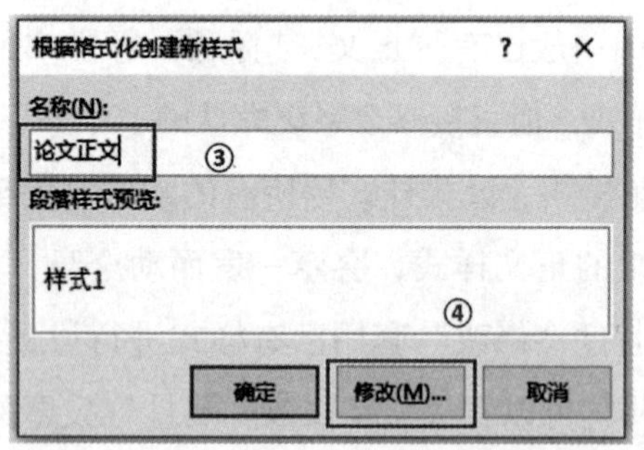

图11.7 修改“样式”名称并进入修改窗口

第四步，后续段落链接到“论文正文”，设置字体、字号为宋体、小四号，段落格式为两端对齐，然后点击左下角“格式”→“段落”（如图11.8），进入“段落”格式窗口。

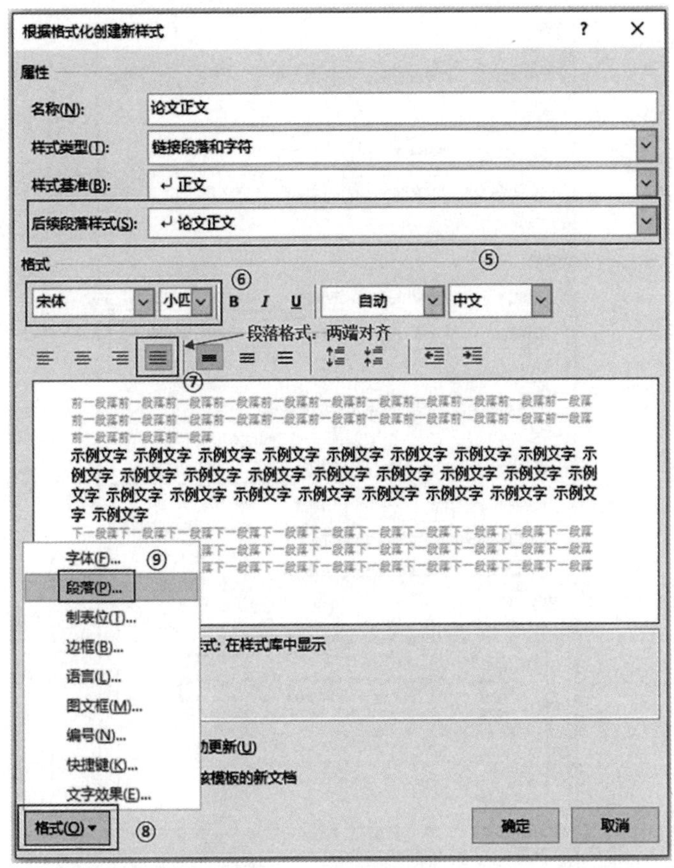

图11.8　“论文正文”的后续段落样式与文字格式设置

第五步，在“段落”格式窗口设置段落格式：段落首行左缩进2个字符，行距为固定值20磅，点击“确定”（如图11.9），完成“论文正文”的样式设置。

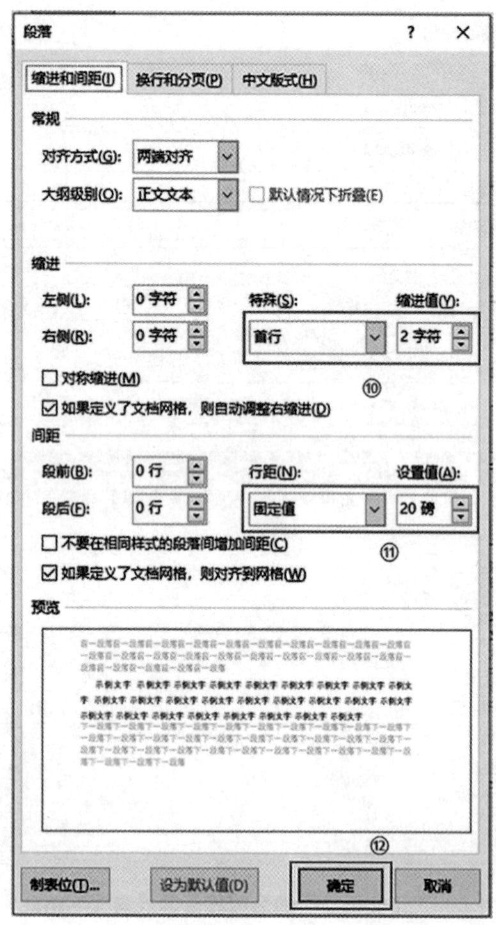

图11.9　设置“论文正文”段落格式

（二）修改样式

如果要修改创建好的样式，鼠标右键单击需要修改的样式，在下拉菜单中点击“修改”（如图11.10），即可进入“修改样式”窗口（如图11.11），参照创建样式时的设置步骤进行样式的修改即可。

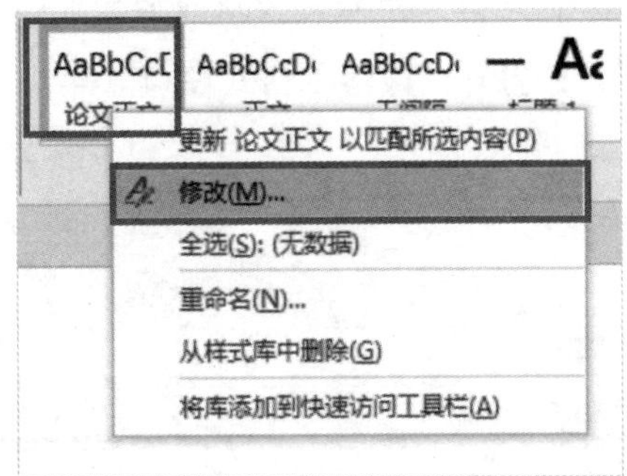

图11.10　修改样式选项

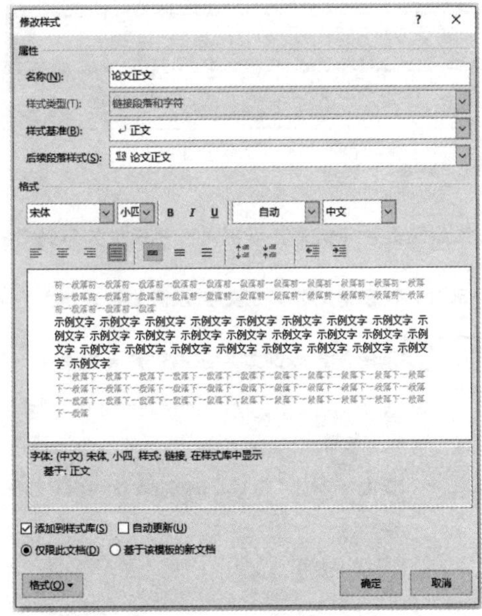

图11.11　修改样式

（三）设置标题样式

一般标题样式可以不用重新创建，直接通过修改word默认的“标题1”“标题2”“标题3”中的格式来设置。一级标题的设置步骤如下：

第一步，右键单击“标题1”→“修改”，在跳出的“修改样式”窗口设置一级标题的样式，如图11.12所示。名称改为“一级标题”，也可以不改，自己清楚其对应“一级标题”即可。“样式基准”和“后续段落样式”均链接到

“正文”（保持默认状态），字体、字号按要求改为：黑体，小三，加粗。然后点击“格式”→“段落”，打开“段落”格式窗口。

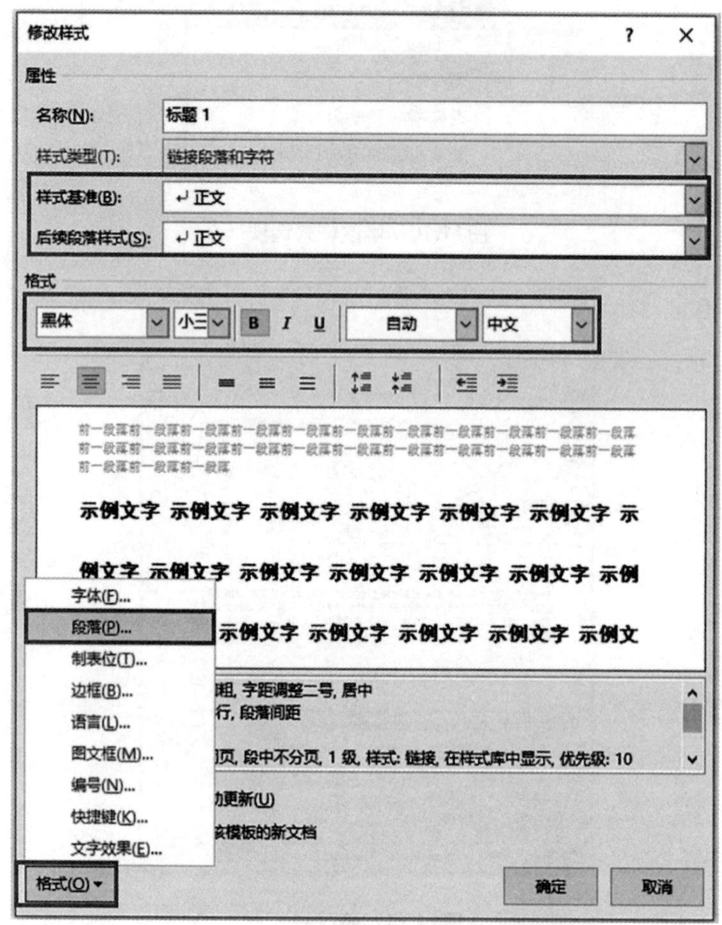

图11.12　通过“修改”方式设置“标题样式”

第二步，在如图11.13所示“段落”窗口修改段落格式。居中书写，单倍行距，段前空24磅，段后空18磅，“大纲级别”设为“1级”（这样在“导航窗格”及自动生成的目录中即显示为一级标题）。点击“确定”即完成一级标题的样式设置。

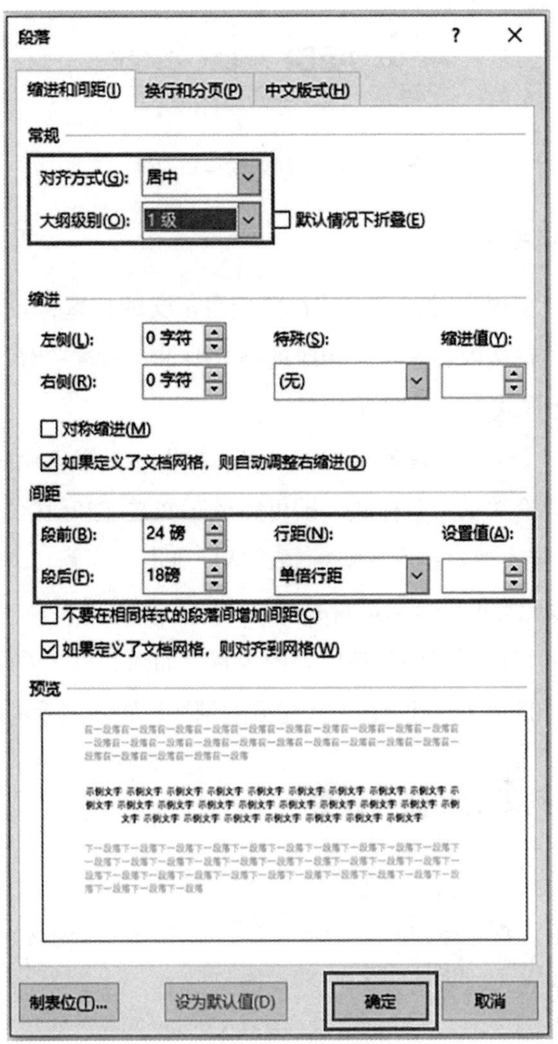

图11.13　设置段落格式

第三步，按设置“一级标题”的步骤分别设置二级标题和三级标题的样式（格式按图11.4的要求设置，“大纲级别”分别设置为“2级”和“3级”）。

正文和三级标题的样式都创建和设置好后，即可在样式列表中看到图11.14所示的样式列表。

AaBbCcI AaBl AaBbC AaBbC
论文正文 标题 1 标题 2 标题3

图11.14　创建好的样式列表

（四）使用样式

在写论文正文内容时，光标放在要撰写正文的位置，点击“论文正文”样式，写出来的正文内容就符合相应的格式要求。写标题时，以同样的方式选定对应的标题样式再书写即可。

如果先写好了论文再调整格式，也可先按上述步骤创建好样式，然后选定正文，点击“论文正文”样式，即可完成正文文字和段落格式的编排；按住“Ctrl”键，依次选定所有一级标题，然后点击“标题1”样式，完成一级标题的编排。以此类推，可以进行其他标题的编排。

Word样式还可以套用到其他内容的设置，如图和表格的题注。如果论文中图表比较多，也可以采用上述方式先设置题注样式，然后进行批量设置。

四、多级列表的生成与设置

第一步，点“开始”→“多级列表”，在多级列表库中选择与我们需要的列表形式类似的一种。图11.4中要求的多级标题样式可套用“当前列表”，因此点击“当前列表”（如图11.15）。

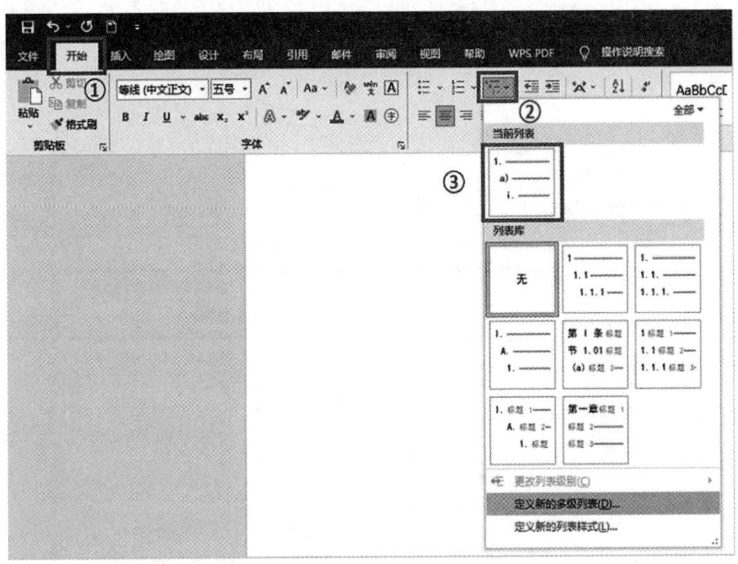

图11.15　选择要套用的多级列表样式

第二步，点“开始”→“多级列表”→“定义新的多级列表”（如图11.16），打开“定义新的多级列表”窗口。

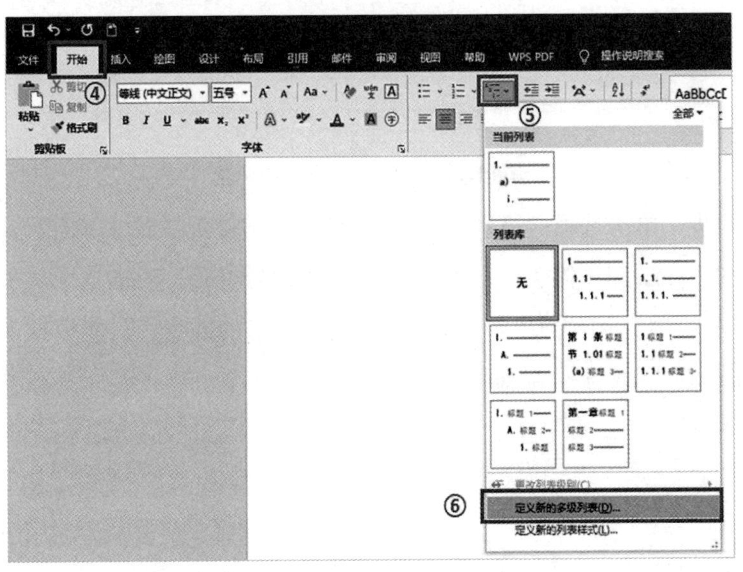

图11.16　打开“定义新的多级列表”窗口

第三步，点击“定义新的多级列表”窗口右下角的“更多”，然后将级别“1”链接到样式“标题1”，级别编号选择“一,二,三（简）...”，如图11.17所示。

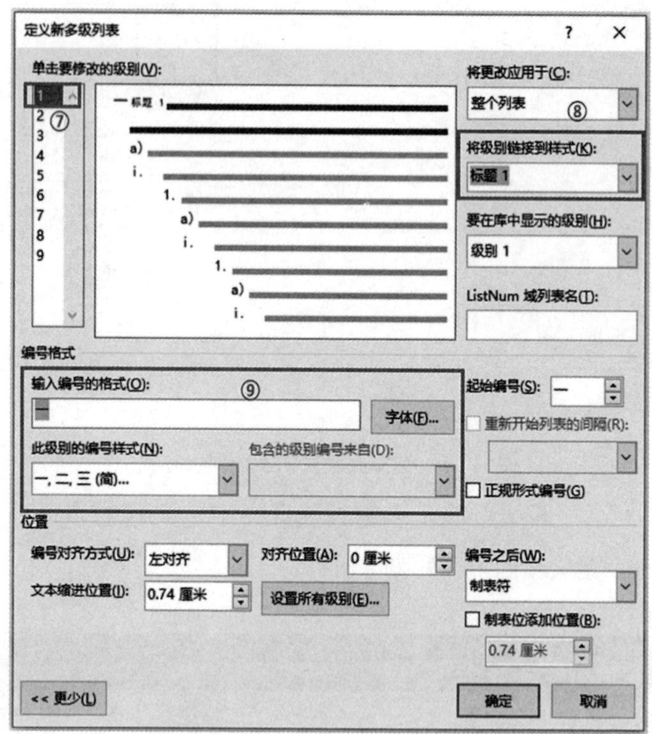

图11.17　链接并设置一级标题

第四步，单击选择“级别2”，将“级别2”链接到样式“标题2”，级别编号选择“一,二,三（简）...”，然后在“输入编号格式”对话框中“一”的前后分别输入“（”和“）”（注意，不能删除原来的数字，只能根据需要在数字前后添加文字或符号），如图11.18所示。

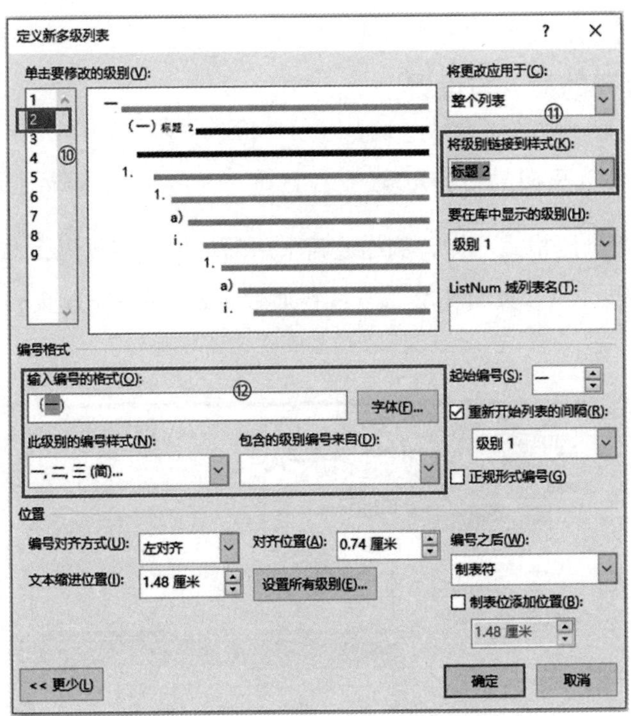

图11.18　链接并设置二级标题

第五步，用同样的方法将“级别3”链接到样式“标题3”，并按图11.4中“三级标题”的要求选择编号样式“1，2，3,...”。最后点“确定”，即完成多级列表的设置。

如果在写论文之前已经设置好样式和多级列表，在写“一级标题”时，先将光标置于一级标题位置，点样式中预先设置好的“标题1”，再书写标题内容，写出来的标题就是图11.4中要求的一级标题格式。同理，二级、三级标题的书写也采用一样的步骤。也可以在写好标题之后，选定标题，然后点击样式列表中对应的标题样式进行调整。

五、页码的插入与设置

（一）插入页码的一般步骤

如果通篇页码格式一样，例如通篇采用阿拉伯数字页码，那么通过“插入”→“页码”→“页面底端”→“普通数字2”即可完成页码插入，如图11.19所示。

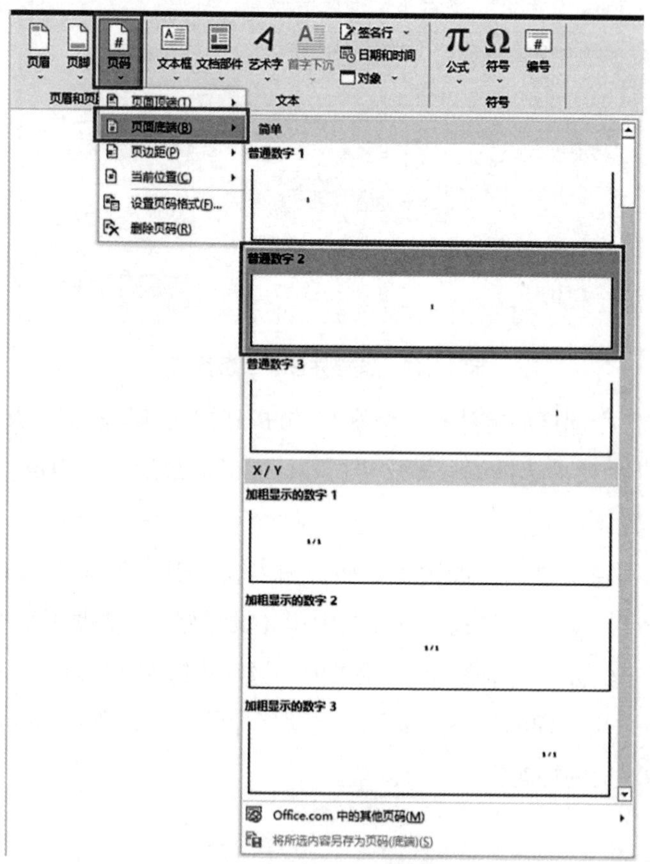

图11.19　插入通篇页码

若要修改页码格式，则通过“插入”→“页码”→“设置页码格式”打开“页码格式”窗口，选择合适的“编号格式”即可（如图11.20）。

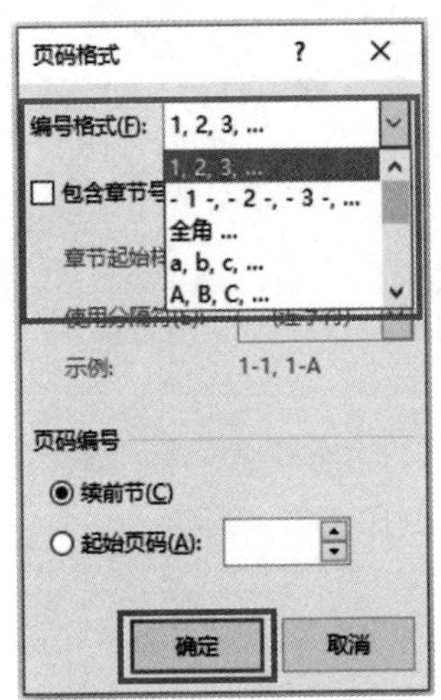

图11.20　设置页码格式

若要设置成“第1页”的格式，首先通过上述步骤插入阿拉伯数字页码，然后双击任意一页的页码，在数字前输入“第”，数字后输入“页”，将光标移至任意页面双击，即完成全文页码的设置。

（二）任意页插入页码

一般学位论文包括封面、原创声明和授权说明页、中英文摘要和关键词、目录、论文全文（正文、参考文献、附录）、致谢等内容。通常各个部分的页码格式要求不同，因此，需要学会在不同页面插入不同格式的页码。下面以图11.21中的页码要求为例介绍如何在任意页插入页码。

封面、原创声明和授权说明页：不设页码
摘要及目录页：罗马数字页码（如Ⅰ、Ⅱ、Ⅲ），居中置于页面底端。
正文及后续内容的页码：阿拉伯数字页码，居中置于页面底端

图11.21　学位论文页码格式案例

第一步，插入分节符。罗马数字页码要从中文摘要页开始，那么将光标放在中文摘要页的上一页，点击“布局”→“分隔符”→“分节符：下一页”（如图11.22），之后光标会跳至中文摘要页。

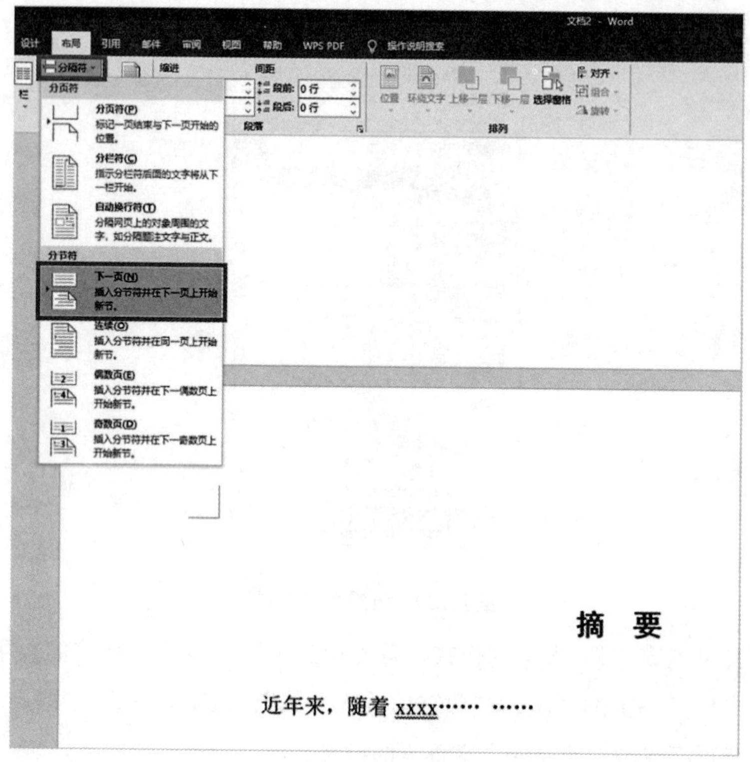

图11.22　插入分节符

第二步，设置页码格式。点击“插入”→“页码”→“设置页码格式”，进入“页码格式”窗口。“编号格式”选择罗马数字“Ⅰ，Ⅱ，Ⅲ...”，“页码编号”设置为“起始页码：Ⅰ”（此处是罗马数字页码的设置，因此保持默认的罗马数字“Ⅰ”，不要改成阿拉伯数字“1”），如图11.23所示。

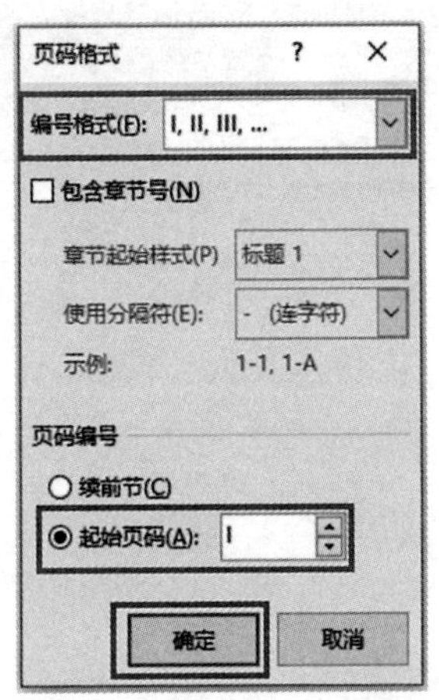

图11.23　设置页码格式

第三步，插入页码。通过“插入”→“页码”→“页面底端”→“普通数字2”，此时插入的页码格式即为罗马数字页码。

第四步，将光标移至正文第一页的上一页，插入分节符，然后重复上述第二步的操作，将“编号格式”设置为“1, 2, 3, ...”,“页码编号”设置为“起始页码：Ⅰ”（此处是罗马数字页码的设置，因此保持默认的罗马数字“Ⅰ”，不要改成阿拉伯数字“1”）。再重复第三步的操作，即完成正文阿拉伯数字页码的插入。

第五步，选中中文摘要页的页码“Ⅰ”，通过在“设计”功能区单击“链接到前一页”取消其与上一页的链接（如图11.24所示），然后双击选中原创声明和授权说明页页脚的页码，点“delete”键，即可删除本页及封面的页码。再将光标放在页面中任何位置，左键双击即可去掉页眉线条，完成全部的页码设置。

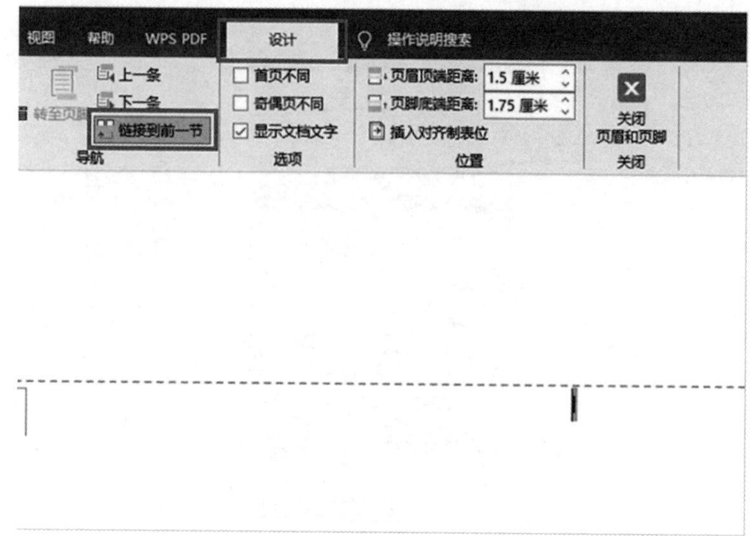

图11.24　取消与前一页的链接

六、目录的生成与设置

如果论文的各级标题都运用了事先创建好的对应标题样式，那么自动生成目录就比较简单了。

第一步，将光标定位在正文前面需要放置目录的页面，点击“引用”→“目录”，在“目录”下拉菜单中选择所需目录样式并单击。即可在光标位置自动生成一个目录。

第二步，设置目录样式。有时自动生成的目录字体、字号等格式可能不符合学位论文的格式要求，可以通过“引用”→“目录”→“自定义目录”，进入“自定义目录”窗口，然后单击“修改”（若“修改”按钮为灰色，请将“格式”改为“来自模板”）（如图11.25）。

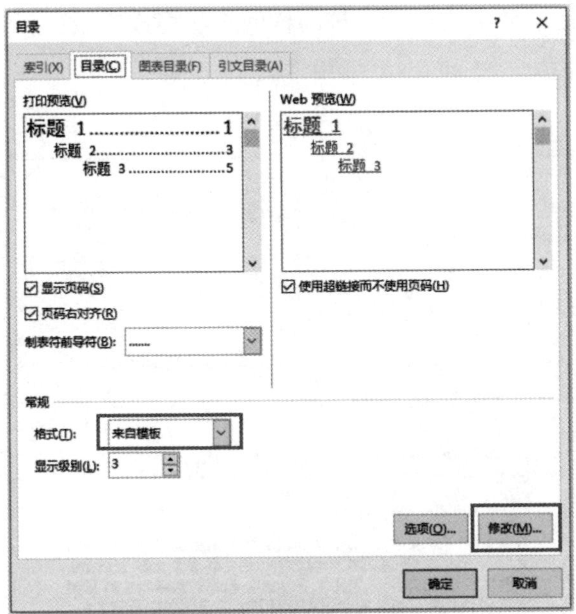

图11.25　修改目录格式

在图11.26所示窗口中选中一级目录（TOC 1），点击修改。

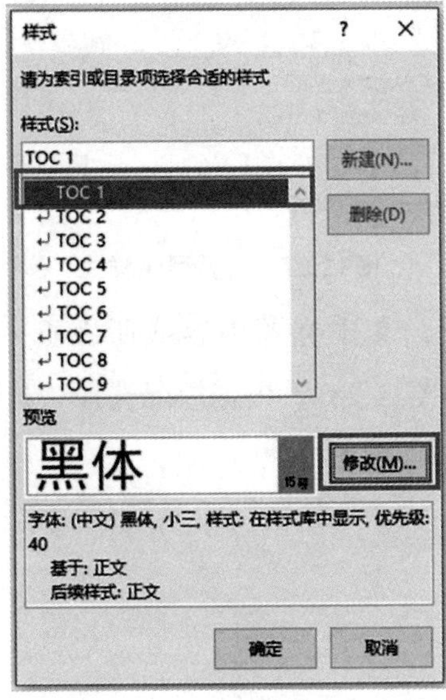

图11.26　选择要修改的标题级别

在跳出的窗口中设置字体、字号等格式（图11.27），然后点击“确定”，即可完成一级目录的格式设置，按同样的步骤完成二级、三级目录的设置，目录的生成就完成了。

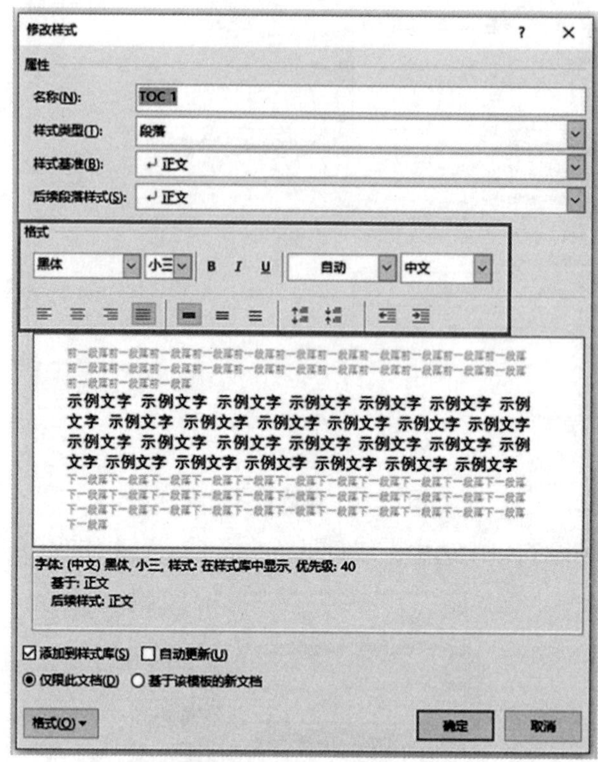

图11.27　设置目录样式

如果生成目录之后，文中标题内容或所在页码有变化，则点击“引用”→“更新目录”（如图11.28），根据情况选择“只更新页码”或“更新整个目录”进行目录的更新（如图11.29）。

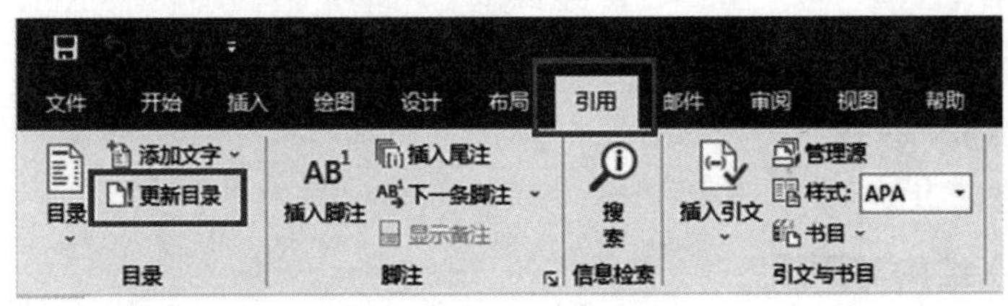

图11.28　更新目录

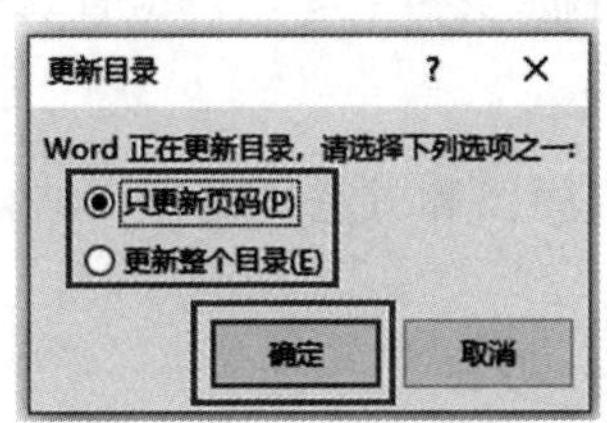

图11.29　选择更新选项

第二节　学位论文的修改

一、修改要求

一篇学术论文的质量永远没有最好，只有更好。每一次完成论文之后都要进行无数遍的修改，以期达到越来越好的效果。学位论文是多年学习的一项重要成果，也是很多专业的学生①顺利毕业并获得学位的前提。因此更需要反复仔细修改，做到尽可能完善。

具体来讲，学位论文的修改应做到尽力、尽善，不到最后不放弃。尽力，即尽自己所能，把相关知识和能力发挥到极致，尽可能修改到只剩自己能力不能及的问题；尽善，即以完美为目标，尽可能修改到对于自己来说最完美的水平。应该按这样的原则，反复修改，直到提交终稿。

① 有些专业通过毕业设计检验学生综合运用所学理论、知识和技能解决实际问题的能力。

二、修改要点

（一）结构与逻辑

通读目录中的标题，检查论文全文框架结构是否符合逻辑，层次是否清晰。再看每一章的下一级小标题和主题句，检查每一章的内容安排是否符合逻辑，前后是否连贯。

检查问题的提出、研究思路和方法的设计、结果的推论等是否符合逻辑，是否相互照应。

（二）内容的完整性与准确性

1. 研究问题、研究思路与方法、研究结果与结论是否准确清楚，重点是否突出；各组成部分是否有遗漏；每个部分应该包含的要素是否齐全，表述是否清晰准确等。例如，“摘要”中是否已包含研究问题、研究方法、研究结果和结论等必备要素；“研究方法”部分是否完整地呈现了具体的研究设计、研究对象、研究工具及相关材料、研究过程等内容；“讨论”中是否遗漏了很重要的观点、理论，应详细解读并展开讨论的结果是否都得到了合理的解释和讨论。

2. 图、表以及图、表中的数据，是否完整、准确；数据的报告和解读是否合理，重点是否突出等。

3. 应该明确界定的概念、变量等是否已经一一给出明确的定义或说明；注释等信息是否完整、准确等。

（三）引用与参考文献

1. 引文内容是否准确（必要时找出对应的文献进行核对），引述是否恰当，是否已注明出处。

2. 文内引用的参考文献与文后参考文献列表中所列文献是否一致。是否存在文中引用过的文献没有在文后参考文献列表中列出的情况；是否在文后参考文献列表中列了没有引用过的文献。如果存在不一致的情况，需要进行增删，做到文内引用的文献和文后参考文献列表中的文献一一对应。如果在写作过程中通过文献管理软件插入引文，文内和文后参考文献的增删就是同步的，可以省去人工核查的麻烦。

（四）语言文字

逐字逐句通读全文，检查语言表达是否清晰流畅、前后连贯、简洁准确，文字是否正确，标点符号是否规范。由于很多语言文字方面的错误在电脑屏幕上不易发现，建议将论文打印出来，并且逐字逐句出声朗读一遍。因为默读时，眼睛不是逐字扫描，而是“跳跃式”“扫描”，容易受语境影响，进而忽略一些语言文字方面的错误。

（五）格式

内容修改完之后，要根据所在学校有关学位论文的格式要求，仔细核查论文的整体布局、图文等是否符合规范，具体格式是否符合要求。

三、修改流程

论文通常需要修改很多遍，甚至几十遍，在反复修改的过程中不断完善。一般完成初稿之后，按照上述修改要点仔细修改几遍，比较完善之后交给导师，等导师返回修改稿之后再针对导师提出的具体问题和建议逐一进行修改，修改好后再发给导师查看，返回以后再修改，直到导师认为可以参加答辩为止。答辩完以后先按老师们提出的问题和建议修改一遍，最后再按照“修改要点”仔细修改几遍。

需要特别注意的是，导师在论文修改过程中起到的应该是解决核心问题、有效拔高论文高度的作用，而不是充当文字编辑。因此，在交给导师初稿之前一定要修改到位，把自己能发现、能解决的问题逐一修改好，修改到以自己当前的能力已经“改无可改”的程度，再交给导师。以便导师针对论文的重点内容给出建设性的建议，达到有效提升论文质量的目的。而不是让导师把时间和精力浪费在解决我们本应自己解决的小问题上。

四、修订稿的处理技巧

一般导师在审阅论文的过程中，会采用word审阅功能进行修订和批注。收到导师返回的修订稿后，建议先保存好原始修订稿，然后另存一份再打开修改。修改导师修订稿时，建议先处理修订内容（格式的修改、文字的修改或增删等），再处理批注。

处理修订内容的步骤是：

第一步，检查每一处修订是否涉及文中其他地方，并逐一进行修改。很多导师会在审阅论文的过程中顺便修订发现的格式错误、语言文字问题等。但由于导师的主要任务不是处理格式和语言文字一类的基本问题，所以导师并不会逐一细致地修订。因此，针对导师的每一项修订，应该检查文中其他地方是否存在相同或类似的错误，并进行修改。如图11.30中，导师将“成效”改成“有效性”，这时要检查文中所有用到这个概念的地方，并全部改成“有效性”，这类修改可通过点击“开始”→“替换”，在“替换”窗口完成全文的修订。如果导师修改了某处格式，那么要检查全文其他相似的地方是否存在同样的格式问题，并进行修改。有存疑的地方做好标记，留待与导师商讨。

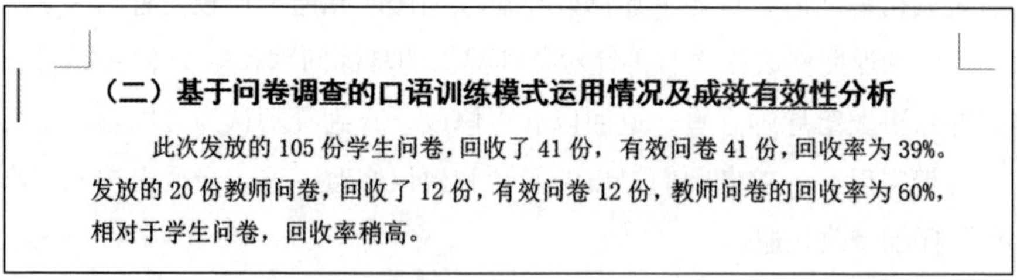

（二）基于问卷调查的口语训练模式运用情况及成效有效性分析

此次发放的105份学生问卷，回收了41份，有效问卷41份，回收率为39%。发放的20份教师问卷，回收了12份，有效问卷12份，教师问卷的回收率为60%，相对于学生问卷，回收率稍高。

图11.30　导师修订项的同类或相关错误检查

第二步，完成所有修订项目的相关错误排查之后，通过“审阅”→“接受”→“接受所有修订”（如图11.31），批量完成全部修订的处理。之后，文档中的审阅痕迹就只剩批注了。

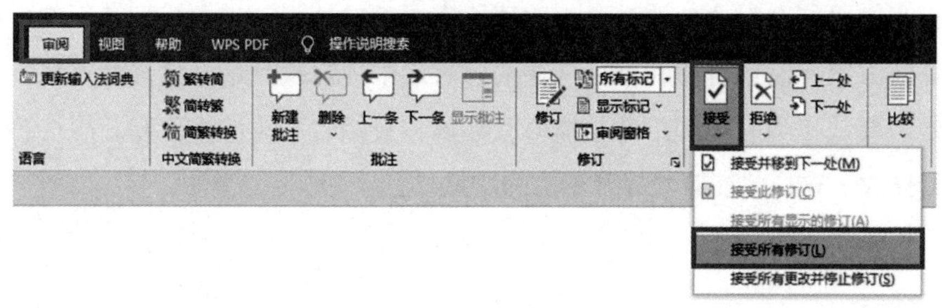

图11.31 一键接受所有修订

建议采用“先结构后内容”“先易后难”的顺序处理批注，具体步骤为：

第一步，浏览所有批注，看看是否有关于结构调整的建议，例如调整某些章节或段落的顺序，调整图、表的位置等，如果有，应该先处理这些批注。首先按批注中的建议调整相关内容的组织结构，再返回到批注框查看具体建议，确认已调整到位，就可以删除这项批注。以此类推，逐一处理有关结构调整的批注。

第二步，浏览剩下的“内容型”批注（有关内容的建议），按“先易后难”的顺序，一个批注一个批注地处理。每一个批注的处理顺序同样为：先根据建议进行调整或修订，然后再次查看批注文字，确认是否修改到位，再删除批注框。按这样的步骤处理完所有批注框，全部针对导师审阅批注的修改就完成了。

注意，对于导师的修订或批注，也要结合实际情况进行审视之后再行修改。存疑的地方做好标记，等处理完所有审阅痕迹之后找导师商讨，而不是盲目地接受导师所有的修订和批注建议。因为一般情况下导师主要关注的是全文的宏观组织结构及核心内容，不会逐字逐句去修改。因此有些地方的修订可能忽略了作者原本比较合理的安排。这种情况就需要向导师说明相关情况，并听取导师在详细了解了具体情况之后提出的建议，确保所作修改合理有效。

通常，导师会多次对论文进行审阅和批注，建议将导师返回的每一个修订稿都单独保存一份，以便后续修改中涉及相关问题时打开查阅。因为对于导师的某些建议，不是一次就能修改到位的。一篇学位论文，在数次修改之后，我们可能会对之前的某些修改建议有了新的认识，进而找到了新的更好的修改方案；又或许要在最后几遍的修改之中才能找到最好的修改方案。这时候需要找出当时导师给的具体修改建议，再结合后续的修改和新想法再次进行修改。这样才能有效提升论文的质量。

参考文献

[1] 白学军，邵梦灵，刘婷，尹建忠，金花. 羽毛球运动重塑成年早期的大脑灰质和白质结构[J]. 心理学报，2020，52，（02）：173–183.

[2] 蔡宁伟，于慧萍，张丽华. 参与式观察与非参与式观察在案例研究中的应用[J]. 管理学刊，2015，28，（04）：66–69.

[3] 曹进，邓向姣. 移动学习视域下“百词斩”对大学生英语单词学习影响的调查研究[J]. 外语电化教学，2019，（03）：43–48.

[4] 曹蓉. 语料库驱动下现代汉语“一起”的义项分立研究[J]. 解放军外国语学院学报，2019，42（01）：92–100.

[5] 陈宏. 第二语言能力结构研究回顾[J]. 世界汉语教学，1996，（02）：47–53.

[6] 陈家隽. 国内外话语标记研究：回顾与前瞻[J]. 汉语学习，2018（05）：67–76.

[7] 陈路遥，韩笑，吴俊杰，付永奔，姜薰兑，冯丽萍. 基于词类信息的语标标示对汉语二语句法规则建构的影响研究[J]. 世界汉语教学，2019，33（02）：258–275.

[8] 陈默. 第二语言学习中的认同研究进展述评[J]. 语言教学与研究，2018，（01）：18–29.

[9] 陈钰，莫李澄，毕蓉，张丹丹. 新生儿语音感知的神经基础：元分析[J]. 心理科学进展，2020，28（08）：1273–1281.

[10] 戴庆厦，罗仁地，汪锋. 到田野去，语言学田野调查的方法与实践[M]. 北京：民族出版社，2008.

[11] 邓盾. “词”为何物：对现代汉语“词”的一种重新界定[J]. 世界汉语教

学，2020，34（02）：172-184.

[12] 杜宜展，邱慧. 多媒体课件在幼儿园语言教学活动中的应用现状研究——以胶州市某幼儿园为例[J]. 教育观察，2021，10（12）：63-66.

[13] 高志华，鲁忠义. “没有”为什么隐含着“消极情绪”?——否定加工中的情绪表征[J]. 心理学报，2019，51（02）：177-187.

[14] 格雷戈里·巴沙姆，威廉·欧文，亨利·纳尔多内，詹姆斯·M·华莱士. 批判性思维[M]. 舒静，译. 北京：外语教学与研究出版社，2013.

[15] 龚千炎. 80年代现代汉语语法研究的回顾与评价[J]. 世界汉语教学，1991（02）：70-74.

[16] 顾琦一，陈方. 二语习得中的认知负荷研究述评[J]. 解放军外国语学院学报，2020，43（02）：85-92.

[17] 郭纯洁. 现代语言学研究方法[M]. 北京：科学出版社，2015.

[18] 国家标准化管理委员会. 信息与文献参考文献著录规则：GB/T 7714-2015[S]，北京：中国标准出版社，2015.

[19] 国家新闻出版广电总局，全国新闻出版标准化技术委员会，中国新闻出版研究院. 中华人民共和国新闻出版行业标准 学术出版规范 注释：CY/T 121—2015[S/OL]. 北京：社会科学文献出版社，2015. https://journal.scu.edu.cn/info/1253/1226.htm

[20] 全国新闻出版标准化技术委员会，同方知网数字出版技术股份有限公司、中国科学院科技战略咨询研究院. 学术出版规范 期刊学术不端行为界定：CY/T 174—2019[S/OL]. 国家新闻出版，2019. https://journal.scu.edu.cn/info/1253/1225.htm

[21] 《中国学术期刊（光盘版）》编辑委员会规范化委员会. CAJ-CD B/T 1-1998 中国学术期刊（光盘版）检索与评价数据规范[S]. 华人民共和国新闻出版署，1998.

[22] 韩畅，荣晶. 动词“坐”的词汇类型学研究[J]. 世界汉语教学，2019，33，（04）：504-521.

[23] 郝美玲，范慧琴. 部件特征与结构类型对留学生汉字书写的影响[J]. 语言

教学与研究，2008，（05）：24-31.

[24] 郝美玲，汪凤娇. 语音意识和词素意识在初级水平留学生汉语阅读中的作用[J]. 语言教学与研究，2020，（03）：10-21.

[25] 郝美玲. 高级汉语水平留学生汉字认读影响因素研究[J]. 语言教学与研究，2018，（05）：1-12.

[26] 郝叶芳，王争艳，董书阳，刘斯漫，武萌，卢珊. 儿童早期的母亲生活压力对其5岁行为问题的预测效应：链式中介分析[J]. 心理学报，2019，51（01）：85-95.

[27] 何伟，李璐. 英汉词组研究综述[J]. 中国外语，2019，16（04）：65-72.

[28] 侯枫芸，江新. 部件标识和笔顺动画对汉语二语者汉字学习的影响[C]. 中国心理学会. 第二十一届全国心理学学术会议摘要集. 中国心理学会：中国心理学会，2018：1.

[29] 侯晓明. 汉语二语阅读中词汇附带习得研究的元分析[J]. 世界汉语教学，2018，32（04）：555-573.

[30] 胡韧奋，肖航. 面向二语教学的汉语搭配知识库构建及其应用研究[J]. 语言文字应用，2019，（01）：135-144.

[31] 蒋国珍，张伟远. 访谈法在远程教育研究中的应用[J]. 远程教育杂志，2004，（03）：56-59.

[32] 焦鲁，刘文娟，刘月月，王瑞明. 双语经验影响言语产生过程中通达能力的研究综述[J]. 心理科学，2016，39（02）：330-335.

[33] 教育部科学技术委员会学风建设委员会. 高等学校科学技术学术规范指南[S]. 北京：中国人民大学出版社，2010.

[34] 教育部社会科学委员会. 高等学校哲学社会科学研究学术规范（试行）[S]. 2004.

[35] 教育部社会科学委员会学风建设委员会. 高校人文社会科学学术规范指南[S]. 高等教育出版社，2009.

[36] 李博. 敦煌变文“烺”字新释[J]. 中国语文，2018，（04），477-479.

[37] 李冬梅，施春宏. 跨层词“说是”的多重话语功能及其浮现路径与机制[J].

语文研究，2020，（04）：26-34.

[38] 李辉，刘海涛．汉语儿童早期动词配价发展计量研究[J]．语言文字应用，2019，（04）：131-140.

[39] 李洁，陈超美．CiteSpace：科技文本挖掘及可视化（第二版）[M]．首都经济贸易大学出版社，2017.

[40] 李梅秀，Daniel S．Worlton，邢红兵．基于语料库统计的“音-形”激活概率及加工机制[J]．心理学探新，2018，38（01）：65-72.

[41] 李梅秀，杨红艳．语音组配知识对汉语二语口语产出质量的影响——以泰国学习者为例（未发表论文）．2020.

[42] 李梅秀． 汉语音节邻域结构对母语者听觉语音加工的影响[D]．北京语言大学，2017.

[43] 李榕，王元鑫．中高级阶段韩国留学生汉语篇章第三人称回指的习得研究[J]．世界汉语教学，2021，35（02）：276-288.

[44] 李松，冉光明，张琪，胡天强．中国背景下自我效能感与心理健康的元分析[J].心理发展与教育，2019，35（06）：759-768.

[45] 李新良．“感觉”类动词的叙实性及其漂移问题研究[J].语言教学与研究，2018，（05）：65-75.

[46] 刘丹青．语言单位的义项非独立观[J]．世界汉语教学，2021，35（02）：147-165.

[47] 刘进．学术论文注释的功能及存在问题[J]．出版科学，2014，22（03）：49-53.

[48] 刘妮娜，王霞，刘志方，闫国利．词汇预测性对中文高、低阅读技能儿童眼动行为的影响[J]．心理科学，2020，43（06）：1369-1375.

[49] 柳武妹，马增光，卫旭华．拥挤影响消费者情绪和购物反应的元分析[J]．心理学报，2020，52（10）：1237-1254.

[50] 马兰．中国学术期刊评价体系对比研究[J]．情报科学，2016，34（01）：167-170.

[51] 毛良斌，郑全全．元分析的特点、方法及其应用的现状分析[J]．应用心理

学，2005，（04）：354-359.

[52] 钱旭菁，张文贤，黄立. 汉语国际教育论文写作教程[M]. 北京大学出版社，2021.

[53] 钱玉莲，刘祎宁. 留学生汉语听觉与视觉输入学习策略调查研究[J]. 世界汉语教学，2016，30（04）：563-574.

[54] 任志洪，赵春晓，田凡，闫玉朋，李丹阳，赵子仪，谭梦鸰，江光荣. 中国人心理健康素养干预效果的元分析[J]. 心理学报，2020，52（04）：497-521.

[55] 施春宏. 汉语词法和句法的结构异同及相关词法化、词汇化问题[J]. 世界汉语教学，2017，31（02）：147-170.

[56] 施春宏. 语体何以作为语法[J]. 当代修辞学，2019，（06）：1-20.

[57] 舒华，张亚旭. 心理学研究方法[M]. 北京：人民教育出版社，2008.

[58] 孙三军，周晓岩. 语言研究：方法与工具[J]. 安徽：安徽大学出版社，2011.

[59] 谭丙煜. 国家标准<GB7713-87科学技术报告学位论文和学术论文的编写格式>宣传贯彻手册[M]. 北京：中国标准出版社，1990.

[60] 汤茂林，黄展. Empirical Research到底是实证研究还是经验研究？——兼论学术研究的分类[J]. 地理研究，2020，39（12）：2855-2860.

[61] 唐正大. 汉语名词性短语内部的话题性修饰语[J]. 当代语言学，2018，20（02）：159-178.

[62] 王灿龙. 新中国的现代汉语语法研究[J]. 中国语文，2019（04）：493-509.

[63] 王海峰. 非目的语环境下日本学生交际意愿与汉语口语教学[J]. 汉语学习，2019，（01）：66-74.

[64] 王娟，马雪梅，李兵兵，张积家. 汉字形声字识别中义符和声符的家族效应[J]. 心理学报，2019，51（08）：857-868.

[65] 王立军. 当代汉字应用热点问题回顾与思考[J]. 语言文字应用，2020，（02）：52-61.

[66] 王宁．代表性还是典型性?——个案的属性与个案研究方法的逻辑基础[J]．社会学研究，2002，（05）：123-125．

[67] 王萍，丛敏，刘天会，刘琳，马红，贾继东，尤红．科研论文讨论部分的撰写方法[J]．医学教育管理，2016，2（S1）：79-81．

[68] 王挺斌．论字形对词汇的反作用[J]．古汉语研究，2018（01）：54-58．

[69] 魏义祯．也谈汉语时间表达的空间隐喻系统——“来/往”“前/后”“上/下”的协调[J]．语言教学与研究，2019，（04）：104-112．

[70] 文秋芳，俞洪亮，周维杰．应用语言学研究方法与论文写作[M]．北京：外语教学与研究出版社，2004．

[71] 邬美丽．基于不同居住类型的双语态度实证研究[J]．语言文字应用，2015，（04）：78-86．

[72] 吴继峰，陆小飞．不同颗粒度句法复杂度指标与写作质量关系对比研究[J]．语言文字应用，2021，（01）：121-131．

[73] 吴继峰．英语母语者汉语写作中的词汇丰富性发展研究[J]．世界汉语教学，2016，30（01）：129-142．

[74] 吴继峰．语言区别性特征对英语母语者汉语二语写作质量评估的影响[J]．语言教学与研究，2018，（02）：11-20．

[75] 吴建设，常嘉宝，邱寅晨，Joseph Dien．汉语复合词视觉识别的时间进程：基于同形语素的行为与ERP证据[J]．心理学报，2020，52（02）：113-127．

[76] 吴佩，邢红兵．内容、词汇、篇章特征对汉语学习者二语作文质量的影响研究[J]．语言教学与研究，2020，（02）：24-32．

[77] 吴思远，于东，江新．汉语文本可读性特征体系构建和效度验证[J]．世界汉语教学，2020，34（01）：81-97．

[78] 吴勇毅，段伟丽．后方法时代的教师研究：不同认知风格的汉语教师在课堂教学策略运用上的差异[J]．语言教学与研究，2016，（02）：40-52．

[79] 武振玉，梁浩．近十年唐代词汇研究综述[J]．华夏文化论坛，2012，（01）：120-125．

[80] 肖容，梁丹丹，李善鹏．汉语普通话声调感知的老年化效应：来自ERP的证据[J]．心理学报，2020，52（01）：1-11.

[81] 谢建文，傅舒婷．基于语料库的王家新与策兰诗歌语言研究[J]．外语电化教学，2020，（05）：37-44.

[82] 辛平．面向对外汉语教学的常用动词V+N搭配研究[J]．北京：世界图书出版公司，2014.

[83] 邢红兵．汉语作为第二语言的词汇习得研究[M]．北京大学出版社，2016.

[84] 徐鹰．统计分析在语言研究中的应用[M]．广州：华南理工大学出版社，2018.

[85] 许家金．基于语料库的历时语言研究述评[J]．外语教学与研究，2020，52（02）：200-212.

[86] 薛超，李政．城市商业银行绩效：地区经济、金融发展及跨区域经营[J]．财经论丛，2013，（06）：39-45.

[87] 杨港．“立体化教材+互联网资源”驱动的大学英语教学设计研究[J]．外语电化教学，2019，（01）：23-29.

[88] 杨善华．田野调查：经验与误区——一个现象学社会学的视角[J]．中国社会科学评价，2020，（03）：158-159.

[89] 杨炎华．句法何以构词[J]．当代语言学，2021，23（02）：159-180.

[90] 杨亦鸣，刘涛．中国神经语言学研究回顾与展望[J]．语言文字应用，2010（02）：12-25.

[91] 杨增成．系统功能语言学视角下的图文关系研究述评[J]．中国外语，2019，16（02）：48-54.

[92] 姚尧．“意思”的意思——语义演变与语境吸收[J]．当代修辞学，2018，（04）：64-75.

[93] 叶静，张戌凡．心理韧性视角下社会参与对老年人幸福感的影响研究——一个有调节的中介模型[J]．中国卫生事业管理，2021，38（04）：317-320.

[94] 叶晓锋，陈永霖．从丝绸之路语言接触的角度看先秦部分医学词语的来

源——以“扁鹊”、“痹”、“达”等词语为例[J]. 民族语文，2018，（01）：78-85.

[95] 尹丽春. 科学学引文网络的结构研究[D]. 大连理工大学，2006.

[96] 应洁琼. 基于语言社会化理论的留学生汉语语用能力发展研究[J]. 语言教学与研究，2018，（05）：24-33.

[97] 于宙，张清芳. 句法结构和动词重复对汉语句子口语产生中句法启动效应的影响[J]. 心理学报，2020，52（03）：283-293.

[98] 张海涛. 基于语料库的“V+P”结构的句法功能考察[J]. 汉语学习，2018（06）：93-101.

[99] 张江丽. 汉语二语学习者与母语学习者产出性词汇量对比研究[J]. 语言文字应用，2019，（02）：124-132.

[100] 张利蕊，万莹. 中亚五国留学生汉语学习策略的调查与分析[J]. 汉语学习，2019，（02）：94-104.

[101] 张连跃，郑航. 词语混淆中母语影响的综合性探证方法——语料库、语言测试、回顾性访谈的三角检测[J]. 语言教学与研究，2021，（01）：44-54.

[102] 张林，刘燊. 心理学研究设计与论文写作[M]. 北京：北京师范大学出版社，2020.

[103] 张林军. 不同背景噪音对二语学习者汉语言语理解的影响[J]. 世界汉语教学，2017，31（03）：412-419.

[104] 张清芳，王雪娇. 汉语口语词汇产生的音韵编码单元：内隐启动范式的ERP研究[J]. 心理学报，2020，52（04）：414-425.

[105] 张秋云，朱英汉. 对英语专业学生小组电子翻译作业的在线访谈研究[J]. 外语电化教学，2015，（06）：54-59.

[106] 张治国. 国际组织语言政策特点调查研究[J]. 语言文字应用，2019（02）：51-60.

[107] 赵黎明，段素梅，乔佳丽. 言语产生中音韵编码的计划广度：来自图-词干扰范式的证据[J]. 心理科学，2020，43（02）：265-271.

[108] 赵青青，黄居仁．现代汉语通感隐喻的映射模型与制约机制[J]．语言教学与研究，2018（01）：44–55．

[109] 赵青青．通感隐喻视角的现代汉语ABB式状态形容词[J]．世界汉语教学，2021，35（02）：206–219．

[110] 中国高等学校文科学报研究会．中国高等学校社会科学学报编排规范（修订版）[S/OL]．2000．https://xbbjb.haust.edu.cn/info/1003/1074.htm

[111] 中国心理学会．心理学论文写作规范（第二版）[S]．北京：科学出版社，2016．

[112] 周韧．争议与思考：60年来汉语词重音研究述评[J]．语言教学与研究，2018，（06）：102–112．

[113] 祖晓梅，马嘉俪．汉语教师和学习者对课堂纠错反馈信念和态度的比较[J]．汉语学习，2015，（04）：66–75．

[114] American Psychological Association. Publication Manual of the American Psychological Association （7th Edition） [S/OL]. 2019.https://1lib.net/book/5339365/8e8e45

[115] Barry H. Kantowitz ,III, Henry L. Roediger,David G. Elmes. Experimental Psychology[M].Wadsworth Publishing, 2008.

[116] Bentley, M., Peerenboom, C. A., Hodge, F. W., Passano, E. B., Warren, H. C., & Washburn, M. F. Instructions in regard to preparation of manuscript[J]. Psychological Bulletin, 1929,26（2）: 57 - 63.

[117] Borg, S. Teacher cognition in language teaching: A review of research on what language teachers think, know, believe, and do[J]. Language Teaching, 2003, 36（2）: 81–109.

[118] Creswell, J. W. Research design: Qualitative, quantitative, and mixed methods approaches （2nd ed.）[M].Thousand Oaks, Calif. : Sage Publications, 2003.

[119] Milani, T. M. Review: language and national identity--comparing france and sweden[J]. Applied Lingus, 2003,24（3）: 413–417.

[120] The Modern Language Association of American. MLA Handbook（9th edition）[S/

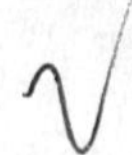

OL].2021.http://library.lol/main/89BED073DB2ED22E43677C90631E39A3

[121] Ting-Ting, X. U. , Yu-Xin, H. , & Hong-Bing, X. A review of the past ten-year studies of learning chinese as a second language and its research prospects[J]. Journal of Yunnan Normal University（Teaching and Research on Chinese As A Forgn Language）,2018.

[122] Willems, R. M. , & Hagoort, P. Neural evidence for the interplay between language, gesture, and action: a review[J]. Brain & Language, 2007, 101（3）: 278-289.